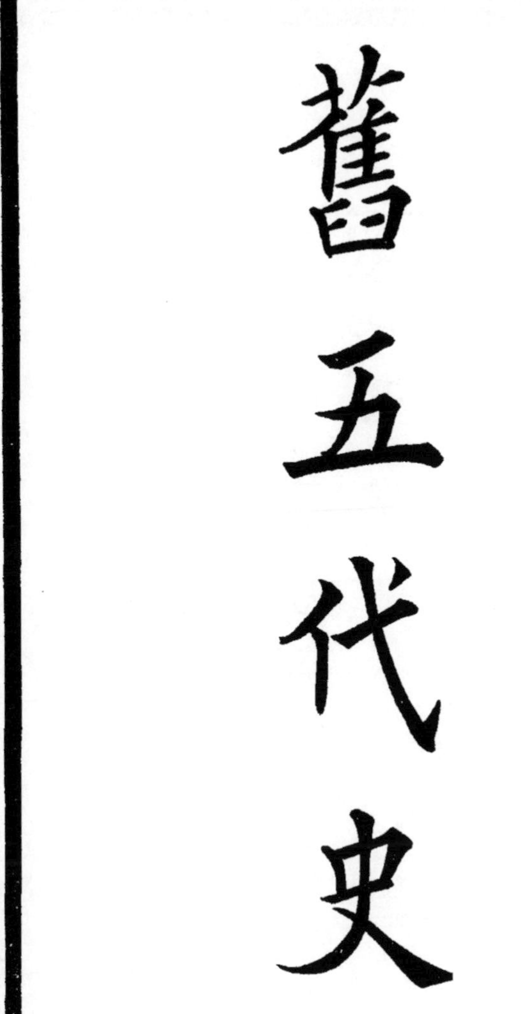
舊五代史

# 四部備要

史部

上海中華書局據武英殿本校刊

桐鄉陸費逵總勘
杭縣高時顯
杭縣吳汝霖輯校
杭縣丁輔之監造

版權所有不許翻印

# 舊五代史卷一百十三

宋門下侍郎參知政事監修國史薛居正等撰

## 周書第四

### 太祖紀四

廣順三年春三月庚辰朔以相州留後白重贊爲滑州節度使以鄭州防禦使王進爲相州節度使以前兗州防禦使索萬進爲延州節度使以亳州防禦使張鐸爲同州節度使甲申以皇子澶州節度使榮爲開封尹兼功德使封晉王仍令所司擇日備禮冊命丙戌以宣徽北院使兼樞密副使鄭仁誨爲澶州節度使以殿前都指揮使李重進領泗州防禦使以客省使向訓爲內客省使己丑以棣州團練使王仁鎬爲右衛大將軍充宣徽北院使兼樞密副使庚寅端明殿學士尚書兵部侍郎顏衎落職守本官宋史顏衎傳衎權知開封府王峻敗罷職守兵部侍郎以翰林學士中書舍人王溥爲戶部侍郎充職以左司郎中充樞密直學士景範爲左諫議大夫充職祕書監陳觀責授左贊善大夫留司西京坐王峻黨也癸巳

大風雨士戊申幸南莊夏四月甲寅禁沿邊民戶鬻兵仗與蕃人戊辰河中節度使王景移鎮鳳翔宋州節度使常思移鎮青州鳳翔節度使趙暉移鎮宋州河陽節度使王彥超移鎮河中賜朗州劉言絹三百疋以兵革之後匱乏故也詔在京諸軍將士持支救接五月己卯朔帝御崇元殿受朝賀仗衛如儀辛巳前慶州刺史郭彥欽勒歸私第國初以彥欽再刺慶州兼掌榷鹽彥欽擅加榷錢民夷流怨州北十五里寡婦山有蕃部曰野雞族彥欽作法擾之蕃情獷悍好爲不法彥欽乃奏野雞族掠奪綱商帝遣使齎詔撫諭望其率化蕃人既苦彥欽貪政不時報命朝廷乃詔邠州節度使折從阮寧州刺史張建武進兵攻之建武勇于立功徑取野雞族帳擊殺數百人又殺牛族素與野雞族有憾且聞官軍討伐相聚餉饋欣然迎奉官軍利其財貨孳畜遂劫奪之翻爲族所誘至包山負險之地官軍不利爲蕃人追逐投崖墜澗而死者數百人從阮等以兵自保不相救應帝怒彥欽及建武俱罷其任及彥欽至京師故有是命丁亥新授青州節度使常思進在宋州日出放得絲四萬一千四百兩請徵入官詔

宋州給還人戸契券其絲不徵甲午命中書侍郎同平章事集賢殿大學士權判門下省事范質權監修國史六月壬子滄州奏契丹幽州榷鹽制置使兼防州刺史知盧臺軍事張藏英以本軍兵士及職員戸人孳畜七千頭口歸化癸丑以前開封尹楚國公侯益爲太子太師以前西京留守莒國公王守恩爲左衞上將軍以前永興軍節度使李洪信爲左武衞上將軍甲寅以左衞上將軍宋彥筠爲太子少師以太子少師楊凝式爲尚書右僕射致仕癸亥前河陽節度使王繼宏卒己巳太子太傅李懷忠卒是月河南河北諸州大水霖雨不止川陂漲溢襄州漢水溢入城深一丈五尺居民皆乘筏登樹羣鳥集潞州河南無烏秋七月戊寅朔徐州言龍出豐縣村民井中卽時澍雨漂沒城邑癸未太子賓客馬裔孫卒甲申鄴都王殷奏乞朝覲凡三上章允之尋以北邊奏契丹事機詔止其行以左金吾上將軍安審信爲太子太師致仕丁亥以右金吾上將軍張從恩爲左金吾上將軍以前鄧州節度使張彥成爲右金吾上將軍己丑以虎捷左廂都指揮使永州防禦使韓通爲陝州留後庚寅太府卿判司天

監趙延乂卒辛卯以前西京副留守盧價爲太子賓客乙未以御史中丞邊光範爲禮部侍郎以刑部侍郎張煦爲御史中丞以翰林學士承旨尚書禮部侍郎徐台符爲刑部侍郎充職丙申太子太師致仕安審信卒丁酉詔曰京兆鳳翔府同華邠延鄜耀等州所管州縣軍鎮頃因唐末藩鎮殊風久歷歲時未能釐革政途不一何以教民其婚田爭訟賦稅丁徭合是令佐之職其擒姦捕盜庇護部民合是軍鎮警察之職今後各守職分專切提撕如所職疎遺各行按責其州府不得差監徵軍將下縣戊戌衛尉少卿李温美責授房州司戶參軍温美奉使祭海使道歸家家在壽光縣爲縣吏馮勳所訟故黜之供奉官武懷贊棄市坐盜馬價入己也壬寅以鴻臚少卿趙修己爲司天監八月己酉幸南莊丙辰內衣庫使齊藏珍除名配沙門島藏珍奉詔修河不于役所部轄私至近縣止宿及報隄防危急安寢不動遂致橫流故有是責庚申邢州節度使劉詞移鎮河陽辛酉以龍捷左廂都指揮使閬州防禦使田景咸爲邢州留後丁卯河決河陰京師霖雨不止給賜諸軍將士薪芻有差癸酉以翰林學士戶部

侍郎王溥爲端明殿學士甲戌潭州王進逵奏朗州劉言與淮賊通連差指揮使鄭玫部領兵士欲併當道鄭玫爲軍衆所執奔入武陵劉言尋爲諸軍所廢臣已至朗州安撫訖詔劉言勒歸私第委王進逵取便安置是月所在州郡奏霖雨連緜漂沒田稼損壞城郭廬舍九月己卯太子少保盧損卒丁酉深州上言樂壽縣兵馬都監杜延熙爲戍兵所害先是齊州保寧郡兵士屯于樂壽都頭劉彥章等殺延熙爲亂時鄭州開道指揮使張萬友亦屯于樂壽然不與之同朝廷急遣供奉官馬諤省其事諤乃與萬友擒彥章等十三人斬之餘衆奔齊州是月多陰曀木再華冬十月戊申朔詔以來年正月一日有事于南郊諸道州府不得以進奉南郊爲名輒有率斂己酉右金吾上將軍張彥成卒庚戌以前同州節度使薛懷讓爲左屯衛上將軍以尚書左丞兼判國子監田敏權判太常卿以禮部尚書王易權兵部尚書太常奏郊廟社稷壇位制度請下所司修奉從之以中書令馮道爲南郊大禮使以開封尹晉王榮爲頓遞使權兵部尚書王易爲鹵簿使御史中丞張煦爲儀仗使權判太常卿田敏爲禮儀使

以前潁州防禦使郭瓊爲權宗正卿甲寅以前光祿卿丁知浚復爲光祿卿丙辰幸南莊西莊己未前寧州刺史張建武責授右司禦副率以野雞族失利故也以前翰林學士工部侍郎魚崇諒爲禮部侍郎充翰林學士時崇諒解職于陝州就養至是再除禁職仍賜詔召之令本州給行裝鞍馬侍親歸朝以太子賓客張昭爲戶部尚書以太子賓客李濤爲刑部尚書詔中書令馮道赴西京迎奉太廟神主甲子中書令馮道率百官上尊號曰聖明文武仁德皇帝答詔不允凡三上章允之仍俟郊禮畢施行壬申鄴都邢洺等州皆上言地震鄴都尤甚十一月辛巳廢共城稻田務任人佃蒔乙酉日南至帝不受朝賀庚寅鎮州節度使何福進奏乞朝覲三奏允之詔侍衛步軍都指揮使曹英權知鎮州軍府事癸巳以將作監李瓊爲濟州刺史壬寅詔重定天下縣邑除畿赤外其餘三千戶已上爲望縣二千戶以上爲緊縣一千戶以上爲上縣五百戶以上爲中縣不滿五百戶爲中下縣十二月戊申雨木冰是日四廟神主至西郊帝郊迎奠饗奉神主入于太廟設奠安神而退壬子前單州刺史趙鳳賜死坐爲

民所訟故也甲寅詔諸道州府縣鎮城內人戶舊請蠶鹽徵價起今後並停甲子鎮州節度使何福進來朝乙丑鄴都留守王殷來朝丙寅禮儀使奏皇帝郊廟行事請以晉王榮爲亞獻通攝終獻行事從之己巳左補闕王伸停任坐檢田于亳州虛憑紐配故也辛未鄴都留守侍衞親軍都指揮使王殷削奪在身官爵長流登州尋賜死于北郊其家人骨肉並不問罪癸酉帝宿齋于崇元殿爲來年正月一日親祀南郊也時帝已不豫甲戌宿于太廟乙亥質明帝親饗太廟自齋宮乘步輦至廟庭被袞冕令近臣翼侍陞階止及一室行禮俛首而退餘命晉王率有司終其禮是日車駕赴郊宮

顯德元年春正月丙子朔帝親祀圜丘禮畢詣郊宮受賀車駕還宮御明德樓宣制大赦天下改廣順四年爲顯德元年自正月一日昧爽已前應犯罪人常赦所不原者咸赦除之內外將士各優給文武職官並與加恩內外命婦並與進封寺監攝官七周年已上者同明經出身今後諸寺監不得以白身署攝升朝官兩任已上著綠十五周年與賜緋著緋十五年與賜紫州縣官曾經五度

參選雖未及十六考與授朝散大夫階年七十已上授優散官賜緋應奉郊廟
職掌人員並與恩澤今後不得以梁朝及清泰朝爲僞朝僞主天下帝王陵廟
及名臣墳墓無後官爲檢校云宣赦畢帝御崇元殿受冊尊號禮畢羣臣稱賀
時帝郊祀御樓受冊有司多略其禮以帝不豫故也先是有占者言鎭星在氐
房乃鄭宋之分當京師之地兼氐宿主帝王路寢若散財以致福遷幸以避災
庶幾可以驅禳矣帝以遷幸煩費不可輕議散財可矣故有郊禋之命洎歲暮
帝疾增劇郊廟之禮蓋勉而行之耳戊寅詔廢鄴都依舊爲天雄軍大名府在
京兆府之下庚辰制皇子開封尹晉王榮可開府儀同三司檢校太尉兼侍中
行開封尹功德使判內外兵馬事襄州安審琦進封陳王鄆州符彥卿進封衞
王移鎭天雄軍荆南高保融進封南平王夏州李彝興進封西平王甲申宋州
趙暉進封韓國公青州常思進封萊國公徐州王晏進封滕國公鄧州侯章進
封申國公西京武行德進封譙國公許州郭從義加檢校太師鳳翔王景進封
褒國公華州孫方諫進封蕭國公自趙暉已下並加開府儀同三司乙酉分命

珍倣宋版印

朝臣往諸州開倉減價出糶以濟饑民詔潭州依舊爲大都督府在朗州桂州之上丙戌以澶州節度使鄭仁誨爲樞密使加同平章事鄜州楊信加開府儀同三司進封杞國公邠州折從阮加開封儀同三司改封鄭國公滄州李暉加檢校太尉安州李洪義加檢校太師貝州王饒加檢校太尉以陳州節度使兼侍衞馬軍都指揮使郭崇爲澶州節度使加同平章事以曹州節度使兼侍衞步軍都指揮使曹英爲鎭州節度使加同平章事潭州王進達加特進兼侍中河陽劉詞加檢校太尉河中王彥超加同平章事以鎭州節度使何福進爲鄆州節度使加同平章事潞州李筠加同平章事戊子晉州藥元福滑州白重贊相州王進同州張鐸並加檢校太傅以延州節度使索萬進爲曹州節度使加檢校太傅定州留後孫行友邢州留後田景咸陝州留後韓通靈武留後馮繼業並正授節度使庚寅夜東北有大星墜其聲如雷壬辰宰臣馮道加守太師范質加尚書左僕射監修國史李穀加右僕射集賢殿大學士以端明殿學士尚書戶部侍郎王溥爲中書侍郎平章事東都事略太祖將大漸促召學士草制以溥爲中書侍郎同中書門下平

章事已宣制太祖曰吾無恨矣司徒竇貞固進封汧國公司空蘇禹珪進封莒國公並加開府儀同三司以宣徽南院使知永興軍府事袁義爲延州節度使以宣徽北院使兼樞密副使王仁鎬爲永興軍節度使以前安州節度使王令温爲陳州節度使以殿前都指揮使泗州防禦使李重進爲武信軍節度使檢校太保典軍如故以龍捷左廂都指揮使睦州防禦使樊愛能爲侍衛馬軍都指揮使洋州節度使加檢校太保以虎捷左廂都指揮使果州防禦使何徽爲侍衛步軍都指揮使利州節度使加檢校太保以樞密承旨魏仁浦爲樞密副使是日巳時帝崩于滋德殿聖壽五十一祕不發喪乙未遷神柩于萬歲殿召文武百官班于殿庭宣遺制晉王榮可于柩前卽皇帝位服紀月日一如舊制云是歲自正月朔日後景色昏晦日月多暈及嗣君卽位之日天氣晴朗中外肅然帝自郊禋後其疾乍瘳乍劇晉王省侍不離左右東都事略李重進周太祖之甥母卽福慶長公主重進年長于世宗及太祖寢疾召重進受顧命令拜世宗以定君臣之分累諭晉王曰我若不起此疾汝卽速治山陵不得久留殿內陵所務從儉素應緣山陵役力人匠並須和雇不計近遠不得差配百姓

陵寢不須用石柱費人功只以甎代之用瓦棺紙衣臨入寢之時召近稅戶三十家爲陵戶下事前揭開瓦棺偏視過陵內切不得傷他人命勿修下宮不要守陵宮人亦不得用石人石獸只立一石記子鐫字云大周天子臨晏駕與嗣帝約緣平生好儉素只令著瓦棺紙衣葬若違此言陰靈不相助又言朕攻收河府時見李家十八帝陵園廣費錢物人力並遭開發汝不聞漢文帝儉素葬在霸陵原至今見在如每年寒食無事時即仰量事差人灑掃如無人去只遙祭兼仰于河府魏府各葬一副劍甲澶州葬通天冠絳紗袍東京葬一副平天冠袞龍服千萬千萬莫忘朕言二月甲子太常卿田敏上尊謚曰聖神恭肅文武孝皇帝廟號太祖四月乙巳葬于嵩陵宰臣李穀撰謚冊文王溥撰哀冊文

五代史補高祖之爲樞密使也每出入常恍然覩人前導狀若臺省人吏其服色一一緋一綠高祖以爲不祥深憂之及河中鳳翔永興等處反詔命高祖征之一舉而三鎭瓦解自是權傾天下論者以爲功高不賞郭氏其危乎高祖聞而恐懼居無何忽覩前導者服色緋者改紫綠者改緋高祖心始安曰彼二人者但見其升不見其降吉兆也未幾遂爲三軍所推戴高祖之入京師也三軍分擾殺人爭物者不可勝數時有趙童子者知書善射至防禦使覩其紛擾竊憤之乃大呼于衆中曰樞密太尉志在除君側以安國所謂兵以義舉鼠輩敢爾乃賊也豈太尉意耶于是持弓矢于所居巷口據牀坐凡軍人之來侵犯者皆

殺之由是居人賴以保全僅數千家其間亦有致金帛于門下用為報答已堆集如邱陵焉童子見而笑曰吾豈求利者耶于是盡歸其主高祖聞而異之陰謂世宗曰吾聞人間讖云趙氏合當為天子觀此人才略度量近之矣不早除去吾與汝其可保乎使人誣告收付御史府劾而誅之洎高祖厭世未十年而皇宋有天下趙氏之讖乃應于斯知王者不死信矣哉高祖征李守貞軍次河上高祖慮其爭濟臨岸而諭之未及坐忽有羣鴉噪于上高祖退十餘步引弓將射之矢未及發而岸崩其釁裂之勢在高祖足下高祖棄弓顧羣鴉而笑曰得非天使汝驚動吾耶如此則李守貞不足破矣于是三軍欣然各懷鬭志矣

五代史闕文周太祖在漢隱帝朝為樞密使將兵伐河中李守貞時馮道守太師不與朝政以請告周祖謁道于私第問伐蒲策道辭以不在其位不敢議國事周祖固問之道不得已謂周祖曰相公頗知博乎周祖微時好摴博屢以此抵罪疑道譏己勃然變色道曰是行亦猶博也夫博財多者氣豪而勝財寡者心怯而輸守貞在晉累典禁兵自謂軍情附己遂謀反耳今相公誠能不惜官錢廣施惠愛明其賞罰使軍心許國則守貞不足慮也周祖曰恭聞命矣故伐蒲之役周祖以便宜從事卒成大功然亦軍旅歸心終移漢祚又周祖自鄴起兵赴闕漢隱帝兵敗遇害于劉子陂周祖入京師百官謁周祖見道猶設拜意道便行推戴道受拜如平時徐曰侍中此行不易周祖氣沮故禪代之謀稍緩及請道詣徐州冊湘陰公為漢嗣道曰侍中由衷乎周祖設誓道曰莫教老夫為謬語令為謬語人臣謹案周世宗朝詔御史臣修周祖實錄故道之事所宜諱矣

史臣曰周太祖昔在初潛未聞多譽洎西平蒲阪北鎮鄴臺有統御之勞顯英偉之量旋屬漢道斯季天命有歸總虎旅以盪神京不無慙德攬龍圖而登帝位遂闡皇風朞月而弊政皆除逾歲而羣情大服何遷善之如是蓋應變以無

窮者也所以魯國兇徒望風而散拜門遺孽引日偷生及鼎鴬之將昇命瓦棺而薄葬勤儉之美終始可稱雖享國之非長亦開基之有裕矣然而二王之誅議者譏其不能駕馭權豪傷于猜忍卜年斯促抑有由焉

舊五代史卷一百十三

舊五代史卷一百十三考證

周太祖紀四又殺牛族素與野雞族有憾　殺牛族原本作殺牛于族考通鑑

五代會要宋史東都事略俱作殺牛族知原本于字衍今刪

六月壬子滄州奏契丹幽州榷鹽制置使兼防州刺史知盧臺軍事張藏英以

本軍歸化〇案歐陽史作秋七月張藏英來奔

以前西京留守莒國公王守恩爲左衞上將軍　王守恩原本作守思今據通

鑑改正

舊五代史卷一百十三考證

舊五代史卷一百十四

宋門下侍郎參知政事監修國史薛居正等撰

# 周書第五

## 世宗紀一

世宗睿武孝文皇帝諱榮太祖之養子蓋聖穆皇后之姪也本姓柴氏父守禮太子少保致仕隆平集云柴翁者常獨居室人以爲司冥事一日笑不止妻問其故不答翁嗜飲妻醉之以酒乃曰上帝有命郭郎爲天子攷柴翁即守禮之父史佚其名帝以唐天祐十八年歲在辛巳九月二十四日丙午生于邢州之別墅年未童冠因侍聖穆皇后在太祖左右時太祖無子家道淪落然以帝謹厚故以庶事委之帝悉心經度貲用獲濟太祖甚憐之乃養爲己子漢初太祖以佐命功爲樞密副使帝始授左監門衞將軍國老談苑云周世宗在漢爲諸衞將軍嘗遊畿甸謁縣令忘其姓名令方聚邑客蒱博弗得見世宗頗銜之及即位令因部夫犯贓數百疋宰相范質以具獄上奏世宗曰親民之官贓狀狼籍法當處死質奏曰受所監臨財物有罪上贓雖多法不至死世宗怒厲聲曰法者自古帝王之所制本以防姦朕立法殺贓吏非酷刑也質曰陛下殺之則可若付有司臣不敢署勑遂貸其命二年太祖鎮鄴改天雄軍牙內都指揮使領貴州刺史檢校右僕射三年

冬太祖入平內難留帝守鄴城廣順元年正月太祖踐祚帝懇求入覲忽夢至河而不得渡尋授澶州節度使檢校太保封太原郡侯帝在鎮為政清肅盜不犯境先是澶之里衖湫隘公署毀圮帝即廣其街肆增其廨宇吏民賴之宋史王贊傳周世宗鎮澶淵每旬決囚贊引律令辨析中理問之知其嘗事學問即署右職二年正月兗州慕容彥超反帝累表請征行太祖嘉之及曹英等東討數月無功太祖欲親征召羣臣議其事宰臣馮道奏以方當盛夏車駕不宜衝冒太祖曰寇不可翫如朕不可行當使澶州兒子擊賊方辦吾事時樞密王峻意不欲帝將兵故太祖親征六月兗州平十二月加檢校太傅同平章事三年正月帝入覲三月授開封尹兼功德使封晉王顯德元年正月庚辰加開府儀同三司檢校太尉兼侍中依前開封尹兼功德使判內外兵馬事時太祖寢疾彌留士庶憂沮及聞帝總內外兵柄咸以為愜隆平集曹翰隸世宗幕下世宗鎮澶淵以為牙校及尹開封翰猶在澶淵聞周祖寢疾不俟召來見世宗密言曰王為冢嗣不侍醫藥何以副天下望世宗悟入侍禁中以府事命翰總決壬辰太祖崩祕不發喪丙申內出太祖遺制晉王榮可於柩前即位羣臣奉帝即皇帝位庚子宰臣馮道率百僚上表請聽政凡三上壬寅

帝見羣臣於萬歲殿門之東廡下二月庚戌潞州奏河東劉崇與契丹大將軍楊袞舉兵南指壬戌宰臣馮道率百僚上表請御殿凡三上允之丁卯以中書令馮道充山陵使太常卿田敏充禮儀使兵部尚書張昭充鹵簿使御史中丞張煦充儀仗使開封少尹權判府事王敏充橋道使河東賊將張暉率前鋒自團柏谷入寇帝召羣臣議親征宰臣馮道等奏以劉崇自平陽奔遁之後勢弱氣奪未有復振之理竊慮聲言自來以誤于我陛下纂嗣之初先帝山陵有日人心易搖不宜輕舉命將禦寇深以爲便帝曰劉崇幸我大喪聞我新立自謂良便必發狂謀謂天下可取謂神器可圖此際必來斷無疑耳馮道等以帝銳于親征因固諍之帝曰昔唐太宗之創業靡不親征朕何憚焉道曰陛下未可便學太宗帝又曰劉崇烏合之衆苟遇王師必如山壓卵耳道曰不知陛下作得山否帝不悅而罷召諸道募山林亡命之徒有勇力者送于闕下仍目之爲強人帝以趫捷勇猛之士多出于羣盜中故令所在招納有應命者即貸其罪以禁衞處之至有朝行殺奪暮升軍籍讎人遇之不敢仰視帝意亦患之其後

頗有不獲宥者三月丁丑潞州奏河東劉崇入寇兵馬監押穆令均部下兵士爲賊軍所襲官軍不利詔天雄軍節度使符彥卿領兵自磁州固鎭路赴潞州以澶州節度使郭崇副之詔河中節度使王彥超領兵取晉州路東向邀擊以陝府節度使韓通爲副命宣徽使向訓馬軍都指揮使樊愛能步軍都指揮使何徽滑州節度使白重贊鄭州防禦使史彥超前耀州團練使符彥能等領兵先赴澤州辛巳制大赦天下常赦所不原者咸赦除之諸貶降責授官量與升陟敘用應配流徒役人並放逐便諸道州府所欠去年夏秋租稅並放內外見任前文武職官並與加恩父母在者並與恩澤亡沒者與封贈其母妻未敘者特與敘封云前涇州節度使史匡懿卒癸未詔以劉崇入寇車駕取今月十一日親征甲申以樞密使鄭仁誨爲東京留守乙酉車駕發京師壬辰至澤州癸巳王師與河東劉崇契丹楊袞大戰于高平賊軍敗績初車駕行次河陽聞劉崇自潞而南即倍程而進是月十八日至澤州旣晡帝御戎服觀兵于東北郊距州十五里夜宿于村舍十九日先鋒與賊軍相遇賊陣于高平縣南之高原

珍做宋版印

有賊中來者云劉崇自將騎三萬并契丹萬餘騎嚴陣以待官軍帝促兵以擊之崇東西列陣頗亦嚴整乃令侍衞馬步軍都虞候李重進滑州節度使白重贊將左居陣之西廂侍衞馬軍都指揮使樊愛能步軍都指揮使何徽將右居陣之東廂宣徽使向訓鄭州防禦使史彥超以精騎當其中殿前都指揮使張永德以禁兵衞蹕帝介馬觀戰兩軍交鋒未幾樊愛能何徽望賊而遁東廂騎軍亂步軍解甲投賊帝乃自率親騎臨陣督戰隆平集馬仁瑀傳從世宗親征劉崇王師不利仁瑀謂衆曰主辱臣死因躍馬大呼引弓連斃將卒數十士氣始振今上馳騎于陣前先犯其鋒戰士皆奮命爭先賊軍大敗日暮賊萬餘人阻澗而陣會劉詞領兵至與大軍迫之賊軍又潰臨陣斬賊大將張暉及僞樞密使王延嗣諸將分兵追襲殭尸棄甲塡滿山谷初夜官軍至高平降賊軍數千人所獲輜重兵器駝馬僞乘輿器服等不可勝紀其夕殺降軍二千餘人我軍之降敵者亦皆就戮初兩軍之未整也風自東北起不便于我及與賊軍相遇風勢陡迴人情相悅戰之前夕有大星如日流行數丈墜于賊營之上及戰北人望見官軍之上有雲氣如龍虎之狀則天之助順亶

其然乎是日危急之勢頃刻莫保賴帝英武果敢親臨寇敵不然則社稷幾若綴旒矣是夕帝宿于野次甲午次高平縣詔賜河東降軍二千餘人各絹二匹并給其衣裝鄉兵各給絹一匹放還本部是日大雨戊戌車駕至潞州河南府上言前青州節度使常思卒己亥侍衛馬軍都指揮使夔州節度使樊愛能侍衛步軍都指揮使壽州節度使何徽等并諸將校七十餘人並伏誅高平之役兩軍既成列賊騎來挑戰愛能望風而退何徽以徒兵陣于後爲奔騎所突即時潰亂二將南走帝遣近臣宣諭止遏莫肯從命皆揚言曰官軍大敗餘衆已解甲矣至暮以官軍克捷方稍稍而迴帝至潞州錄其奔遁者自軍使以上及監押使臣並斬之由是驕將墮兵無不知懼帝以何徽有平陽守禦之功欲貸其罪竟不可與愛能俱殺之皆給櫬車歸葬（東都事略世宗謂張永德曰樊愛能及偏裨七十餘人吾欲盡按軍法何如對曰必欲開拓疆宇威加四海安可已也世宗善其言悉誅愛能等以徇軍聲始振）庚子以侍衛馬步都虞候李重進爲許州節度使以宣徽南院使向訓爲滑州節度使以殿前都指揮使張永德爲武信軍節度使職並如故以滑州節度使白重贊爲鄭州節度使以鄭州

防禦使史彥超爲華州節度使賞高平之功也以晉州節度使藥元福爲同州節度使以宣徽北院使楊廷璋爲晉州節度使以同州節度使張鐸爲彰義軍節度使以客省使吳延祚爲宣徽北院使以龍捷左廂都指揮使李千爲蔡州防禦使以龍捷右廂都指揮使田中爲密州防禦使以虎捷右廂都指揮使張順爲登州防禦使以龍捷左第二軍都指揮使孫延進爲鄭州防禦使以前耀州團練使符彥能爲澤州防禦使以散員都指揮使李繼勳爲殿前都虞候以殿前都虞候韓令坤爲龍捷左廂都指揮使以鐵騎第一軍都指揮使趙宏殷爲龍捷右廂都指揮使以散員都指揮使慕容延釗爲虎捷左廂都指揮使以控鶴第一軍都指揮使趙鼎爲虎捷右廂都指揮使並遙授團練使其餘改轉有差壬寅以天雄軍節度使衞王符彥卿爲河東行營都部署知太原行府事以澶州節度使郭崇爲行營副部署以宣徽南院使向訓爲行營兵馬都監以侍衞都虞候李重進爲行營都虞候以華州節度使史彥超爲先鋒都指揮使領步騎二萬進討河東詔河中節度使王彥超陜府節度使韓通率兵自陰地

關討賊以河陽節度使劉詞爲隨駕都部署以鄜州節度使白重贊爲隨駕副部署夏四月乙巳太祖靈駕發東京乙卯葬于嵩陵河中節度使王彥超奏僞汾州防禦使董希顏以城歸順宋史王彥超傳彥超自陰地關與符彥卿會兵圍汾州諸將請急攻彥超曰城已危矣旦暮將降我士卒精銳驅以先登必死傷者衆少待之翼日州將董希顏果降丙辰僞遼州刺史張漢超以城歸順丁巳幸柏谷寺遣右僕射平章事判三司李穀赴河東城下計度軍儲詔河東城下諸將招撫戶口禁止侵掠只令徵納當年租稅及募民入粟五百斛草五百圍者賜出身千斛千圍者授州縣官辛酉符彥卿奏嵐憲二州歸順壬戌制立衞國夫人符氏爲皇后仍令有司擇日備禮冊命王彥超奏收下石州獲僞刺史安彥進宋史王彥超傳引兵趣石州彥超親鼓士乘城躬冒矢石數日下之擒其守將安彥進獻行在癸亥僞沁州刺史李廷誨以城歸順甲子皇妹壽安公主張氏進封晉國長公主乙丑東京奏太師中書令馮道薨丙寅太祖皇帝神主祔于太廟庚午曲赦潞州見禁罪人除死罪外並釋放是日車駕發潞州親征劉崇癸酉忻州僞監軍李勍殺其刺史趙皐及契丹所遣大將楊努瑚以州城歸順詔授李勍忻州刺史五月乙亥以尚書

右丞邊歸讜守本官充樞密直學士以尚書戶部侍郎陶穀守本官充翰林學士宋史陶穀傳從征太原時魚崇諒迎母後至穀乘間言曰崇諒宿留不來有顧望意世宗頗疑之崇諒又表陳母病詔許歸陝州就養以穀爲翰林學士丙子車駕至太原城下是日僞代州防禦使鄭處謙以城歸順丁丑觀兵于太原城下帝親自慰勉錫賚有差升代州爲節鎮以靜塞軍爲額以鄭處謙爲節度使戊寅斬僞命石州刺史安彥進于太原城下以其拒王師也庚辰以前忠武軍節度使郭從義爲天平軍節度使遣符彥卿郭從義向訓白重贊史彥超等率步騎萬餘赴忻州宋史符彥卿傳彥卿之行也世宗以幷人雖敗朝廷饋運不繼未議攻擊且令觀兵城下徐圖進取及周師入境汾晉吏民望風款接皆以久罹虐政願輸軍需以資兵力世宗從之而連下數州彥卿等皆以芻糧未備欲旋軍世宗不之省乃調山東近郡輓軍食濟之是夜大風發屋拔樹壬午以宰臣李穀判太原行府事辛丑升府州爲節鎮以永安軍爲軍額以本州防禦使折德扆爲節度使六月癸卯朔詔班師車駕發離太原時大集兵賦及徵山東懷孟蒲陝丁夫數萬急攻其城旦夕之間期于必取會大雨時行軍士勞苦復以忻口之師不振帝遂決旋師之意指麾之間頗傷匆遽部伍紛亂無復嚴整不逞之徒訛言相恐隨軍資用頗有遺失者賊

城之下糧草數十萬悉焚棄之通鑑考異引晉陽見聞錄六月旦周師南轅返旆惟數百騎間之以步卒千人長槍赤甲銜趨捷跳梁于城隅晡晚殺行而抽退宋史藥元福傳詔令班師元福上言曰進軍甚易退軍甚難世宗曰一以委卿遂部分卒伍爲方陣而南元福以麾下爲後殿崇果出兵來追元福擊走之乙巳車駕至潞州癸丑帝發澶州乙丑幸新鄭縣丙寅帝親拜嵩陵祭奠而退賜守陵將吏及近陵戶帛有差五代會要顯德元年二月車駕征太原回親拜嵩陵望陵號慟至陵所俯伏哀泣感于左右再拜訖祭奠而退庚午帝至自河東秋七月癸酉朔前河西軍節度使申師厚責授右監門衛率府副率師厚在涼州歲餘以所部艱食蕃情反覆奏乞入朝尋留其子爲留後不俟詔離任故責之乙亥天雄軍節度使衛王符彥卿進位守太傅改封魏王鄆州郭從義加兼中書令河陽劉詞移鎮永興軍加兼侍中潞州李筠加兼侍中河中王彥超移鎮許州加兼侍中許州節度侍衛都虞候李重進移鎮宋州加同平章事兼侍衛親軍都指揮使以信武軍節度使兼殿前都指揮使張永德爲滑州節度使加檢校太傅典軍如故同州藥元福移鎮陝州加檢校太尉鄜州白重贊移鎮河陽加檢校太尉陝州韓通移鎮曹州加檢校太傅帝卽位之初覃慶于諸侯是賞從征之功也丙子以前禮部侍

郎邊光範爲刑部侍郎權判開封府事丁丑天下兵馬元帥吳越國王錢俶加天下兵馬都元帥襄州節度使陳王安審琦加守太尉戊寅右散騎常侍張可復卒以前亳州防禦使李萬金爲鄜州留後庚辰幸南莊辛巳荆南節度使南平王高保融加守中書令夏州節度使西平王李彝興加守太保西京留守武行德徐州王晏鄧州侯章並加兼中書令癸未湖南王進逵加兼中書令天德軍節度使郭勳邠州折從阮安州李洪義並加兼侍中以前華州節度使孫方諫爲同州節度使加兼中書令以前永興軍節度使王仁鎬爲河中節度使加檢校太尉乙酉滄州李暉貝州王饒鎮州曹英並加兼侍中涇州張鐸相州王進延州袁義並加檢校太尉壬辰百寮上表請以九月二十四日誕聖日爲天清節從之癸巳以左僕射兼門下侍郎平章事監修國史范質爲守司徒兼門下侍郎平章事宏文館大學士（國老談苑云周太祖嘗令世宗詣范質時爲親王軒車高大門不能容世宗即下馬步入及嗣位從容語質曰卿所居舊宅耶門樓一何小哉因爲治第）以左僕射兼中書侍郎平章事集賢殿大學士判三司李穀爲守司徒兼門下侍郎平章事監修國史以中書侍郎平章事王溥

爲中書侍郎兼禮部尚書平章事集賢殿大學士以樞密院學士工部侍郎景範爲中書侍郎平章事判三司樞密使檢校太保同平章事鄭仁誨加兼侍中靈武馮繼業定州孫行友邢州田景咸並加檢校太傅晉州楊廷璋加檢校太保以太子詹事趙上交爲太子賓客乙未以樞密副使右監門衛大將軍魏仁浦爲樞密使檢校太保東都事略云議者以仁浦不由科第進世宗曰顧才何如耳遂用之丙申以中書舍人史館修撰判館事劉温叟爲禮部侍郎判館如故丁酉相州節度使王進卒八月壬申朔以宣徽北院使吳延祚爲右監門衛大將軍充職以樞密院直學士尚書右丞邊歸讜爲尚書左丞充職甲辰幸南莊賜從臣射乙巳以吏部侍郎顏衎爲工部尚書致仕丙午同州節度使孫方諫卒己酉前澤州刺史李彥崇責授右司禦副率高平之役帝與賊軍相遇即令彥崇領兵守江猪嶺以遏寇之歸路彥崇初見王師已却即時而退及劉崇兵敗果由茲嶺而遁故有是責壬子以金州防禦使王暉爲同州留後癸丑以吳越國內外都指揮使吳延福爲寧國軍節度使檢校太尉從錢俶之請也以太子少師宋彥筠爲太子太師致

仕甲寅以兵部郎中兼太常博士尹拙爲國子祭酒丙辰皇姑故福慶長公主追封燕國大長公主李從進之母也丁巳以戶部郎中致仕景初爲太僕卿致仕宰臣範之父也己巳詔停華州鎮國軍依舊爲郡庚午以給事中劉悅康澄並爲右散騎常侍辛未以左散騎常侍裴巽爲御史中丞以御史中丞張煦爲兵部侍郎集賢殿學士判院事司徒詡爲吏部侍郎以左散騎常侍薛沖乂爲工部侍郎九月壬申朔以東京舊宅爲皇建禪院甲戌以武安軍節度副使知潭州軍府事周行逢爲鄂州節度使知潭州軍府事加檢校太尉丙戌右屯衞將軍薛訓除名流沙門島坐監雍兵倉縱吏卒掊斂也己亥以右僕射致仕韓昭允左僕射致仕楊凝式並爲太子太保致仕以太子太傅致仕李肅爲太子太師致仕辛丑斬宋州巡檢供奉官副都知竹奉璘于寧陵縣坐盜掠商船不捕獲也冬十月甲辰左羽林大將軍孟漢卿賜死坐監納厚取耗餘也丙午以安州節度使李洪義爲青州節度使以貝州節度使王饒爲相州節度使以徐州節度使王晏爲西京留守以西京留守武行德爲徐州節度使戊申以龍捷

左廂都指揮使泗州防禦使韓令坤爲洋州節度使充侍衛馬軍都指揮使以虎捷右廂都指揮使汞州防禦使李繼勳爲利州節度使充侍衛步軍都指揮使己酉太子太保致仕楊凝式卒詔安貝二州依舊爲防禦州其軍額並停壬子以今上爲汞州防禦使依前殿前都虞候戊午監修國史李穀等上言曰竊以自古王者咸建史官君臣獻替之謀皆須備載家國安危之道得以直書歷代已來其名不一人君言動則起居注創于累朝輔相經綸則時政記興于前代然後採其事實編作史書蓋緣聞見之間須有來處記錄之際得以審詳今之左右起居郎即古之左右史也唐文宗朝命其官執筆立于殿階螭頭之下以紀政事後則明宗朝命端明殿及樞密直學士皆輪修日曆旋送史官以備纂修及近朝此事皆廢史官惟憑百司報狀館司但取兩省制書此外雖有訪聞例非端的伏自先皇帝創開昌運及皇帝陛下纘嗣丕基其聖德武功神謀睿略而皆萬幾宥密丹禁深嚴非外臣之所知豈庶僚之可訪此後欲望以諮詢之事裁制之規別命近臣旋具抄錄每當修撰日曆即令封付史臣庶國事

無漏略之文職業免疎遺之咎從之因命樞密直學士起今後于樞密使處逐月抄錄事件送付史館己未供奉官郝光定棄市坐在葉縣巡檢日挾私斷殺平人也是日大閱帝親臨之帝自高平之役覩諸軍未甚嚴整遂有退卻至是命今上一概簡閱選武藝超絕者署為殿前諸班因是有散員散指揮使內殿直散都頭鐵騎控鶴之號復命總戎者自龍捷虎捷以降一一選之老弱羸小者去之諸軍士伍無不精當由是兵甲之盛近代無比且減冗食之費焉五代會要顯德元年上謂侍臣曰侍衞兵士老少相半強懦不分蓋徇人情不能選練今春朕在高平與劉崇及蕃軍相遇臨敵有指使不前者苟非朕親當堅陣幾至喪敗況百戶農夫未能贍一甲士且兵在精不在衆宜令一一點選精銳者升在上軍怯懦者任從安便庶期可用又不虛費先是上按于高平觀其退縮慨然有懲革之志又以驍勇之士多為外諸侯所占如是召募天下豪傑不以草澤為阻在于闕下躬親試閱選武藝超絕及有身首者分署為殿前諸班十一月戊寅以太子賓客石光贊為兵部尚書致仕壬午鎮州節度使曹英卒乙酉以澶州節度使郭崇為鎮州節度使乙未以荊南節度副使歸州刺史高保勗為寧江軍節度使檢校太尉充荊南節度行軍司馬戊戌詔宰臣李穀監築河隄先是鄆州界河決數州之地洪流為患故命穀治之役丁夫六萬人三十

舊五代史卷一百十四考證

周世宗紀一賊軍又潰臨陣斬賊大將張暉○案九國志作張元徽乘勝復入馬倒為周師所擒殺之與是書異通鑑從是書

戊戌車駕至潞州○案歐陽史作丁酉幸潞州與是書異通鑑從歐陽史五代春秋作丙戌誤

鐵騎第一軍都指揮使趙宏殷○案原本注宣祖廟諱四字今據宋史改作宏殷

僞代州防禦使鄭處謙以城歸順○案遼史穆宗紀四年五月乙亥忻代二州叛據是書則忻州歸順在四月代州歸順在五月丙子與遼史日月互異

努瑚舊作耨姑今改

舊五代史卷一百十四考證

宋門下侍郎參知政事監修國史薛居正等撰

# 周書第六

## 世宗紀二

顯德二年春正月辛未朔帝不受朝賀辛卯詔在朝文班各舉堪爲令錄者一人雖姻族近親亦無妨嫌授官之日各署舉主姓名若在官貪濁不任懦弱不理並量事狀重輕連坐舉主乙未詔應逃戶莊田並許人請射承佃供納稅租如三周年內本戶來歸者其莊田不計荒熟並交還一半五周年內歸業者三分交還一分如五周年外歸業者其莊田除本戶墳塋外不在交付之限其近北地諸州應有陷蕃人戶自蕃界來歸業者五周年內來者三分交還二分十周年內來者交還一半十五周年來者三分交還一分十五周年外來者不在交還之限二月戊申遣使赴西京賜太子太師致仕侯益白文珂宋彥筠等茶藥錢帛各有差仍降詔存問壬戌詔曰善操理者不能有全功善處身者不能

無過失雖堯舜禹湯之上聖文武成康之至明尚猶思逆耳之言求苦口之藥何況後人之不逮哉朕承先帝之靈居至尊之位涉道猶淺經事未深常懼昏蒙不克負荷自臨宸極已過周星至于刑政取捨之間國家措置之事豈能盡是須有未周朕猶自知人豈不察而在位者未有一人指朕躬之過失食祿者曾無一言論時政之是非豈朕之寡昧不足與言耶豈人之循默未肯盡心耶豈左右前後有所畏忌耶豈高卑疏近自生間別耶古人云君子大言受大祿小言受小祿又云官箴王闕則是士大夫之有祿位無不言之人然則爲人上者不能感其心而致其言此朕之過也得不求骨鯁之辭詢正直之議共申裨益庶洽治平朕于卿大夫才不能盡知面不能盡識若不採其言而觀其行審其意而察其忠則何以見器量之淺深知任用之當否若言之不入罪實在予苟求之不言咎將誰執應內外文武臣僚今後或有所見所聞並許上章論諫若朕躬之有闕失得以盡言時政之有瑕疵勿宜有隱方求名實豈尚虛華苟或素不工文但可直書其事辭有謬誤者固當捨短言涉傷忤者必與留中所

冀盡情免至多慮諸有司局公事者各宜舉職事有不便者革之可也理有可行者舉之可也勿務因循漸成訛謬臣僚有出使在外迴者苟或知黎庶之利病聞官吏之優劣當具敷奏以廣聽聞班行職位之中遷除改轉之際卽當考陳力之輕重較言事之否臧奉公切直者當議甄升臨事蓄縮者須期抑退翰林學士兩省官職居侍從乃論思諫諍之司御史臺官任處憲綱是擊搏糺彈之地論其職分尤異羣臣如逐任官內所獻替啓發彈舉者至月限滿合遷轉時宜令中書門下先奏取進止三月辛未以李晏口爲靜安軍其軍南距冀州百里北距深州三十里夾胡盧河爲壘（通鑑浚胡盧河在正月至三月始建軍額）先是貝冀之境密邇北疆居常敵騎涉河而南馳突往來洞無阻礙北鄙之地民不安居帝乃按圖定策遣許州節度使王彥超曹州節度使韓通等領兵他徙築壘于李晏口以兵戍守功未畢契丹衆尋至彥超等擊退之及壘成頗扼要害自是敵騎雖至不敢涉河邊民稍得耕牧焉壬辰尚書禮部貢院進新及第進士李覃等一十六人所試詩賦文論策文等詔曰國家設貢舉之司求英俊之士務詢文行

方中科名比聞近年已來多有濫進或以年勞而得第或因媒勢以出身今歲所放舉人試令看驗果見紕繆須至去留其李覃何曮楊徽之趙鄰幾等四人宜放及第其嚴說武允成王汾閻邱舜卿任惟吉周度張慎徽王翥馬文劉選程浩然李震等一十二人藝學未精並宜勾落且令苦學以俟再來禮部侍郎劉温叟失于選士頗屬因循據其過尤合行譴謫尙視寬恕特與矜容劉温叟放罪其將來貢舉公事仍令所司別具條理以聞夏四月庚戌以內客省使李彥頵爲延州留後辛亥詔應自外新除御史未經朝謝行過州府不得受館驛供給及所在公禮乙卯詔于京城四面別築羅城期以來春興役戊午以翰林學士給事中竇儀爲禮部侍郎依前充職以禮部侍郎劉温叟爲太子詹事癸亥以翰林學士中書舍人楊昭儉爲御史中丞是月詔翰林學士承旨徐台符已下二十餘人各撰爲君難爲臣不易論平邊策各一首帝親覽之宋史陶穀傳世宗謂宰相曰朕觀歷代君臣治平之道誠爲不易又念唐晉失德之後亂臣黠將僭竊者多今中原甫定吳蜀幽幷尙未平附聲教未能遠被宜令近臣各爲論策宣導經濟之略乃命承旨徐台符已下二十餘人各撰爲君難爲臣不易論平邊策以進其略率以修文德來遠人爲意惟穀與竇儀楊昭儉王朴以封疆密

珍倣宋版印

遍江淮當用師取之世宗自克高平常訓兵講武思混一天下及覽其策欣然聽納由是平南之意益堅矣五月辛未回鶻遣使貢方物鳳翔節度使王景上言奉詔攻收秦鳳二州已于今月一日領軍由大散關路進軍次先是晉末契丹入晉秦州節度使何建以秦成階三州入蜀蜀人又取鳳州至是秦鳳人戶怨蜀之苛政相次詣闕乞舉兵收復舊地乃詔景與宣徽南院使向訓率師赴焉東都事略王溥傳世宗將討秦鳳溥薦向拱遂平之世宗因宴酌巵酒賜之曰成吾邊功卿擇帥之力也甲戌詔曰釋氏真宗聖人妙道助世勸善其利甚優前代以來累有條貫近年已降頗紊規繩近覽諸州奏聞繼有緇徒犯法蓋無科禁遂至尤違私度僧尼日增猥雜刱修寺院漸至繁多鄉村之中其弊轉甚漏網背軍之輩苟剃削以逃刑行姦爲盜之徒託住持而隱惡將隆教法須辨否臧宜舉舊章用革前弊諸道府州縣鎮村坊應有勅額寺院一切仍舊其無勅額者並仰停廢所有功德佛像及僧尼並騰併于合留寺院內安置天下諸縣城郭內若無勅額寺院秖于合停廢寺院內選功德屋宇最多者或寺院僧尼各留一所若無尼住秖留僧寺院一所諸軍鎮坊郭及二百戶已上者亦依諸縣例指揮如邊遠州

郡無勅額寺院處于停廢寺院內僧尼各留兩所今後並不得剏造寺院蘭若王公戚里諸道節刺已下今後不得奏請剏造寺院及請開置戒壇男子女子如有志願出家者並取父母祖父母處分已孤者取同居伯叔兄處分候聽許方得出家男年十五已上念得經文一百紙或讀得經文五百紙女年十三已上念得經文七十紙或讀得經文三百紙者經本府陳狀乞剃頭委錄事參軍本判官試驗經文其未剃頭間須留髮髻如有私剃頭者却勒還俗其本師主決重杖勒還俗仍配役三年兩京大名府京兆府青州各處置戒壇候受戒時兩京委祠部差官引試其大名府等三處秪委本判官錄事參軍引試如有私受戒者其本人師主臨壇三綱知事僧尼並同私剃頭例科罪應合剃頭受戒人等逐處聞奏候勅下委祠部給付憑由方得剃頭受戒應男女有父母祖父母在別無兒息侍養不聽出家曾有罪犯遭官司刑責之人及棄背父母逃亡奴婢姦人細作惡逆徒黨山林亡命未獲賊徒負罪潛竄人等並不得出家剃頭如有寺院輒容受者其本人及師主三綱知事僧尼鄰房同住僧並仰收捉

禁勘申奏取裁僧尼俗士自前多有捨身燒臂鍊指釘截手足帶鈴掛燈諸般毀壞身體戲弄道具符禁左道妄稱變現還魂坐化聖水聖燈妖幻之類皆是聚衆眩惑流俗今後一切止絕如有此色人仰所在嚴斷遞配邊遠仍勒歸俗其所犯罪重者準格律處分每年造僧帳兩本其一本奏聞一本申祠部逐年四月十五日後勒諸縣取索管界寺院僧尼數目申州州司攢帳至五月終已前文帳到京僧尼籍帳內無名者並勒還俗其巡禮行脚出入往來一切取便是歲諸道供到帳籍所存寺院凡二千六百九十四所廢寺院凡三萬三百三十六僧尼係籍者六萬一千二百人戊寅以刑部侍郎邊光範爲戶部侍郎以前御史中丞裴巽爲刑部侍郎己卯刑部員外郎陳渥賜死坐檢齊州臨邑縣民田失實也渥爲人清苦臨事有守以微累而當極刑時論惜之戊子以沙州留後曹元忠爲沙州節度使檢校太尉同平章事丙申禮部侍郎竇儀奏請廢童子明經二科及條貫考試次第從之六月己酉以曹州節度使韓通充西南面行營都虞候丙辰以亳州防禦使陳思讓爲邢州留後庚申詔兩京及諸道

府州不得奏薦留守判官兩使判官少尹防禦團練軍事判官如是隨幕已曾任此職者聽奏防禦團練刺史州各置推官一員辛酉廢景州爲定遠軍癸亥以前延州節度使袁義爲滄州節度使以前邢州節度使田景咸爲鄧州節度使秋七月丁卯朔以鳳翔節度使王景兼西南面行營都招討使以宣徽南院使鎮安軍節度使向訓兼西南面行營都監戊辰太子太傅魯國公和凝卒八月癸卯兵部尚書張昭太常卿田敏等奏議減祠祭所用犧牲之數由是圜丘方澤及太廟即用太牢餘皆以羊代之丁未中書侍郎平章事判三司景範罷判三司加銀青光祿大夫依前中書侍郎平章事進封開國伯以樞密院承旨張美權判三司辛亥詔今後應有病患老弱馬並送同州沙苑監衞州牧馬監就彼水草以盡飲齕之性庚子太子太師致仕趙暉卒乙丑詔曰今後諸處祠祭應有牲牢香幣饌料供具等仰委本司官吏躬親檢校務在精至行事儀式依附禮經大祠祭合用樂者仍須祀前教習凡關祀事宜令太常博士及監察御史用心點檢稍或因循必行朝典九月丙寅朔詔禁天下銅器始議立監鑄

錢癸未以太子賓客趙上交爲吏部侍郎以吏部侍郎于德辰司徒詡並爲太子賓客乙酉詔文武百僚今後遇天清節依近臣例各賜衣服辛卯西南面招討使王景部送所獲西川軍校姜暉已下三百人至闕甲午潞州部送先擒到河東兵馬監押程支等二百人至闕詔所獲西川河東軍校已下並釋之各賜錢帛有差閏月壬子西南面招討使王景奏大破西川賊軍于黃花谷擒僞命都監王巒孫韜等一千五百餘人九國志李廷珪傳周師攻秦鳳以廷珪爲北路行營都統高彥儔呂彥珂爲招討廷珪遣先鋒指揮使李進以兵據馬嶺分兵出斜谷營于白澗將腹背以攻周師又遣染院使王巒領兵出唐倉與周師遇蜀師敗走王巒死之而馬嶺斜谷之兵聞之皆退奔高彥儔與諸將謀退守青泥嶺由是秦鳳階成之地皆陷于周矣癸丑秦州僞命觀察判官趙玭以本城降詔以玭爲郢州刺史宋史趙玭傳高彥儔出師救援未至聞軍敗因潰歸玭閉門不納召官屬諭之曰今中朝兵甲無敵于天下自用師西征戰無不勝蜀中所遣將皆武勇者卒皆驍健者然殺戮逋逃之外幾無孑遺我輩安忍坐受其禍去危就安當在今日衆皆俯伏聽命玭遂以城歸順世宗欲命以藩鎮宰相范質不可乃授郢州刺史先是帝以西師久次艱于糧運命今上乘驛赴軍前以觀攻戰之勢及迴具以事勢上奏帝甚悅至是果成功焉甲子祕書少監許遜責授蔡州別駕坐先假竇氏圖書隱而不還也冬十月庚午召近臣射于苑

中賜金器鞍馬有差辛未成州歸順癸酉以給事中王敏爲工部侍郎戊寅高麗國遣使朝貢丁丑右散騎常侍康澄責授環州別駕左司郎中史又元責授商州長史左驍衛大將軍元霸責授均州別駕右驍衛將軍林延禔責授登州長史澄等奉使浙中迴日以私便停留逾時復命故有是責右諫議大夫李知損配流沙門島坐妄貢章疏斥讟貴近及求使兩浙故也己丑前太常卿邊蔚卒是月始議南征十一月乙未朔以宰臣李穀爲淮南道前軍行營都部署知廬壽等州行府事以許州節度使王彥超爲行營副部署命侍衛馬軍都指揮使韓令坤等一十二將各帶征行之號以從焉己亥諭淮南州縣詔曰朕自纘承基構統御寰瀛方當恭己臨朝誕修文德豈欲興兵動衆專耀武功顧茲昏亂之邦須舉弔伐之義蠢爾淮甸敢拒大邦因唐室之陵遲接黃寇之紛亂飛揚跋扈垂六十年盜據一方僭稱僞號幸數朝之多事與北境以交通厚啓兵端誘爲邊患晉漢之代寰海未寧而乃招納叛亡朋助凶慝李金全之據安陸李守貞之叛河中大起師徒來爲應援攻侵高密殺掠吏民迫奪閩越之封疆

塗炭湘潭之士庶以至我朝啓運東魯不庭發兵而應接叛臣覬覦而憑陵徐部沭陽之役曲直可知尚示包荒猶稽問罪邇後維揚一境連歲阻饑我國家念彼災荒大許糴易前後擒獲將士皆遣放還自來禁戢邊兵不令侵撓我無所負彼實多奸勾誘契丹至今未已結連并寇與我爲讎罪惡難名人神共憤今則推輪命將鳴鼓出師徵浙右之樓船下朗陵之戈甲東西合勢水陸齊攻吳孫皓之計窮自當歸命陳叔寶之數盡何處偷生應淮南將士軍人百姓等久隔朝廷莫聞聲教雖從僞俗應樂華風必須善擇安危早圖去就如能投戈獻款舉郡來降具牛酒以犒師納圭符而請命車服玉帛豈恡旌酬土地山河誠無愛惜刑賞之令信若丹青苟或執迷寧免後悔王師所至軍政甚明不犯秋毫有如時雨百姓父老各務安居剽擄焚燒必令禁止云高麗國王王昭加開府儀同三司檢校太尉依前使持節元菟州都督大義軍使王如故辛亥以前滄州節度使李暉爲邠州節度使壬子潞州奏破河東賊軍于祁縣癸丑西南面行營都部署王景奏收復鳳州獲僞命節度使王環乙卯曲赦秦鳳階成

等州管內罪人自顯德二年十一月已前凡有罪犯無問輕重一切釋放丁巳前邠州節度使折從阮卒己未邢州奏河東劉崇死壬戌淮南前軍都部署李穀奏先鋒都指揮使白延遇破淮賊于來遠鎮十二月丙寅以左金吾大將軍蓋萬爲右監門上將軍丁卯淄州奏前中書侍郎同平章事景範卒庚午右金吾衞上將軍王守恩卒辛未安州奏盜殺防禦使張穎是日翰林學士承旨徐台符卒甲戌李穀奏破淮賊二千人于壽州城下丙子以左諫議大夫權知開封府事王朴爲左散騎常侍充端明殿學士依前權知開封府事永興軍奏節度使劉詞卒己卯李穀奏破淮賊千餘人于山口鎮丙戌樞密使鄭仁誨卒辛卯西南面行營都部署王景差人部送所獲僞鳳翔節度使王環至闕詔釋之仍賜鞍馬衣服尋授右驍衞（按原本闕一字）將軍是冬命起居郎陶文舉徵殘租于宋州文舉本酷吏也宋民被其刑者凡數千寃號之聲聞于道路有悼髦之輩不勝其刑而死者數人物議以爲不允

舊五代史卷一百十五考證

周世宗紀二癸丑西南面行營都部署王景奏收復鳳州○案癸丑歐陽史作

戊申

己未邢州奏河東劉崇死○案通鑑作顯德元年十一月北漢主殂遣使告于契丹考異據王保衡見聞要錄及劉繼顒神道碑疑是書作二年爲誤今考遼史穆宗紀應歷五年十一月漢主崇殂應歷五年卽周廣順二年也與是書合蓋薛史遼史皆以實錄爲據五代春秋亦作二年

舊五代史卷一百十五考證

珍倣宋版印

# 舊五代史卷一百十六

宋門下侍郎參知政事監修國史薛居正等撰

## 周書第七

### 世宗紀三

顯德三年春正月乙未朔帝不受朝賀前司空蘇禹珪卒丁酉李穀奏破淮賊于上窰戊戌發丁夫十萬城京師羅城庚子詔取此月八日幸淮南殿中監馬從贇免所居官坐乾沒外孫女霍氏之貲產爲人所訟故也辛丑以宣徽南院使向訓爲權東京留守以端明殿學士王朴爲副留守壬寅車駕發京師丁未李穀奏自壽州引軍退守正陽辛亥李重進奏大破淮賊于正陽斬首二萬餘級伏尸三十里臨陣斬賊大將劉彥貞生擒偏將咸師朗已下獲戎甲三十萬事馬五百匹先是李穀駐軍于壽春城下以攻其城既而淮南援軍大至乃與將佐謀曰賊軍舟棹將及正陽我師無水戰之備萬一橋梁不守則大軍隔絕矣不如全師退守正陽浮橋以俟鑾輅諸將皆以爲然遂燔其糧草而退軍迴

之際無復嚴整公私之間頗多亡失淮北役夫亦有陷于賊境者帝聞之急詔侍衛都指揮使李重進率師赴之時淮賊乘李穀退軍之勢發戰棹數百艘沿淮而上且張斷橋之勢彥貞以大軍列陣而進李重進既至正陽聞淮軍在近率諸將渡橋而進與賊軍遇重進等合勢擊之一鼓而敗之馬令南唐書世宗親征行至圍鎮聞穀軍却意唐兵必追之遣李重進急趨正陽曰唐兵且至宜急擊之彥貞等聞穀退軍皆以為怯裨將咸師朗曰追之可大獲劉仁贍使人喻之曰君來赴援未交戰而敵人退不可測也慎勿追逐君為大將安危以之脫有不利大事去矣前軍張全約亦曰不可追彥貞曰軍容在我汝輩何知沮吾事者斬比至正陽而重進先至未及食而戰彥貞施利刃于拒馬又刻木為獸號捷馬牌以皮囊布鐵蒺藜于地周兵見而知其怯一鼓敗之彥貞死于陣殺獲之外降者三千餘人皆為我將趙晁所殺甲寅車駕至正陽以侍衛都指揮使李重進為淮南道行營都招討使命宰臣李穀判壽州行府事乙卯車駕渡淮丙辰至壽州城下營于州西北淝水之陽詔移正陽浮橋于下蔡庚申耀兵于城下春明退朝錄云家有范魯公雜錄記世宗親征忠正駐蹕城下中夜有白虹自淝水起亘數丈下貫城中數刻方沒壬戌今上奏破淮賊萬餘衆于渦口斬偽兵馬都監何延錫等獲戰船五十艘二月丙寅幸下蔡斬前濟州馬軍都指揮使康儼于路左坐橋道不謹也朗州節度使王進逵奏

珍倣宋版印

領兵入淮南界戊辰盧壽巡檢使司超奏破淮賊三千于盛唐獲都監僞吉州刺史高弼以獻詔釋之兵部尚書張昭奏準詔撰集兵法分爲十卷凡四十二門目之爲制旨兵法上之優詔褒美仍以器幣賜之壬申今上奏破淮賊萬五千人于清流山乘勝攻下滁州擒僞命江州節度使充行營應援使皇甫暉常州團練使充應援都監姚鳳以獻王銍默記李景聞世宗親至淮上而滁州其控扼且援壽州命大將皇甫暉監軍姚鳳提兵十萬扼其地太祖以周師數千與暉遇于清流關隘路周師大敗暉整全師入憩滁州城下會翊日再出太祖兵聚關下且虞暉兵再至問諸村人云有鎮州趙學究在村中教學多智計村民有爭訟者多請以決曲直太祖往訪之學究曰我有奇計所謂因敗爲勝轉禍爲福今關下有徑路人無行者雖牌軍亦不知之乃山之背也可以直抵城下方值西澗水大漲之時彼必謂我既敗之後無敢躡其後者誠能由山背小路率兵浮西澗水至城下斬關而入可以得志太祖大喜且命學究以指其路學究亦不辭而遣人前導即下令誓師夜從小路行三軍跨馬浮西澗以迫城暉果不爲備奪門以入暉始聞之率親兵擐甲與太祖巷戰三縱而三擒之遂下滁州甲戌江南國主李景遣泗州牙將王知朗齎書一函至滁州本州以聞書稱唐皇帝奉書于大周皇帝其略云願陳兄事永奉鄰歡設或俯鑒遠圖下交小國悉班卒乘俾乂蒼黔慶雞犬之相聞奉瓊瑤以爲好必當歲陳山澤之利少助軍旅之須虔俟報章以答高命道塗朝坦禮幣夕行云書

奏不答乙亥今上縶送所獲江南二將皇甫暉姚鳳至行在詔釋之壬午江南國主李景遣其臣僞翰林學士戶部侍郎鍾謨僞工部侍郎文理院學士李德明等奉表來上敘願依大國稱臣納貢之意仍進金器千兩錦綺綾羅二千匹及御衣犀帶茶茗藥物等又進犒軍牛五百頭酒二千石是日賜謨等錦綺綾羅二百匹銀器一百兩襲衣金帶鞍馬等丙戌侍衛馬軍指揮韓令坤奏收下揚州東都事略韓令坤傳率兵襲揚州將吏開門以迎之令坤整衆而入市不易肆人甚悅丁亥壽州城內左神衛軍使徐象等一十八人來奔庚寅朗州節度使王進逵上言領兵入鄂州界攻長山砦殺賊軍三千餘衆辛卯今上表僞命天長軍制置使耿謙以本軍降獲糧草二千餘萬侍衛馬軍都指揮使韓令坤上言泰州降癸巳荆南上言朗州節度使王進逵爲部將潘叔嗣所殺九國志王逵傳領衆逼宜春道出長沙耀兵金波亭有蜜蜂集繖蓋中占者以爲不利遂留長沙令行營副使毛立領兵南下以潘叔嗣張文表爲前鋒叔嗣怒至澧陵擁衆而還逵聞兵叛乃乘輕舸奔歸武陵叔嗣追殺之于朗州城外遣人詣潭州請周行逢爲帥行逢至朗州斬叔嗣于市三月丙申行光州刺史何超奏光州僞命都監張承翰以城歸順尋授承翰集州刺史庚子文武百僚再上表

請聽樂詔允之行舒州刺史郭令圖奏收下舒州隆平集王審琦傳世宗征淮舒州堅壁不下以郭令圖爲刺史命審琦司超將兵攻城一夕拔之令圖入復見逐于郡人審琦方進軍援黃州聞令圖被逐乃選騎銜枚襲城夜敗其衆而復納之江南國主李景表送先隔過朝廷兵士一百五十人至行在其軍即蜀軍也秦鳳之役爲王師所擒配隸諸軍及渡淮輒復南逸帝怒其奔竄盡戮之丙午江南國主李景遣其臣僞司空孫晟僞禮部尙書王崇質等奉表來上仍進金一千兩銀十萬兩羅綺二千匹又進賞給將士茶絹金銀羅帛等庚戌兩浙奏遣大將率兵攻常州延州留後李彥頵奏蕃衆與部民爲亂尋與兵司都監閣綰掩殺獲其酋帥高鬧兒等十人磔于市彥頵本賈人也貪而好利蕃漢之民怨其侵刻故至于是辛亥賜江南李景書曰頃自有唐失御天步方艱巢蔡喪亂之餘朱李戰爭之後中夏多故六紀于茲海縣瓜分英豪鼎峙自爲聲教各擅烝黎連衡而交結四夷乘釁而憑陵上國華風不競否運所鍾凡百有心孰不興憤朕猥承先訓恭荷永圖德不逮于前王道不方于往古然而擅一百州之富庶握三十萬之甲兵且農戰交修士卒樂用思欲報累朝之宿怨刷萬姓之包羞是以

踐位已來懷安不暇破幽幷之巨寇收秦鳳之全封兵不告疲民有餘力一昨迴軍隴上問罪江干我實有辭咎將誰執朕親提金鼓尋渡淮淝上順天心下符人欲前鋒所向彼衆無遺棄甲僵尸動盈川谷收城徇地已過滁陽豈有落其爪牙折其羽翼潰其心腹扼其吭喉而不亡者哉蚤者泗州主將遞送到書一函尋又使人鍾謨李德明至齎所上表及貢奉衣服腰帶金銀器幣茶藥牛酒等今又使人孫晟等並到行朝觀其降身聽命引咎告窮所謂君子見機不俟終日苟非達識孰能若斯但以奮武興戎所以討不服惇信明義所以懷遠人五帝三王盛德大業恆用此道以正萬邦朕今躬統戎師龔行討伐告于郊廟社稷詢于將相公卿天誘其衷國無異論苟不能恢復內地申畫邊疆便議班旋真同戲劇則何以光祖宗之烈厭士庶之心匪獨違天兼且咈衆但以淮南部內已定六州廬壽濠黃大軍悉集指朝尅日拉朽焚枯其餘數城非足介意必若盡淮甸之土地爲大國之提封猶是遠圖豈同迷復如此則江南吏卒悉遣放還江北軍民並當留住免違物類之性俾安鄉土之情至于削去尊稱

珍倣宋版印

願輸臣禮非無故事實有前規蕭詧奉周不失附庸之道孫權事魏自同藩國之儀古也雖然今則不取但存常號何爽歲寒儻堅事大之心終不迫人于險事資真愨辭匪枝游俟諸郡之悉來即大軍之立罷質于天地信若丹青我無彼欺爾無我詐言盡于此更不繁云苟曰未然請自茲絕竊以陽春在候庶務縈思願無廢于節宣更自期于愛重音塵非遠風壤猶殊翹想所深勞于夢寐又賜其將佐書曰朕自類禡出師麾旆問罪絕長淮而電擊指建業以鷹揚旦夕之間克捷相繼至若兵興之所自釁起之所來勝負之端俔戎甲之次第不勞盡諭必想具知近者金陵使人繼來行闕追悔前事委質大朝非無謝咎之辭亦有罷軍之請但以南邦之土地本中夏之封疆苟失克復之期大辜朝野之望已與是役固不徒還必若自淮以南畫江爲界盡歸中國猶是遠圖所云願爲外臣乞比湖浙彼既服義朕豈忍人必當別議封崇待以殊禮凡爾將佐各盡乃心善爲家國之謀勉擇恆久之利初李景遣鍾謨李德明奉表至行闕使人面奏云本國主願割壽濠泗楚光海六州之地歸于大朝帝志在盡取江

北諸郡不允其請使人見王師急攻壽陽李德明奏曰願陛下寬臣數日之誅容臣自往江南取本國表盡獻江北之地帝許之乃令李德明王崇質齎此書以賜李景夏四月甲子以徐州節度使武行德爲濠州城下行營都部署以前鄧州節度使侯章爲壽州城下水砦都部署己巳車駕發壽春循淮而東辛未揚州奏江南大破兩浙軍于常州初兩浙錢俶承詔遣部將率兵攻常州爲江南大將陸孟俊所敗將佐陷沒者甚衆李景亦以表聞乙亥駐蹕于濠州城下丁丑揚州韓令坤破江南賊軍于州之東境獲大將陸孟俊今上表大破江南軍于六合斬首五千級時李景乘常州之捷遣陸孟俊領兵迫泰州王師不守韓令坤欲棄揚州而迴帝怒急遣殿前都指揮使張永德帥親兵往援之又命今上領步騎二千人屯于六合俄而陸孟俊領其徒自海陵抵揚州令坤迎擊敗之生擒孟俊李景遣其弟齊王達率大衆由瓜步濟江距六合一舍而設柵居數日乃棄柵來迫官軍今上麾兵以擊之賊軍大敗餘衆赴江溺死者不可勝紀己卯韓令坤奏敗楚州賊將馬在貴萬餘衆于灣頭堰獲漣州刺史秦進

崇丙戌以宣徽南院使向訓爲權淮南節度使充沿江招討使以侍衛馬軍都指揮使韓令坤充沿江副招討使宋史向拱傳揚州初平南唐令境上出師謀收復韓令坤有棄城之意卽驛召拱赴行在拜淮南節度使依前宣徽使兼沿江招討使以令坤爲副時周師久駐淮陽都將趙晁白延遇等驕恣橫暴不相稟從惟務貪濫至有劫人婦女者及拱至戮其不法者數輦軍中肅然丁亥車駕發濠州幸渦口己丑以前湖南節度使馬希崇爲左羽林統軍五月壬辰朔以渦口爲鎮淮軍戊戌車駕還京發渦口馬令南唐書天子駐于渦口猶欲再幸揚州宰相范質以師老泣諫乃班師乙卯上至自淮南詔赦都下見禁罪人丁巳陳州節度使王令溫卒戊午以江南僞命東都副留守工部侍郎馮延魯爲大府卿己未太子賓客于德辰卒辛酉詔天下公私織造布帛及諸色匹段幅尺斤兩並須依向來制度不得輕弱假僞犯者擒捉送官六月甲子以鳳翔節度使王景爲秦州節度使兼西面沿邊都部署以宣徽南院使陳州節度向訓爲淮南節度使依前南院宣徽使加檢校太尉以曹州節度使韓通爲許州節度使加檢校太尉以亳州防禦使王全斌爲隴州防禦使遙領利州昭武軍兩使留後丙寅許州王彥超移鎮永興軍鄧州田景咸移鎮鄜州御史中丞楊昭儉知雜侍御

史趙礪侍御史張紇並停任坐鞫獄失實也丁卯以翰林學士戶部侍郎陶穀爲兵部侍郎充翰林學士承旨以水部員外郎知制誥扈載度支員外郎王著並本官充翰林學士以給事中高防爲右散騎常侍以前都官郎中知制誥薛居正爲左諫議大夫充昭文館學士判館事壬申曲赦淮南道諸州見禁罪人自今年六月十一日已前凡有違犯無問輕重並不窮問先屬江南之時應有非理科徭無名配率一切停罷云戊寅以右衞上將軍扈彥珂爲太子太師致仕庚辰以西京留守王晏爲鳳翔節度使戊子升贍國軍爲濱州淮南道招討使李重進奏壽州賊軍攻南砦王師不利先是詔步軍都指揮使李繼勳營于壽州之南攻賊壘是日賊軍出城來攻我軍破柵而入其攻城之具並爲賊所焚將士死者數百人李重進在東砦亦不能救時城堅未下師老于外加之暑毒糧運不繼李繼勳喪失之後軍無固志諸將議欲退軍賴今上自六合傾兵歸闕過其城下因爲駐留旬日王師復振秋七月辛卯朔以武清軍節度使知潭州軍府事周行逢爲朗州大都督充武平軍節度使加檢校太尉兼侍中丁

西以太子賓客盧價爲禮部尚書致仕以給事中李明爲大理卿庚子廬州行營都部署劉重進奏破淮賊千餘于州界丁未濠州行營都部署武行德奏敗淮賊二千人于州界庚戌太子太保王仁裕卒辛亥皇后符氏薨淮南節度使向訓自揚州班師迴駐壽春時王師攻壽春經年未下江淮盜賊充斥舒蘄和泰等州復爲吳人所據故棄揚州併力于壽春焉馬令南唐書向訓請棄揚州併力以攻壽春乃封府庫付主者遣淮南舊將按巡城中秋毫不犯而去淮人大悅皆負糗糧以送周師八月壬戌河陽白重贊移鎮涇州張澤移鎮河中甲子以前鄧州節度使侯章復爲鄧州節度使以侍衛步軍都指揮使彰信軍節度使李繼勳爲河陽節度使乙丑太僕卿劇可久停任坐爲舉官累也戊辰端明殿學士王朴撰成新歷上之命曰顯德欽天歷上親爲製序仍付司天監行用殿前都指揮使張永德奏破淮賊于下蔡先是江南李景以王師猶在壽州遣其將林仁肇郭廷謂率水陸軍至下蔡欲奪浮梁以舟實薪芻乘風縱火永德禦之有頃風勢倒指賊衆稍却因爲官軍所敗己卯工部侍郎王敏停任坐薦子壻陳南金爲河陽記室也九月丙午以端明殿學士左散騎

常侍權知開封府事王朴爲尚書戸部侍郎充樞密副使以右羽林統軍焦繼勳爲左屯衛上將軍以左衛上將軍楊承信爲右羽林統軍以左監門上將軍宋延渥爲右神武統軍冬十月辛酉葬宣懿皇后于懿陵癸亥以右神武統軍宋延渥爲廬州行營副部署乙丑舒州刺史郭令圖責授虢州教練使坐棄郡逃歸也丙寅詔曰諸司職員皆係奏補當執役之際悉藉公勤及聽選之時尤資幹敏苟非慎擇漸致因循應諸司寺監今後收補役人並須人材俊利身言可採書札堪中自前行止委無訛濫勒本司關送吏部引驗人材考校筆札其中選者連所試書跡及正身引過中書餘從前後格敕處分仍每年秖得一度奏補丁卯宣懿皇后神主入廟時有司請爲后立別廟禮也己巳詔彰河以北郡縣並許鹽貨通商逐處有鹹鹵之地一任人戸煎煉壬申以武平軍節度副使知潭州軍府事宇文瓊爲武清軍節度使知潭州軍府事癸酉淮南招討使李重進奏破淮賊于盛唐斬二千級太子賓客致仕薛仁謙卒丙子襄州節度使守太尉兼中書令陳王安審琦加守太師審琦鎮漢上十餘年至是來朝故

以命寵之癸未右拾遺趙守微杖一百配沙門島守微本村民也形貌樸野粗學爲文前年徒步上書帝以急于取士授右拾遺聞者駭其事至是爲妻父所訟彰其醜行故逐之東都事略張昭傳云世宗好拔奇取後有自布衣上書下位言事者多不次進用昭諫曰昔唐初劉洎馬周起徒步太宗擢用爲相其後宋朴柳璨在下僚昭宗亦以大用然則太宗用之于前而國興昭宗用于後而國亡士之難知也如此臣願陛下存舊法而用人以劉馬爲鑒朱柳爲戒則善矣甲申宣授今上同州節度使兼殿前都指揮使宣授內外馬步軍都軍頭袁彥爲曹州節度使兼侍衞步軍都指揮使戊子右神武統軍張彥超卒十一月己丑朔詔廢天下無名祠廟庚子日南至帝不受朝賀以宣懿皇后遷祔日近也乙巳江南進奉使孫晟下獄死江南進奉使鍾謨責授耀州司馬戊申放華山隱者陳摶歸山帝素聞摶有道術徵之赴闕月餘放還舊隱庚戌殿前都指揮使張永德奏敗濠州送糧軍二千人于下蔡奪米船十餘艘宰臣李穀以風痺請告十旬三上表求解所任不允十二月己未朔以給事中張鑄爲光祿卿鑄訴以官名與祖諱同尋改祕書監判光祿寺事辛酉以許州節度使韓通兼侍衞馬步軍都虞候壬戌以右領軍大將軍權判三司張美領三司

使壬申以滑州節度使兼殿前都指揮使駙馬都尉張永德爲殿前都點檢發陳蔡宋亳潁曹單等州丁夫城下蔡辛巳故襄邑令劉居方贈右補闕男士衡賜學究出身獎廉吏也癸亥詔兵部尚書張昭纂修太祖實錄及梁均王唐清泰帝兩朝實錄五代會要云同修撰官委張昭定名奏請至四年正月張昭奏請國子祭酒尹拙太子詹事劉溫叟同編修又詔曰史館所少書籍宜令本館諸處求訪補填如有收得書籍之家並許進書人據部帙多少等第各與恩澤如是卷帙少者量給資帛如館內已有之書不在進納之限仍委中書門下于朝官內選差三十人據見在書籍各求真本校勘署校官姓名逐月具功課申報中書門下戊子淮南道招討使李重進奏破淮賊二千人于塌山北

舊五代史卷一百十六考證

周世宗紀三壬申今上奏破淮賊萬五千人于清流山　案歐陽修豐樂亭記

太祖以周師破李景兵十五萬于清流關下與是書作萬五千人異考國老

談苑云太祖提周師甚寡當李景兵十五萬于清流山下臨陣親斬驍將皇

甫暉疑豐樂亭記卽本于此第皇甫暉以傷重被擒而談苑云臨陣親斬小

說家多傅會之詞恐不足信

舊五代史卷一百十六考證

舊五代史卷一百十七

宋門下侍郎參知政事監修國史薛居正等撰

# 周書第八

## 世宗紀四

顯德四年春正月己丑朔，帝御崇元殿受朝賀，仗衞如儀。詔天下見禁罪人，除大辟外，一切釋放。壬寅，兵部尚書張昭上言：「奉詔編修太祖實錄及梁唐二末主實錄。伏以撰漢書者先爲項籍，編蜀記者首序劉璋，貴神器之傳授有因，曆數之推遷得序。伏緣漢隱帝君臨在太祖之前，其歷試之績並在隱帝朝內，請先修隱帝實錄，以全太祖之事。續又以唐末主之前有閔帝在位四月，出奔于衞，亦未編紀，請修閔帝實錄。其清泰帝實錄，請書爲廢帝實錄。」從之。案自唐末主以上原文疑有脫誤。據五代會要云：梁末主之上有郢王友珪篡弑居位，未有紀錄，請依宋書劉劭例，書爲元凶友珪；其末主請依古義，書曰後梁實錄。又唐末主之前有應順帝在位四月，出奔，亦未編紀，請書爲前廢帝，清泰主爲後廢帝，其書並爲實錄。丁未，淮南道招討使李重進奏破淮賊五千人于壽州北。先是，李景遣其弟僞齊王達率全軍來援壽州，達留駐濠州遣其將許文縝邊鎬朱元領兵數萬泝淮而上至紫金山設十餘砦與城內烽火相應又築夾道數里將抵壽春爲運糧之路至是爲重進所敗戊申詔取來月幸淮南宋史李穀傳師老無功時請罷兵爲便世宗令范質王溥就穀謀之穀手疏請親征有必勝之利者三世宗大悅用其策二月庚申以前工部侍郎王敏爲司農卿辛酉詔每遇入閤日賜百官廊下食從舊制也淮南道行營都監向訓奏破淮賊二千于黄著砦甲戌以樞密副使王朴爲權東京留守兼判開封府以三司使張美爲大內都巡檢乙亥車駕發京師乙酉次下蔡三月庚寅旦帝率諸軍駐于紫金山下命今上率親軍登山擊賊連破數砦斬獲數千斷其來路賊軍首尾不相救是夜賊將朱元朱仁裕孫璘各舉砦來降降其衆萬餘人翌日盡陷諸砦殺獲甚衆擒賊大將建州節度使許文縝前湖南節度使邊鎬其餘黨沿流東奔帝自率親騎沿淮北岸追賊及晡馳二百餘里至鎮淮軍殺獲數千人奪戰艦糧船數百艘錢帛器仗不可勝數甲午詔發近縣丁夫城鎮淮軍仍搆浮梁于淮上廬州都部署劉重進奏殺賊三千人于壽州東山口皆紫金山之潰兵也戊戌授宣徽南院使淮南節

度使向訓爲徐州節度使充淮南道行營都監卽命屯鎭淮上己亥帝自鎭淮軍復幸下蔡壬寅賜淮南降軍許文縝邊鎬已下萬五百人衣服錢帛有差丙午壽州劉仁贍上表乞降帝遣閤門使張保續入城慰撫翌日仁贍復令子崇讓上表請罪戊申幸壽州城北劉仁贍與將佐已下及兵士萬餘人出降帝慰勞久之恩賜有差庚戌詔移壽州于下蔡以故壽州爲壽春縣是日曲赦壽州管內見禁罪人自今月二十一日已前凡有過犯並從釋放應歸順職員並與加恩壽州管界去城五十里內放今年秋夏租稅自來百姓有曾受江南文字聚集山林者並不問罪如有曾相傷害者今後不得更有相讎及經官論訴自用兵已來被擄却骨肉者不計遠近並許本家識認官中給物收贖曾經陣敵處所暴露骸骨並仰收拾埋瘞自前政令有不便于民者委本州條例聞奏當行釐革辛亥以僞命清淮軍節度使檢校太尉兼侍中劉仁贍爲特進檢校太尉兼中書令鄆州節度使以右羽林統軍楊信爲壽州節度使是日劉仁贍卒壬子以江南僞命西北面行營都監使舒州團練使朱元爲蔡州防禦使以江

南僞命文德殿使壽州監軍周延構爲衛尉卿以江南僞命壽州營田副使孫羽爲太僕卿以壽州節度判官鄭牧爲鴻臚卿賞歸順也癸丑追奪前許州行軍司馬韓倫在身官爵配流沙門島倫侍衛馬軍指揮使令坤之父也令坤領陳州倫在州干預郡政掊斂之暴公私患之爲項城民武都等所訟帝命殿中侍御史率汀就按之倫詐報汀云準詔赴闕汀即奏之帝愈怒遽令遣劾盡得其實故有是命宋史韓令坤傳云倫法當棄市令坤泣請于世宗遂免死遣左諫議大夫尹日就于壽州開倉賑飢民丙辰車駕發下蔡還京夏四月己巳車駕至自下蔡辛未以江南僞命西北面行營應援使前永安軍節度使檢校太尉許文縝爲左監門衛上將軍檢校太尉以僞命西北面行營應援都軍使前武安軍節度使邊鎬爲左千牛衛上將軍檢校太傅丙子宰臣李穀以風痺經年上章請退凡三上章不允宋史李穀傳扶疾入見便殿詔令不拜命坐御坐側以抱疾久請辭相位世宗怡然勉之謂曰譬如家有四子一人有疾棄而不養非父之道也朕君臨萬方卿處輔相之位君臣之間分義斯在奈何以祿奉爲言穀愧謝而退丁丑斬內供奉官孫延希于都市御廚使董延勛副使張皓武德副使盧繼昇並停職時重修永福殿命延希督役上見役

珍倣宋版印

夫有就瓦中啗飯以栫爲七者大怒斬延希而罷延勛等壬午故彭城郡夫人劉氏追冊爲皇后癸未故皇子贈左驍衛大將軍誼再贈太尉追封越王故皇子贈左武衛大將軍誠再贈太傅追封吳王故皇子贈左屯衛大將軍諴再贈太保追封韓王故皇弟贈太保侗再贈太傅追封郯王故皇弟贈司空信再贈司徒追封杞王故皇第三妹樂安公主追冊莒國長公主故皇第五妹永寧公主追冊梁國長公主故皇從弟贈左領軍大將軍守愿再贈左衛大將軍故皇從弟贈左監門將軍奉超再贈右衛大將軍故皇從弟贈左千牛衛將軍遜再贈右武衛大將軍甲申以先降到江南兵士團結爲三十指揮號懷德軍五月丁亥朔帝御崇元殿受朝仗衛如式己丑以新修永福殿改爲廣政殿辛卯以端午賜文武百僚衣服書始也癸巳侍衛親軍都指揮使宋州節度使充淮南道行營都招討李重進加檢校太傅兼侍中以宣徽南院使淮南節度使向訓爲徐州節度使加檢校太尉同平章事丙申斬密州防禦副使候希進于本郡時太常博士張紀檢視本州夏苗稼牒希進分檢希進以不奉朝旨不從紀具

事以聞帝怒遣使斬之丁酉以滑州節度使兼殿前都點檢駙馬都尉張永德爲潭州節度使加檢校太尉以今上爲滑州節度使加檢校太保依前殿前都指揮使今上以三年十月宣授同州節度使未于正衙宣制至是移鎮滑臺故自永州防禦使授焉以侍衛馬軍都指揮使洋州節度使韓令坤爲陳州節度使加檢校太傅以權侍衛步軍都指揮使岳州防禦使袁彥爲曹州節度使加檢校太保並典軍如故己亥以左神武統軍劉重進爲鄧州節度使以虎捷左廂都指揮使閬州防禦使趙晁爲河陽節度使以兗州防禦使白延遇爲同州節度使辛丑宰臣范質李穀王溥並加爵邑改功臣樞密使魏仁浦加檢校太傅進封開國公辛亥知廬州行府事劉重進奏相次殺敗賊獲戰船三十艘壬子以宣徽北院使吳延祚爲宣徽南院使權西京留守判河南府事是月詔中書門下差官詳定格律中書門下奏差侍御史知雜事張湜等一十人詳定候畢日委御史臺尚書省四品以上兩省五品以上官參詳可否送中書門下議定奏取進止從之六月丁巳前濠州刺史齊藏珍以罪棄市己未以責授耀州

司馬鍾謨爲衛尉少卿賜紫帝旣誅孫晟尋竄謨爲耀州旣而悔之故有是命辛酉西京奏伊陽山谷中有金屑民淘取之詔勿禁乙酉詔在朝文資官再舉堪爲令錄從事者各一人秋七月丁亥以前徐州節度使檢校太師兼中書令武行德爲左衛上將軍先是詔行德分兵屯定遠縣旣爲淮寇所襲王師死者數百人帝懲其僨軍之咎故以環衛處之以前河陽節度使李繼勳爲右衛大將軍責壽春南砦之敗也壬辰以刑部尚書王易爲太子少保致仕以右監門衛上將軍蓋萬爲左衛上將軍致仕己酉司農卿王敏卒甲辰詔曰準令諸論田宅婚姻起十一月一日至三月三十日止者州縣爭論舊有釐革每至農月貴塞訟端近聞官吏因循由此成弊凡有訴競故作逗遛至時而不與盡辭入務而即便停罷強猾者因茲得計孤弱者無以自伸起今後應有人論訴陳詞狀至二月三十日權停若是交相侵奪情理妨害不可停滯者不拘此限八月乙卯朔兵部尚書張昭上䟽望準唐朝故事置制舉以畢英才帝覽而善之因命昭具制舉合行事件條奏以聞丙辰以太常卿田敏爲工部尚書以太子賓

客司徒詡爲太常卿辛未詔在朝武班各舉武勇膽力堪爲軍職者一人甲戌賜左監門上將軍許文縝右千牛上將軍邊鎬右衛大將軍王環衛尉卿周延構太府卿馮延魯太僕卿鄭牧鴻臚卿孫羽衛尉少卿鍾謨工部郎中何幼沖各冬服絹二百匹綿五百兩文縝已下皆吳蜀之士也乙亥宰臣李穀罷相守司空加食邑實封穀抱疾周歲累上表求退至是方允其請以樞密副使戶部侍郎王朴爲樞密使檢校太保癸未前濮州刺史胡立自僞蜀迴蜀主孟昶寓書于帝其末云昶昔在鄙亂即離井都亦承皇帝鳳起晉陽龍興汾水合敘鄉關之分以陳玉帛之歡儻蒙惠以嘉音佇望專馳信使謹因胡立行次聊陳感謝披述云初王師之伐秦鳳也以立爲排陣使旣而爲蜀所擒及秦鳳平得降軍數千人其後帝念其懷土悉放歸蜀至是蜀人知感故歸立于我昶本生于太原故其書意願與帝推鄉里之分帝怒其抗禮不答九月甲申朔宰臣王溥樞密使王朴皆丁內艱並起復舊位以侍衛馬步軍都指揮使宋州節度使李重進爲鄆州節度使典軍如故己丑以前翰林學士禮部侍郎竇儀爲端明殿

學士依前禮部侍郎冬十月丙辰賜京城內新修四寺額以天清天壽顯靜顯寧爲名壬戌左藏庫使符令光棄市時帝再議南征先期勅令光廣造軍士袍襦不卽辦集帝怒命斬之時宰臣等至庭救解帝起入宮遂戮于都市令光出勳閥之後歷職內庭以清愼自守累總繁劇甚有廉幹之譽帝素重其爲人每加委用至是以小過見誅人皆寃之戊午詔懸制科凡三其一曰賢良方正能直言極諫科其二曰經學優深可爲師法科其三曰詳閑吏理達于教化科不限前資見任職官黃衣草澤並許應詔時兵部尚書張昭條奏請與制舉故有是命癸亥河東僞命麟州刺史楊重訓以城歸順授重訓本州防禦使檢校太傅戊辰詔取月內車駕暫幸淮上己巳以樞密使王朴爲權東京留守以三司使張美爲大內都點檢壬辰駕發京師壬午以前鄆州節度使郭從義爲徐州節度使以徐州節度使向訓爲宋州節度使十一月癸未朔以內客省使昝居潤爲宣徽北院使權東京留守丙戌車駕至濠州城下戊子親破十八里灘砦在濠州東北淮水之中四面阻水上令甲士數百人跨駝以濟今上以騎軍浮

水而渡遂破其砦擄其戰艦而迴癸巳帝親率諸軍攻濠州奪關城破水砦賊衆大敗焚戰艦七十餘艘斬首二千級進軍攻羊馬城丙申夜僞濠州團練使郭廷謂上表陳情且言家在江南欲遣人稟命于李景從之辛丑帝自濠州率大軍水陸齊進循淮而下命今上率精騎爲前鋒癸卯大破淮賊于渦口斬首五千級收降卒二千餘人奪戰船三百艘遂鼓行而東以追奔寇晝夜不息沿江城柵所至皆下乙巳至泗州今上乘勢麾軍焚郭門奪月城帝親冒矢石攻其壘丙午日南至從臣拜賀于月城之上十二月乙卯泗州守將范再遇以其城降授再遇宿州團練使戊午帝自泗州率衆東下命今上領兵行于南岸與帝夾淮而進己未至清口追及淮賊軍行鼓譟之聲聞數十里辛酉至楚州西北大破賊衆水陸俱奔有賊船數艘順流而逸帝率驍騎與今上追之數十里今上擒賊大將僞保義軍節度使江北都應援使陳承昭以獻收獲舟船除焚盪外得三百餘艘將士除殺溺外得七千餘人初帝之渡淮也比無水戰之備每遇賊之戰棹無如之何敵人亦以此自恃有輕我之意帝卽于京師大集工

徒修成艨艦踰歲得數百艘兼得江淮舟船遂令所獲南軍教北人習水戰出没之勢未幾舟師大備至是水陸皆捷故江南大震壬戌僞命濠州團練使郭廷謂以城歸順乙丑雄武軍使崔萬迪以漣水歸順丙寅以郭廷謂爲亳州防禦使隆平集廷謂望金陵大慟再拜然後以城降世宗曰江南諸將惟卿斷渦口橋破定遠寨足以報李景祿矣濠上使李景自守亦何能爲乃授以亳州防禦使以僞命濠州兵馬都監陳還爲沂州團練使以僞命保義軍節度使陳承昭爲右監門上將軍江南李景遣兵驅擄揚州士庶渡江焚其州郭而去丙子故同州節度使白延遇贈太尉故濠州刺史唐景思贈武清軍節度使丁丑泰州平

舊五代史卷一百十七

珍倣宋版印

舊五代史卷一百十七考證

周世宗紀四是夜賊將朱元朱仁裕孫璘各舉砦來降　案通鑑云辛卯夜朱元與先鋒壕寨使朱仁裕等舉寨萬餘人降據是書則朱元等之降卽在庚寅與通鑑異

壽州劉仁贍上表乞降　案通鑑考異云仁贍降書蓋其副使孫羽等爲之歐陽史本傳亦言孫羽詐爲仁贍書以城降與是書所載俱異

壬午彭城郡夫人劉氏追冊爲皇后　案歐陽史作癸未追冊與是書異

壬申駕發京師　案壬申原本作壬辰考五代春秋作十月壬辰帝南征與是書同歐陽史作壬申南征通鑑作壬申帝發大梁與是書異據下文有壬午則十月不應有壬辰疑原本係傳寫之誤今從歐陽史通鑑改正

以內客省使昝居潤爲宣徽北院使權東京留守　案上文以王朴爲權東京留守不應復以命昝居潤據東都事略昝居潤傳世宗幸淮上命爲副留守疑原本脫副字

壬戌僞命濠州團練使郭廷謂以城歸順　案郭廷謂以城降歐陽史作庚申通鑑作辛酉與是書異

舊五代史卷一百十七考證

# 舊五代史卷一百十八

宋門下侍郎參知政事監修國史薛居正等撰

## 周書第九

### 世宗紀五

顯德五年春正月癸未朔，帝在楚州城下，從臣詣行宮稱賀。隆平集馬仁瑀傳：世宗征淮南，登楚州水寨飛樓，距城百步，城卒詬罵，左右射莫能及，召仁瑀至，應弦而斃。乙酉，降同州爲郡。右驍衛將軍王環卒。丙戌，右龍武將軍王漢璋奏攻海州。戊子，詔諸道幕職州縣官並以三周年爲考限，閏月不在其內，州府不得差攝官替正官云。己丑，詔侍衞馬軍都指揮使韓令坤權知揚州軍府事。庚寅，發楚州管內丁壯開鸛河以通運路。乙巳，帝親攻楚州，時今上在楚州城北，晝夜不解甲胄，親冒矢石，麾兵以登城。丙午，拔之，斬僞守將張彥卿等，六軍大掠，城內軍民死者萬餘人，廬舍焚之殆盡。陸游南唐書張彥卿傳云：保大末，周世宗南侵，彥卿爲楚州防禦使。周師銳甚，旬日間海、泰州、靜海軍皆破，元宗亦命焚東都宮寺民廬，徙其民渡江。世宗親御旗鼓攻楚州，自城以外皆已下，發州民濬老鸛河，遣齊雲戰艦數百自淮入江，勢如震霆烈焰，彥卿獨不爲動。及梯衝臨城，鑿城爲窟室，實城而焚之，城皆摧圮，遂陷，彥卿猶結陣城內誓死奮擊謂之巷鬬日暮轉至州廨長短兵皆盡彥卿猶取繩牀搏戰及兵馬都監鄭昭業等千餘人皆死之無一人生降者周兵死傷亦甚衆世宗怒盡屠城中居民焚其室廬然得彥卿子光祐不殺也又趙鼎臣竹隱畸士集云當城中之危也彥卿方與諸將立城上因泣諫以周唐強弱勢不足以相支又城危甚而外無一人援恐旦夕徒死無益勸彥卿趣降彥卿領之因顧諸將指曰視彼諸將方回顧彥卿則抽劍斷其子首擲諸地慷慨泣謂諸將曰此彥卿子勸彥卿降周彥卿受李家厚恩誼不降此城吾死所也諸軍欲降任降第勿勸我勸我者同此子矣于是諸將愕眙亦泣莫敢言降

二月甲寅僞命天長軍使易贇以城歸順戊午車駕發楚州南巡丁卯駐蹕于廣陵詔發揚州部內丁夫萬餘人城揚州帝以揚州焚盪之後居民南渡遂于故城內就東南別築新壘戊辰遣使祭故淮南節度使楊行密故昇府節度使徐温等墓癸酉幸揚子渡觀大江乙亥黃州刺史司超奏破淮賊三千人擒僞舒州刺史施仁望丙子隰州奏河東賊軍逃遁時劉鈞聞帝南征發兵圍隰州巡檢使李謙溥以州兵拒之而退

東都事略楊廷璋傳隰州闕守乃請監軍李謙溥攝州事謙溥至隰并人來圍其城或請速救之廷璋曰賊遽至必未攻城乃募死士百餘人潛諭謙溥相應夜銜枚擊之并人大潰逐北數十里又李謙溥傳云隰州闕守謙溥攝州事至則濬城隍嚴兵備未旬日而并人至方威暑謙溥服絺綌揮羽扇引二小吏登城徐步并人望之勒兵不敢動

三月壬午朔幸泰州丁亥復幸廣陵辛卯幸迎鑾江口遣右武衛大將軍李繼勳率舟師至江島以觀寇癸巳帝臨江

珍倣宋版印

望見賊船數十艘命今上帥戰棹以追之賊軍退去今上直抵南岸焚其營柵而迴甲午以右武衞大將軍李繼勳爲左領軍上將軍乙未殿前都虞候慕容延釗奏大破賊軍于東㳂州丙申江南李景遣其臣兵部侍郎陳覺奉表陳情兼貢羅縠紬絹三千匹乳茶三千斤及香藥犀象等覺至行在覩樓船戰棹已泊于江岸以爲自天而降愕然大駭丁酉荊南高保融奏本道舟師已至鄂州戊戌兩浙錢俶奏差發戰棹四百艘水軍萬七千人已泊江岸請師期己亥今上率水軍破賊船百餘隻于瓜步是日李景遣其臣劉承遇奉表以廬舒蘄黃等四州來獻且請以江爲界帝報曰皇帝恭問江南國主使人至省奏請分割舒廬蘄黃等州畫江爲界者頃逢多事莫通玉帛之歡適自近年遂搆干戈之役兩地之交兵未息蒸民之受弊斯多一昨再辱使人重尋前意將敦久要須盡縷陳今者承遇爰來封函復至請割州郡仍定封疆猥形信誓之辭備認始終之意既能如是又復何求邊陲頓靜于煙塵師旅便還于京闕永言欣慰深切誠懷其常潤一路及沿江兵棹今已指揮抽退兼兩浙荊南湖南水陸兵士

各令罷兵其廬黃蘄三路將士亦遣抽拔近內候彼中起揭逐處將員及軍都家口丁畢祇請差人勾喚在彼將校交割州城云淮南平凡得州十四縣六十戶二十二萬六千五百七十四先是李景以江南危蹙謀欲傳位于世子使附庸于我故遣陳覺上表陳敘至是帝以既許其通好乃降書以答之曰別覩來章備形縟旨敘此日傳讓之意述向來高尚之懷仍以數歲已還交兵不息備論追悔之事無非尅責之辭雖古人有引咎責躬因災致懼亦無以過此也況君血氣方剛春秋甚富爲一方之英主得百姓之歡心即今南北才通疆埸甫定是玉帛交馳之始乃干戈載戢之初豈可高謝君臨輕辭世務與其慕希夷之道曷若行康濟之心重念天災流行分野常事前代賢哲所不能逃苟盛德之日新則景福之彌遠勉修政理勿倦經綸保高義于初終垂遠圖于家國流芳貽慶不亦美乎庚子詔曰比者以近年貢舉頗事因循頻詔有司精加試練所冀去留無濫優劣昭然昨據貢院奏今年新及第進士等所試文字或有否臧爰命辭臣再令考覆庶涇渭之不雜免玉石之相參其劉坦戰貽慶李頌徐

珍倣宋版印

緯張覲等詩賦稍優宜放及第王汾據其文辭亦未精當念以頃曾剝落將與成名熊若谷陳保衡皆是遠人深可嗟念亦放及第郭峻趙保雍楊丹安元度張昉董咸則杜思道等未甚苦辛並從退黜更宜修進以俟將來知貢舉右諫議大夫劉濤選士不當有失用心責授右贊善大夫俾令省過以戒當官先是濤于東京放牓後引新及第進士劉坦已下一十五人赴行在帝命翰林學士李昉覆試故有是命壬寅復幸揚州改廬州軍額爲保信軍甲辰以右龍武統軍趙贊爲廬州節度使以殿前都虞候慕容延釗爲淮南節度使兼殿前副指揮使遣鹽城監使申屠諤齎書及御馬一十匹金銀銜全散馬四十匹羊千口賜江南李景諤先爲王師所俘故遣之丙午江南李景遣所署宰相馮延己獻犒軍銀十萬兩絹十萬匹錢十萬貫茶五十萬斤米麥二十萬石庚戌詔故淮南節度使楊行密故昇府節度使徐溫各給守塚戶應江南臣僚有先代墳墓在江北者委所在長吏差人檢校辛亥李景遣所署臨汝郡公徐遼進買宴錢二百萬幷遣伶官五十人與遼俱來獻壽觴夏四月癸丑宴從臣及江南進奉

使馮延己等于行宮徐遼代李景捧壽觴以獻進金酒器御衣犀帶金銀錦綺鞍馬等乙卯車駕發揚州還京丙辰太常博士權知宿州軍州事趙礪除名坐推劾弛慢也先是翰林醫官馬道元進狀訴壽州界被賊殺却男獲正賊見在宿州本州不爲勘斷帝大怒遣端明殿學士竇儀乘驛往按之及獄成坐族死者二十四人儀奉辭之日帝旨甚峻故儀之用刑傷于深刻戊午以前延州留後李彥頵爲滄州留後庚申新太廟成遷五廟神主入于其室壬申至自淮南癸酉命宣徽北院使昝居潤判開封府事甲戌澶州節度使張永德準詔赴北邊以契丹犯境故也丁丑兩浙奏四月十九日杭州火廬舍府署焚燒殆盡五月辛巳朔上御崇元殿受朝仗衛如式詔侍衛諸軍及諸道將士各賜等第優給應行營將士歿于王事者各與贈官親的子孫並量才錄用傷夷殘廢者別賜救接淮南諸州及徐宿宋亳陳潁許蔡等州所欠去年秋夏稅物並與除放云丙戌命端明殿學士竇儀判河南府兼知西京留守事辛卯以襄州節度使安審琦爲青州節度使以許州節度使韓通爲宋州節度使依前兼侍衛馬步

珍倣宋版印

都虞候以宋州節度使向訓爲襄州節度使以今上爲忠武軍節度使依前殿前都指揮使淮南之役今上之功居最及是命之降雖云酬勳止于移鎮而已賞典太輕物議不以爲允癸巳以左武衛上將軍武行德爲鄜州節度使以右神武統軍宋延渥爲滑州節度使小畜集宋延渥神道碑云五月授義成軍節度使其制略曰長驅下瀨之師若涉無人之境除凶戡難爾旣立夫殊庸礪岳盟河予豈忘于豐報南燕舊邦北闕伊邇河壖作翰遂臨白馬之津襄下統戎卽鎮臥龍之地以前同州留後王暉爲相州留後乙未立東京羅城諸門名額東二門曰寅賓延春南三門曰朱明景風畏景西二門曰迎秋肅政北三門曰元德長景愛景辛丑幸懷信驛乙巳詔在朝文資官各再舉堪爲幕職令錄一人戊申以襄州節度使向訓兼西南面水陸發運招討使己酉以太府卿馮延魯充江南國信使以衞尉少卿鍾謨爲副賜李景御衣玉帶錦綺羅縠帛共十萬匹金器千兩銀器萬兩御馬五匹金玉鞍轡全散馬百匹羊三百口賜江南世子李宏冀器幣鞍馬等別賜李景書曰皇帝恭問江南國主煮海之利在彼海濱屬疆壤之初分慮供食之有闕江左諸軍素號繁饒然于川澤之閒舊無斥鹵之地曾承素旨常在所

懷願均收積之餘以助軍旅之用已下三司逐年支撥供軍食鹽三十萬石又賜李景今年歷日一軸六月庚午命中書舍人竇儼參定雅樂辛未放先俘獲江南兵士四千七百人歸本國壬申有司奏御膳料上批曰朕之常膳今後減半餘人依舊癸酉禘于太廟乙亥兵部尚書張昭等撰太祖實錄三十卷成上之賜器帛有差丁丑以中書舍人張正爲工部侍郎充江北諸州水陸轉運使戊寅詔諫議大夫宜依舊爲正五品上仍班在給事中之下秋七月癸未以右散騎常侍高防爲戶部侍郎以左驍衞上將軍李洪信爲右龍武統軍以左領軍上將軍李繼勳爲右羽林統軍以工部尚書田敏爲太子少保以刑部侍郎裴巽爲尚書左丞以左武衞上將軍薛懷讓爲太子太師以右羽林大將軍李萼爲右千牛衞上將軍自敏已下皆致仕丙戌中書門下新進冊定大周刑統奉勅班行天下丁亥賜諸道節度使刺史均田圖各一面唐同州刺史元稹在郡日奏均戶民租賦帝因覽其文集而善之乃寫其辭爲圖以賜藩郡時帝將均定天下賦稅故先以此圖徧賜之五代會要載原詔云朕以寰宇雖安蒸民未泰當乙夜觀書之際披前賢阜俗之方

近覽元稹長慶集見在同州時所上均田表較當時之利病曲盡其情俾一境之生靈咸受其賜傳于方冊可得披尋因令製素成圖直書其事庶王公觀覽觸目驚心利國便民無亂條制背經合道盡繫變通但要適宜所冀濟務繫乃勛舊共庇黎元今賜元稹所奏均田圖一面至可領也閏月壬子廢衍州爲定平縣廢武州爲潘原縣壬戌河決河陰縣溺死者四十二人辛丑幸新授青州節度使安審琦第癸酉邢州留後陳思讓奏破河東賊軍千餘人于西山下斬首五百級八月庚辰延州奏湰溪水漲壞州城溺死者百餘人己丑太子太師致仕宋彥筠卒辛丑江南李景上表乞降詔書不允九月丁巳以太府卿馮延魯爲刑部侍郎以衞尉少卿鍾謨爲給事中並放歸江南時延魯鍾謨自江南復命李景復奏欲傳位于其世子宏冀帝亦以書答之甲子賜江南羊萬口馬三百匹橐駞三十頭賜兩浙錢俶羊五千口馬二百匹橐駞二十頭乙丑賜宰臣樞密使及近臣宴于玉津園己巳占城國王釋利因德漫遣使貢方物壬子天清節羣臣詣廣德殿上壽江南進奉使商崇義代李景捧壽觴以獻宋類苑云湯悅父殷舉唐末有才名本名崇義建隆初避宣祖諱改姓湯初在吳爲舍人受詔撰揚州孝先寺碑世宗親往駐蹕此寺讀其文賞歎及畫江議定後主遣悅入貢世宗爲之加禮自淮上用兵凡書詔多悅之作特爲典贍切于事情世宗每覽江南文字形于嗟嘆當時沈遇馬士元皆不稱職

復用陶穀李昉于舍人其後用扈載率由此也冬十月己卯以戸部侍郎高防爲西南面水陸轉運使將用師于巴邛故也宋史高防傳世宗謀伐蜀以防爲西南面水陸轉運制置使屢發芻糧赴鳳州爲征討之備丙戌邠州李暉移鎮鳳翔戊子幸迎春苑己丑太常卿司徒詡以本官致仕壬辰帝狩于近郊癸巳前相州節度使王饒卒甲午左監門上將軍許文縝右千牛上將軍邊鎬衛尉卿周延構並歸江南乙未詔淮南諸州鄉軍並放歸農丁酉遣左散騎常侍艾穎等均定河南六十州稅賦五代會要載賜諸道均田詔曰朕以干戈既弭寰海漸寧言念地征罕臻藝極須並行均定所冀永適重輕卿受任方隅深窮治本必須副寡昧平分之意察鄉閭治弊之原明示條章用分寄任竚令集事允屬惟公今差使臣往彼檢括餘從別敕十一月丁未朔詔翰林學士竇儼集文學之士撰集大周通禮大周正樂從儼之奏也辛亥日南至帝御崇元殿受朝賀仗衛如式己未昭義李筠奏破遼州長清砦獲僞命磁州刺史李再興甲子帝狩于近郊十二月丁丑朔朗州奏醴陵縣玉仙觀山門中舊有田二萬頃久爲山石閉塞今年七月十七日夜暴雷劈開其路復通己卯楚州兵馬都監武懷恩棄市坐擅殺降軍四人也丙戌詔重定諸道州府幕職令錄佐官料錢其州縣官俸戸宜停己丑楚州防禦

使張順賜死坐在任隱落榷稅錢五十萬官絲綿二千兩也壬辰詔兩京及五府少尹司參軍各省一員六曹判司內祇直戶法二曹餘及諸州觀察支使兩番判官並省甲子帝狩于近郊乙未鄧州劉重進移鎮邠州滑州宋延渥移鎮鄧州以前河中節度使王仁鎬爲邢州節度使以邢州留後陳思讓爲滑州留後己亥詔翰林學士今後逐日起居當直者仍赴晚朝是月江南李景殺其臣僞太傅中書令宋齊邱僞兵部侍郎陳覺僞鎮南軍節度副使李徵古等初帝之南征也吳人大懼覺與徵古皆齊邱門人因進說于景請委國事于齊邱景繇是銜之及吳人遣鍾謨李德明奉表至行在帝尋遣德明復命于金陵德明因說李景請割江南之地求和于我而陳覺李徵古等以德明爲賣國請戮之景遂殺德明及江南內附帝放鍾謨南歸謨本德明之黨也因譖齊邱等故齊邱等得罪放齊邱歸九華山覺等貶官尋並害之景既誅齊邱等令鍾謨到闕具言其事故書

舊五代史卷一百十八

舊五代史卷一百十八考證

周世宗紀五丙戌右龍武將軍王漢璋奏攻海州 案通鑑作丁亥王漢璋奏克海州歐陽史亦作丁亥取海州是書衹載丙戌攻海州而不載取城之日疑有闕文

丙午拔之 案歐陽史通鑑俱作丁未克楚州與是書異五代春秋從是書作丙午

天長軍使易贇 易贇通鑑作易文贇

乙未殿前都虞候慕容延釗奏大破賊軍于東沛州 案通鑑作甲午延釗奏大破唐兵于東沛州與是書異日

放先俘獲江南兵士四千七百人歸本國 案歐陽史作四千六百人

十一月丁未朔詔翰林學士竇儼集文學之士撰集大周通禮大周正樂 案歐陽史作十一月庚戌

舊五代史卷一百十八考證

舊五代史卷一百十九

宋門下侍郎參知政事監修國史薛居正等撰

周書第十

世宗紀六

顯德六年春正月丁未朔帝御崇元殿受朝賀仗衞如式壬子高麗國王王昭遣使貢方物己卯以翰林學士中書舍人申文炳爲左散騎常侍辛酉女真國遣使貢獻壬戌青州奏節度使陳王安審琦爲部曲所殺乙丑賜諸將射于內鞠場戊辰幸迎春苑甲戌詔每年新及第進士及諸科聞喜宴宜令宣徽院指揮排比乙亥詔禮部貢院今後及第舉人依逐科等第定人數姓名並所試文字奏聞候勅下放榜云是月樞密使王朴詳定雅樂十二律旋相爲宮之法並造律準上之詔尚書省集百官詳議亦以爲可語在樂志二月庚辰發徐宿宋單等州丁夫數萬濬汴河甲申發滑亳二州丁夫濬五丈河東流于定陶入于濟以通青鄆水運之路又疏導蔡河以通陳潁水運之路乙酉詔諸道應差攝

官各支半俸丙戌以翰林學士承旨尚書兵部侍郎陶穀爲尚書吏部侍郎充職詔升湖州爲節鎮以宣德軍爲軍額以湖州刺史錢俶爲本州節度使從兩浙錢俶之請也辛丑幸迎春苑甲辰右補闕王德成謫授右贊善大夫坐舉官不當也詔賜諸道州府供用糧草有差三月庚申樞密使王朴卒甲子詔以北境未復取此月內幸滄州以宣徽南苑使吳延祚爲權東京留守判開封府事以宣徽北院使昝居潤爲副使以三司使張美爲大內都部署（東都事略張美傳世宗北征以美爲大內都點檢）命諸將各領馬步諸軍及戰棹赴滄州己巳濠州奏鍾離縣飢民死者五百九十有四癸酉詔廢諸州銅魚（五代會要顯德六年勑諸道牧守每遇除移特降制書何假符契其請納銅魚宜廢之）甲戌車駕發京師夏四月辛卯車駕次滄州以前左諫議大夫薛居正爲刑部侍郎是日帝率諸軍北征壬辰至乾寧軍僞寧州刺史王洪以城降丁酉駕御龍舟率舟師順流而北首尾數十里辛丑至益津關（通鑑至益津關契丹守將終廷暉以城降）自此以西水路漸隘舟師難進乃捨舟登陸壬寅宿于野次時帝先期而至大軍未集隨駕之士不及一旅賴今上率材官騎士以衛乘輿癸卯今上先至瓦

橋關僞守將姚內斌以城降隆平集姚內斌平州人也世宗北征將兵至瓦橋關內斌爲關使開門請降世宗以爲汝州刺史甲辰鄭州刺史劉楚信以州來降五月乙巳朔帝駐蹕于瓦橋關侍衛親軍都指揮使李重進及諸將相繼至行在瀛州刺史高彥暉以本城歸順關南平凡得州三縣十七戶一萬八千三百六十是役也王師數萬不亡一矢邊界城邑皆望風而下丙午帝與諸將議攻幽州諸將皆以爲未可帝不聽是夜帝不豫乃止戊申定州節度使孫行友奏攻下易州擒僞命刺史李在欽來獻斬于軍市乙酉以瓦橋關爲雄州宋史陳思讓傳得瓦橋關爲雄州命思讓爲都部署率兵戍守以益津關爲霸州宋史韓令坤傳爲霸州都部署率所部兵戍之是日先鋒都指揮使張藏英破契丹數百騎于瓦橋關北攻下固安縣詔發濱棣二州丁夫城霸州庚戌遣侍衛都指揮使李重進率兵出土門路入河東界壬子車駕發雄州還京泉州節度使劉從効遣別駕王禹錫奉貢于行在帝以泉州比臣江南李景方歸奉國家不欲奪其所屬但錫詔褒美而已丁卯西京奏太常卿致仕司徒詡卒己巳侍衛都指揮使李重進奏破河東賊軍于百井斬首二千級甲戌上至自雄州却掃編周世宗既定三關遇疾而退至澶淵遲留不

行雖宰輔近臣問疾者皆莫得見中外恟懼時張永德爲澶州節度使永德尙周太祖之女以親故獨得至臥內于是羣臣因永德言曰天下未定根本空虛四方諸侯惟幸京師之有變今澶汴相去甚邇不速歸以安人情顧憚旦夕之勞而遲回于此如有不可諱奈宗廟何永德然之承間爲世宗言如羣臣旨世宗問誰使汝爲此言永德對以羣臣之意皆願爲此世宗熟思久之歎曰吾固知汝必爲人所教獨不喻吾意哉然觀汝之窮薄惡足當此卽日趣駕歸京師

六月乙亥朔潞州李筠奏攻下遼州獲僞刺史張丕旦丙子以皇女薨輟朝三日戊寅鳳翔奏節度使李暉卒鄭州奏河決原武詔宣徽南院使吳延祚發近縣丁夫二萬人以塞之庚辰命宣徽北院使昝居潤判開封府事晉州節度使楊廷璋奏率兵入河東界招降堡砦一十三所癸未立魏王符彥卿女爲皇后仍令所司擇日備禮冊命以皇長子宗訓爲特進左衛上將軍封梁王以第二子宗讓爲左驍衛上將軍封燕國公賜江南進奉使李從善錢二萬貫絹二萬匹銀一萬兩賜兩浙進奉使吳延福錢三千貫絹五千匹銀器三十兩丁亥以前青州節度使李洪義爲永興軍節度使永興軍節度使王彥超移鎭鳳翔戊子潞州部送所獲遼州刺史張丕旦等二百四十五人以獻詔釋之己丑宰臣范質王溥並參知樞密院事以樞密使魏仁溥爲中書侍郎平章事集賢殿大

珍倣宋版印

學士依前充樞密使以宣徽南院使吳延祚爲樞密使行左驍衛上將軍以宋州節度使侍衛都虞候韓通爲侍衛親軍副都指揮使加檢校太尉同平章事澶州節度使兼殿前都點檢駙馬都尉張永德落軍職加檢校太尉同平章事以今上爲殿前都點檢加檢校太傅依前忠武軍節度使帝之北征也凡供軍之物皆令自京遞送行在一日忽于地中得一木長二三尺如人之揭物者其上卦全題云點檢做觀者莫測何物也至是今上始受點檢之命明年春果自此職以副人望則點檢做之言乃神符也辛卯以宣徽北院使判開封事昝居潤爲左領軍上將軍充宣徽南院使以三司使左領衛大將軍張美爲左監門衛上將軍充宣徽北院使判三司東都事略張美傳美少爲三司小吏澶州糧料使世宗鎮澶州每有求取美悉力應之及即位連歲征討糧餽無乏美之力也然每思澶州所爲終不以公忠待之癸巳帝崩于萬歲殿聖壽三十九甲午宣遺制梁王于柩前卽皇帝位服紀月日一依舊制是日羣臣奉梁王卽位于殿東楹中外發哀其年八月翰林學士判太常寺事竇儼上謚曰睿武孝文皇帝廟號世宗十一月壬寅朔葬于慶陵宰臣魏仁浦撰謚冊文王溥撰哀冊文云

五代史補世宗在民間嘗與鄴中大商頡跌氏忘其名往江陵販賣茶貨至江陵見有卜者王處士其數如神世宗因頡跌氏同往問焉方布卦忽有一蓍躍出卓然而立卜者大驚曰吾家筮法十餘世矣常記曾祖以來遺言凡卜筮而蓍自躍而出者其人貴不可言況又卓立不倒得非爲天下之主乎遽起再拜世宗雖佯爲詰責而私心甚喜于逆旅中夜置酒與頡跌氏半酣戲曰王處士以我當爲天子若一旦到此足下要何官請言之頡跌氏曰某三十年作估來未有不由京洛者每見稅官坐而獲利一日所入可以敵商賈數月私心羨之若大官爲天子某願得京洛稅院足矣世宗笑曰何望之卑耶及承郭氏之後踐祚頡跌猶在召見竟如初言以與之 世宗之征東也駐蹕于高平劉崇兼契丹之衆來迎戰時帥多持兩端而王師不利親軍帥樊愛能等各退衂世宗赫怒躍馬入陣引五十人直衝崇之牙帳崇方張樂飲酒以示閑暇及其奄至莫不驚駭失次世宗因以奮擊遂敗之追奔于城下凱旋駐蹕潞州且欲出其不意以誅退衂者乃置酒高會指樊愛能等數人責之曰汝輩皆累朝宿將非不能用兵者也然退衂者無他誠欲將寡人作物貨賣與劉崇爾不然何寡人親戰而劉崇始敗耶如此則卿等雖萬死不足以謝天下宜其曲膝引頸以待斧誅言訖命行刑壯士擒出皆斬之于是立功之士以次行賞自行伍拔于軍廂者甚衆其恩威並著皆此類也初劉崇求援于契丹得騎數千及覩世宗兵少侮之曰吾觀周師易與爾契丹之衆宜勿用但以我軍攻戰自當萬全如此則不惟破敵亦足使契丹見而心服一舉而有兩利兵之機也諸將以爲然乃使人謂契丹主將曰柴氏與吾主客之勢不煩足下餘刃敢請勒兵登高觀之可也契丹不知其謀從之洎世宗之陣也三軍皆賈勇爭進無不一當百契丹望而畏之故不救而崇敗論者曰世宗患諸將之難制也久矣思欲一誅之未有其釁高平之役可謂天假故其斬決而無貸焉自是姑息之政不行朝廷始尊大自非英主其孰能爲之哉 世宗既下江北駐蹕于建安以書召僞主主惶恐命鍾謨李德明爲使以見世宗德明素有詞辯以利害說世宗使罷兵世宗且知之乃盛陳兵師排旗幟戈戟爲門頃道以湊御然後引德明等入見世宗

珍倣宋版印

謂之曰汝江南自以爲唐之後衣冠禮樂世無比何故與寡人隔一帶水更不發一使奉書相問惟泛海以通契丹舍內事外禮將安在今又聞汝以詞說寡人罷兵是將寡人比六國時一羣癡漢何不知人之甚也汝愼勿言當速歸報汝主令徑來跪寡人兩拜則無事矣不然則寡人須看金陵城借府庫以犒軍汝等得無悔乎于是德明等戰懼不能措一辭卽日告歸及見僞主具陳世宗英烈之狀恐非四方所能敵僞主計無所出遂上表服罪且乞保江南之地以奉宗廟修職貢其詞甚哀世宗許之因曰叛則征服則懷寡人之心也于是遣使者齎書安之然後凱還論者以世宗加兵于江南不獨臨之以威抑亦諭之以禮可謂得大君之體矣陳摶陜西人能爲詩數舉不第慨然有塵外之趣隱居華山自是其名大振世宗之在位也以四方未服思欲牢籠英傑且以摶曾踐場屋不得志而隱必有奇才遠略于是召到闕下拜左拾遺摶不就堅乞歸山世宗許之未幾賜之書勅陳摶朕以汝高謝人寰栖心物外養太浩自然之氣應少微處士之星既不屈于王侯遂甘隱于岩壑樂我中和之化慶乎下武之期而能遠涉山涂暫來城闕浹旬延遇宏益居多白雲暫駐于帝鄉好爵難縻于達士昔唐堯之至聖有巢許爲外臣朕雖寡薄庶遵前鑒恐山中所闕已令華州刺史每事供須乍反故山履茲春序緬懷高尚當適所宜故茲撫問想宜知悉卽陶穀之詞也初摶之被召嘗爲詩一章云草澤吾皇詔圖南摶姓陳三峯十年客四海一閑人世態從來薄詩情自得眞超然居物外何必使爲臣好事者欣然謂之答詔詩世宗以張昭遠好古直甚重之因問曰朕欲一賢相卿試爲言朝廷誰可昭遠對曰以臣所見莫若李濤世宗常薄濤之爲人聞昭遠之舉甚驚曰李濤本非重厚朕以爲無大臣體卿首舉此何也昭遠曰陛下所聞止名行曾不聞才略如何耳且濤事晉高祖曾上疏論邠州節度使張彥澤蓄無君心宜早圖之不然則爲國患晉祖不納其後契丹南侵彥澤果有中渡之變晉社殲焉先帝潛龍時亦上疏請解其兵權以備非常之變少主不納未幾先帝遂有天下以國家安危未兆間濤已先見非賢而何臣所首舉之者正爲此也世宗曰今卿言甚公然此人終不可于中書安置居無何濤亦

卒濤爲人不拘禮法與弟澣雖甚雍睦然聚語之際不典之言往往間作澣娶禮部尙書竇寧固之女年甲稍高成婚之夕竇女出參濤輒望塵下拜澣驚曰大哥風狂耶新婦參阿伯豈有答禮儀濤應曰我不風只將謂是親家母澣且慚且怒既坐竇氏復拜濤又乂手當胸作歐後語曰慚無竇建繆作梁山喏喏喏時聞者莫不絕倒凡濤于閨門之內不存禮法也如此世宗以爲無大臣體不復任用宜哉　世宗志在四方常恐運祚速而功業不就以王朴精究術數一旦從容問之曰朕當得幾年對曰陛下用心以蒼生爲念天高聽卑自當蒙福臣固陋輒以所學推之三十年後非所知也世宗喜曰若如卿言寡人當以十年開拓天下十年養百姓十年致太平足矣其後自瓦橋關回戈未到關而晏駕計在位止及五年餘六箇月五六乃三十之成數也蓋朴婉而言之　世宗末年大舉以取幽州契丹聞其親征君臣恐懼沿邊城壘皆望風而下凡蕃部之在幽州者亦連宵遁去車駕至瓦橋關探邏是實甚喜以爲大勳必集登高阜因以觀六師頃之有父老百餘輩持牛酒以獻世宗問曰此地何名對曰歷世相傳謂之病龍臺默然遽上馬馳去是夜聖體不豫翌日病亟有詔回戈未到關而晏駕先是世宗之在民間嘗夢神人以大傘見遺色如鬱金加道經一卷其後遂有天下及瓦橋不豫之際復夢向之神人來索傘與經夢中還之而驚起謂近侍曰吾夢不祥豈非天命將去耶遂召大臣戒以後事初幽州聞車駕將至父老或有竊議曰此不足憂且天子姓柴幽州爲燕燕者亦烟火之謂也此柴入火不利之兆安得成功卒如其言

史臣曰世宗頃在仄微尤務韜晦及天命有屬嗣守鴻業不日破高平之陣逾年復秦鳳之封江北燕南取之如拾芥神武雄略乃一代之英主也加以留心政事朝夕不倦摘伏辯奸多得其理臣下有過必面折之常言太祖養成二王

珍倣宋版印

之惡以致君臣之義不保其終故帝駕馭豪傑失則明言之功則厚賞之文武參用莫不服其明而懷其恩也所以仙去之日遠近號慕然稟性傷于太察用刑失于太峻及事行之後亦多自追悔逮至末年漸用寬典知用兵之頻併憫黎民之勞苦蓋有意于康濟矣而降年不永美志不就悲夫

舊五代史卷一百十九

舊五代史卷一百十九考證

周世宗紀六甲辰鄭州刺史劉楚信以州來降　案鄭州之降通鑑從是書作四月遼史作五月疑誤

壬子車駕發雄州還京　案遼史作五月辛未周師退與是書異通鑑從是書作壬子

皇長子宗訓　案恭帝宗訓通鑑注作第四子歐陽史漢家人傳世宗子七人長曰宜哥次二皆未名次曰恭皇帝是亦以宗訓爲第四子也是紀作皇長子蓋宜哥與其二皆爲漢誅指其現存者而長之耳

第二子宗讓　宗讓歐陽史作宗誼

獲僞刺史張丕旦　張丕旦通鑑作張丕

以宣徽南院使吳延祚爲樞密使行左驍衛上將軍　案歐陽史三月吳延祚爲左驍衛上將軍樞密使與是書異通鑑從是書作六月

癸巳帝崩于萬歲殿　案歐陽史作滋德殿與是書異五代會要五代春秋俱

作萬歲殿與是書同

舊五代史卷一百十九考證

# 舊五代史卷一百二十

宋門下侍郎參知政事監修國史薛居正等撰

## 周書第十一

### 恭帝紀

恭帝諱宗訓世宗子也廣順三年歲在癸丑八月四日生于澶州之府第顯德六年六月癸未制授特進左衛上將軍封梁王食邑三千戶實封五百戶癸巳世宗崩甲午內出遺制命帝柩前卽皇帝位是日羣臣奉帝卽位而退丁酉北面兵馬都部署韓令坤奏敗契丹五百騎于霸州北戊戌文武百寮宰臣范質等上表請聽政表三上允之壬寅文武臣寮上表請以八月四日爲天壽節從之癸卯以司徒平章事范質爲山陵使以翰林學士判太常寺事竇儼爲禮儀使以兵部尚書張昭爲鹵簿使以御史中丞邊歸讜爲儀仗使以宣徽南院使判開封事昝居潤爲橋道頓遞使是月州郡十六奏大雨連旬不止秋七月丁未以戶部尚書李濤爲山陵副使以度支郎中盧億爲山陵判官辛亥左散騎

常侍申文炳卒乙卯右拾遺徐雄奪三任官坐誣奏雷澤縣令虛破戶也丁巳百寮釋服尚輦奉御金彥英本高麗人也奉使高麗稱臣于其王故及于罪庚申以邢州節度使王彥鎬爲襄州節度使進封開國公以侍衞步軍都指揮使曹州節度使檢校太保袁彥爲陝州節度使加檢校太傅以右羽林統軍權知邢州事檢校太保李繼勳爲邢州節度使加檢校太傅以滑州留後檢校太保陳思讓爲滄州節度使以侍衞馬軍都指揮使陳州節度使檢校太傅韓令坤爲侍衞馬步都虞候依前陳州節度使加檢校太尉以虎捷左廂都指揮使岳州防禦使檢校司徒高懷德爲夔州節度使充侍衞馬軍都指揮使檢校太保以虎捷左廂都指揮使常州防禦使檢校司空張鐸爲遂州節度使充侍衞步軍都指揮使檢校太保仍改名令鐸宋史張令鐸傳云本名鐸以與河中張鐸同姓名故賜今名壬戌以鄆州節度使充侍衞馬步軍都指揮使檢校太傅兼侍中李重進爲淮南節度使檢校太尉兼侍中依前侍衞馬步軍都指揮使以襄州節度使檢校太尉同平章事向拱爲河南尹充西京留守加檢校太師兼侍中通鑑向拱即向訓也避恭帝名改焉以宋

珍倣宋版印

州節度使充侍衛馬步軍副都指揮使檢校太尉同平章事韓通爲鄆州節度使依前侍衛親軍馬步軍副都指揮使以澶州節度使檢校太尉同平章事駙馬都尉張永德爲許州節度使進封開國公以今上爲宋州節度使依前檢校太尉殿前都點檢進封開國侯以淮南節度使兼殿前副都點檢檢校太保慕容延釗爲澶州節度使檢校太傅依前殿前副都點檢進封開國伯以殿前都指揮使江州防禦使檢校司空石守信爲滑州節度使檢校太保依前殿前都指揮使丙寅制大赦天下庚午翰林學士判太常寺竇儼撰進大行皇帝太室歌酌獻辭舞曰定功之舞歌辭不錄是月諸道相繼奏大雨所在川渠漲溢漂溺廬舍損害苗稼八月甲戌朔以光祿卿致仕柴守禮爲太子太保致仕乙亥翰林學士兼判太常寺竇儼撰進大行皇帝尊謚曰睿武孝文皇帝廟號世宗從之庚辰天下兵馬都元帥守尚書令兼中書令吳越國王錢俶加食邑一千戶實封四百戶改賜功臣天雄軍節度使檢校太師守太傅兼中書令魏王符彥卿加守太尉夏州節度使檢校太師守太保兼中書令西平王李彝興加守

太傅荊南節度使檢校太師守中書令南平王高保融加守太保壬午山陵使
范質撰進大行皇帝陵名曰慶陵從之秦州節度使西面沿邊都部署檢校太
師守中書令褒國公王景進封涼國公徐州節度使檢校太師兼中書令郭從
義加開府儀同三司鄜州節度使檢校太師兼中書令邢國公武行德進封宋
國公永興軍節度使檢校太師兼侍中李洪義加開府儀同三司鳳翔節度使
檢校太尉兼侍中郭崇加檢校太師潞州節度使檢校太傅兼侍中李筠加檢
校太尉朗州節度使檢校太尉兼侍中周行逢加檢校太師甲申壽州節度使
檢校太師同平章事韓國公楊信封魯國公邠州節度使檢校太師劉重進廬
州節度使檢校太尉趙贊鄧州節度使檢校太尉宋延渥並加開府儀同三司
涇州節度使檢校太尉白重贊河中節度使檢校太尉張鐸並加階爵丙戌易
定節度使孫行友靈州節度使馮繼業府州節度使折德扆並自檢校太保加
檢校太傅進階爵以延州留後檢校太傅李萬全爲延州節度使進封開國公
庚寅皇弟特進檢校太保左驍衛上將軍燕國公食邑三千戶宗讓加檢校太

傅進封曹王改名熙讓熙謹拜光祿大夫檢校太保右武衞大將軍封紀王食邑三千戶熙誨拜金紫光祿大夫檢校司徒左領衞大將軍封蘄王食邑三千戶仍令所司擇日備禮冊命以晉國長公主張氏爲晉國大長公主以前陝州節度使檢校太尉藥元福爲曹州節度使進階爵甲午守司徒同平章事宏文館大學士參知樞密院事范質加開府儀同三司進封蕭國公門下侍郎兼禮部尙書同平章事監修國史參知樞密院事王溥加右僕射進封開國公樞密使中書侍郎同平章事集賢殿大學士魏仁浦加兼刑部尙書依前樞密使檢校太傅右驍衞上將軍吳延祚依前樞密使進封慶國公以左武衞上將軍史佺爲左金吾上將軍致仕乙未以隴州防禦使王全斌爲相州留後戊戌宣徽南院使判開封府事昝居潤宣徽北院使判三司張美並加檢校太傅己亥前司空李穀加開府儀同三司趙國公以前太傅少卿朱渭爲太僕卿致仕辛丑左金吾上將軍致仕史佺卒壬寅高麗國遣使朝貢兼進別序孝經一卷越王孝經新義八卷皇靈孝經一卷孝經雌圖三卷文昌雜錄云別序者記孔子所生及弟子從學之事新義者以

越王爲問目釋疏文之義皇靈者止說延年避災之事及符文乃道書也雌圖者止說日之環暈星之彗孛亦非奇書九月壬子前滄州留後李彥頵卒乙卯高麗王王昭加檢校太師食邑三千戶丙辰以三司副使王贊爲內客省使兼北面諸州水陸轉運使癸亥前開封縣令路延規除名流沙門島先是延規有過停任有司召延規宣勅延規拒命爲憲司所按故有是命甲子以端明殿學士禮部侍郎竇儀爲兵部侍郎充職以尚書戶部員外郎直樞密院杜華爲司門郎中充樞密直學士賜紫以翰林學士尚書度支員外郎王著爲金部郎中知制誥充職仍賜金紫是日翰林學士尚書屯田郎中知制誥李昉都官郎中知制誥扈蒙水部郎中知制誥趙逢並加柱國賜金紫乙丑兵部尚書張昭進封舒國公戶部尚書李濤進封莒國公以太子詹事劉溫叟爲工部侍郎判國子祭酒事是月京師及諸州郡霖雨踰旬所在水潦爲患川渠泛溢冬十月癸酉朔以司農卿致仕李鍇爲太僕卿致仕太常少卿致仕姚遂爲將作監致仕丁亥太子太師薛懷讓封杞國公壬辰翰林學士判太常寺事竇儼撰進貞惠皇后廟歌辭丁酉世宗皇帝靈駕發引戊戌以前相州留

一珍倣宋版印

後王暉爲右神武統軍辛丑江南國主李景來告世子宏冀卒遣御廚使張延範充弔祭使十一月壬寅朔葬世宗皇帝于慶陵以貞惠皇后劉氏祔焉戊申西京奏太子太師致仕白文珂卒丙辰日南至百寮奉表稱賀戊午廢兗州廣利軍依舊爲萊蕪監壬戌升鳳州固鎮爲雄勝軍丙寅左羽林統軍馬希崇案此下有脫誤十二月壬申朔史館奏請差官修撰世宗實錄從之甲戌改萬歲殿爲紫宸殿甲午西京奏左屯衞上將軍致仕李萼卒乙未大霖晝昏凡四日而止分命使臣賑給諸州遭水人戶

顯德七年春正月辛丑朔文武百寮進名奉賀鎮定二州馳奏契丹入寇河東賊軍自土門東下與蕃寇合勢詔今上率兵北征癸卯發京師是夕宿于陳橋驛未曙軍變將士大譟呼萬歲擐甲將刃推戴今上陞大位扶策升馬擁迫南行是日詔曰天生蒸民樹之司牧二帝推公而禪位三王乘時以革命其極一也予末小子遭家不造人心已去國命有歸咨爾歸德軍節度使前都點檢趙案此下原本空二字稟上聖之姿有神武之略佐我高祖格于皇天逮事世宗功存納麓

東征西怨厥績懋焉天地鬼神享于有德謳謠獄訟附于至仁應天順民法堯禪舜如釋重負予其作賓嗚呼欽哉祗畏天命今上于是詣崇元殿受命百官朝賀而退制封周帝爲鄭王以奉周祀正朔服色一如舊制奉皇太后爲周太后續通鑑長編建隆三年周鄭王出居房州皇朝開寶六年春崩于房陵今上聞之震慟發哀成服于便殿百寮進名奉慰尋遣中使監護其喪續通鑑長編開寶六年三月乙卯房州上言周鄭王殂上素服發哀輟視朝十日以其年十月歸葬于世宗慶陵之側詔有司定謚曰恭皇帝陵曰順陵續通鑑長編仁宗嘉祐四年詔有司取柴氏譜系于諸房中推最長一人令歲時奉周祀

史臣曰夫四序之氣寒往則暑來五行之數金銷則火盛故堯舜之揖讓漢魏之傳禪皆知其數而順乎人也況恭帝當紈綺之沖年會笙鏞之變響聽謳歌之所屬知命歷之有在能遜其位不亦善乎終謚爲恭故其宜矣

舊五代史卷一百二十

一珍倣宋版印

舊五代史卷一百二十考證

周恭帝紀恭帝諱宗訓世宗子也　案五代會要云世宗後宮所生歐陽史作不知其母爲誰氏今附識于此

孝經雌圖三卷　三卷歐陽史作一卷

舊五代史卷一百二十考證

# 舊五代史卷一百二十一

宋門下侍郎參知政事監修國史薛居正等撰

## 周書第十二

### 列傳一 后妃

太祖聖穆皇后柴氏邢州龍岡人世家豪右太祖微時在洛陽聞后賢淑遂聘之東都事略張永德傳云周太祖柴后本唐莊宗之嬪御也莊宗沒明宗遣歸其家行至河上父母迓之會大風雨止于逆旅數日有一丈夫走過其門衣弊不能自庇后見之驚曰此何人耶逆旅主人曰此馬步軍使郭雀兒者也后異其人欲嫁之請于父母父母恚曰汝帝左右人歸當嫁節度使奈何欲嫁此人后曰此貴人也不可失也囊中裝分半與父母我取其半父母知不可奪遂成婚于逆旅中所謂郭雀兒即周太祖也太祖壯年喜飲博好任俠不拘細行后規其太過每有內助之力焉世宗皇帝即后之姪也幼而謹愿后甚憐之故太祖養之爲己子太祖嘗寢后見五色小蛇入顴鼻間心異之知其必貴敬奉愈厚未及貴而厭代太祖即位乃下制曰義之深無先于作配禮之重莫大于追崇朕當宁載思撫存懷舊河洲令德猶傳荇菜之詩嬀汭大名不及珩璜之貴俾咸副笄之禮以伸求劍之情故夫人柴氏代籍貽芳湘

靈集慶體柔儀而陳闕翟芬若椒蘭持貞操以選中璫譽光圖史懿範尙留于闈閫昌言有助于箴規深惟望氣之艱彌歎藏舟之速將開寶祚俄謝璧台宜正號于軒宮俾潛耀于坤象可追命爲皇后仍令所司定謚備禮冊命旣而有司上謚曰聖穆顯德初太祖神主入廟以后祔于其室

淑妃楊氏鎭州眞定人父宏裕眞定少尹東都事略楊廷璋傳父宏裕少漁貂裘陵有以二石鴈授之者其翼一拚左一拚右曰吾北岳使也言訖不知所之是年生女爲周太祖淑妃明年生廷璋當河朔三鎭全盛時所屬封疆制之于守帥故韶顏美媛皆被選于王宮妃幼以良家子中選事趙王王鎔張文禮之亂妃流離于外唐明宗在藩錄其遺逸安重誨保庇妃家致其仕進父母卽以妃嫁于鄉人石光輔不數年嫠居太祖佐漢之初屬聖穆皇后棄世聞妃之賢遂以禮聘之宋史楊廷璋傳有姊寡居京師周祖微時欲聘之姊不從令媒氏傳言恐逼姊以告廷璋廷璋往見周祖歸謂姊曰此人姿貌異常不可拒姊乃從之妃睦族撫孤宜家內助甚有力焉晉天福末卒于太原因留葬于晉郊廣順元年九月追冊爲淑妃太祖凡一后三妃及嵩陵就掩皆議陪祔時以妃喪在賊境未及還定世宗乃詔有司于嵩陵之側預營一冢以虛之俟賊

平郎議襄事顯德元年夏世宗征河東果成素志焉妃兄廷璋釜事太祖郎位累歷內職出爲晉州節度使皇朝撫運移鎭邢州又改鄜州受代歸闕卒于私第

貴妃張氏恆州真定人也祖記成德軍節度判官檢校兵部尙書父同芝本州諮呈官檢校工部尙書事趙王王鎔歷職中要天祐末趙將張文禮殺王鎔以鎭州歸梁莊宗命將符存審討平之時妃年尙幼有幽州偏將武從諫者駐旆于家見妃韶令乃爲其子聘之武氏家在太原太祖從漢祖鎭并門屬楊夫人以疾終無何武氏子卒太祖素聞妃之賢遂納爲繼室太祖貴累封至吳國夫人漢隱帝末蕭牆變起屠害大臣太祖在鄴都被讒妃與諸皇屬同日遇害于東京舊第太祖踐阼追冊爲貴妃發哀故世宗有起復之命世宗嗣位以太祖舊宅郎妃遇禍之地因施爲僧院以皇建爲名焉

德妃董氏常山靈壽人也祖文廣唐深州錄事參軍父光嗣趙州昭慶尉妃孩提穎悟始能言聽按絲管而能辨其聲年七歲遇鎭州亂親黨羈離與妃相失

潞州牙將得之匿于褚中其妻以息女不育得妃憐之過于所生姆教師箴功容克備妃家悲念其兄瑀諸處求訪垂六七年後潞將入官于朝妃之鄉親頗有知者瑀見潞將欣歸之時年十三妃歸踰年嫁爲里人劉進超之妻進超爲內職及契丹破晉之歲陷蕃歿焉妃嫠居洛陽太祖楊淑妃與妃鄉親平居恆言妃賢德太祖從漢祖幸洛因憶淑妃之言尋以禮納之鼎命初建張貴妃遇禍中宮虛位乃冊爲德妃太祖自聖穆皇后蚤世以來屢失邦媛中幃內助惟妃存焉加以結珮脫簪率由令範廣順三年夏遇疾醫藥之際屬太祖兗海之征車駕將行妃奏曰正當暑毒勞陛下省巡明發宵征須人供侍司簿已下典事者各已處分從行太祖曰妃疾未平數令診視此行在近無繫內人及太祖駐蹕魯中妃志欲令內人進發中使往來言之太祖手敕鄭仁誨曰切慮德妃以朕至兗州行營津置內人承侍緣諸軍在野不可自安令鄭仁誨專心體候如德妃津置內人東來便須上聞約住或取索鞍馬不得供應如意堅確即以手勑示之既而平定兗州車駕還京妃疾無減俄卒于大內時年三十九輟朝

珍倣宋版印

三日妃長兄瑀以左贊善大夫致仕仲兄元之季兄自明皆累歷郡守

世宗貞惠皇后劉氏將家女也幼歸于世宗漢乾祐中世宗在西班后始封彭城縣君世宗隨太祖在鄴后留居邸第漢末李業等作亂后與貴妃張氏及諸皇族同日遇禍國初追封彭城郡夫人顯德四年夏四月追冊爲皇后謚曰貞惠陵曰惠陵

宣懿皇后符氏祖存審事後唐武皇莊宗位極將相追封秦王父彥卿天雄軍節度使封魏王后初適李守貞之子崇訓漢乾祐中守貞叛于河中太祖以兵攻之及城陷崇訓自刃其弟妹次將及后后時匿于屏處以帷箔自蔽崇訓倉皇求后不及遂自刎后因獲免太祖入河中令人訪而得之卽遣女使送于其父自是后常感太祖大惠拜太祖爲養父世宗鎮澶淵日太祖爲世宗聘之后性和惠善候世宗之旨世宗或暴怒于下后必從容救解世宗甚重之及卽位冊爲皇后世宗將南征后常諫止之言甚切直世宗亦爲之動容洎車駕駐于淮甸久冒炎暑后因憂恚成疾顯德二年七月二十一日崩于滋德殿時年二

十有六世宗甚悼之既而有司上謚曰宣懿葬于新鄭陵曰懿陵案世宗有兩符后其後符后即宣懿之女弟也入宋稱符太后是書不爲立傳未免闕略五代史補世宗皇后符氏即魏王彥卿之女時有相工視之大驚密告魏王曰此女貴不可言李守貞素有異志因與子崇訓娶之禮畢守貞甚有喜色其後據河中叛高祖爲樞密使受命出征后知高祖與其父有舊城破之際據堂門而坐叱諸軍曰我符魏王女也魏王與樞密太尉兄弟之不若汝等慎勿無禮于是諸軍聳然引退頃之高祖至喜曰此女于白刃紛拏之際保全可謂非常人也乃歸之魏王至世宗即位納爲皇后既免河中之難其母欲使出家資其福壽后不悅曰死生有命誰能髠首跣足以求苟活也母度不可逼遂止世宗素以后賢又聞命不以出家爲念愈賢之所以爲天下母也

史臣曰周室后妃凡六人而追冊者四故中闈內則罕得而聞惟董妃符后之懿範亦無愧于彤管矣案是書無外戚傳考五代會要云周太祖第三女樂安公主爲漢室所害廣順元年二月追封至顯德四年四月又追封莒國長公主第四女壽安公主降張永德廣順元年四月封至顯德元年封晉國長公主第五女永寧公主廣順元年九月追封至顯德四年四月又追封梁國長公主



珍倣宋版印

舊五代史卷一百二十一考證

周列傳一太祖聖穆皇后柴氏傳邢州龍岡人　案龍川别志作魏成安人

淑妃楊氏傳妃兄廷璋　案東都事略廷璋係淑妃之弟續通鑑長編亦云廷璋有姊爲周太祖妃俱與是書異

舊五代史卷一百二十一考證

舊五代史卷一百二十二

宋門下侍郎參知政事監修國史薛居正等撰

周書第十三

列傳二 宗室

剡王侗太祖子初名青哥漢末遇害太祖即位詔贈太尉賜名侗顯德四年追封

杞王信太祖子初名意哥漢末遇害太祖即位詔贈司空賜名信顯德四年追封案太祖諸子蚤歲遇害本無事蹟原本過于簡略疑有刪節今據歐陽史家人傳云初帝舉兵于魏漢以兵圍帝第時張貴妃與諸子青哥意哥姪守筠奉超定哥皆被誅青哥意哥不知其母誰氏太祖即位詔故第二子青哥贈太尉賜名侗第三子意哥贈司空賜名信皇姪守筠贈左領軍衛將軍以筠聲近榮爲世宗避更名守愿奉超贈左監門衛將軍定哥贈左千牛將軍賜名遜世宗顯德四年夏四月癸未詔曰禮以緣情恩以悼往矧在友于之列尤鍾惻愴之情故皇弟贈太保侗贈司空信景運初啓天年不登俾予終鮮實動予懷侗可贈太傅追封剡王信司徒杞王又詔曰故皇從弟贈左領軍衛將軍守愿贈右監門衛將軍奉超贈左千牛衛將軍遜等頃因季世不享遐齡每念非辜難忘有慟守愿可贈左衛大將軍奉超右衛大將軍遜右武衛大將軍

越王宗誼世宗子漢末遇害顯德四年追封

曹王宗讓世宗子顯德六年封

紀王熙謹世宗子顯德六年封皇朝乾德二年卒

蘄王熙誨世宗子顯德六年封歐陽史家人傳云世宗子七人長曰宜哥次二皆未名次曰恭皇帝次曰熙讓次曰熙謹次曰熙誨皆不知其母為誰氏宜哥與其二皆為漢誅太祖即位詔賜皇孫名誼贈左驍衛大將軍誠左武衛大將軍誠左屯衛大將軍顯德三年羣臣請封宗室世宗以謂為國日淺恩信未及于人須功德大成慶流于世而後議之可也明年夏四月癸巳先封太祖諸子又詔曰父子之道聖賢不忘再思天關之端愈動悲傷之抱故皇子左驍衛大將軍誼左武衛大將軍誠左屯衛大將軍誠等載惟往事有足傷懷宜增一字之封仍贈三台之秩誼可贈太尉追封越王誠太傅吳王諴太保韓王而皇子在者皆不封六年北復三關遇疾還京師六月癸未皇子宗訓特進左衛上將軍封梁王而宗讓亦拜左驍衛上將軍封燕國公後十日而世宗崩梁王即位是為恭皇帝其年八月宗讓更名熙讓封曹王熙謹熙誨皆前未封爵遂拜熙謹右武衛大將軍封紀王熙誨右領軍衛大將軍封蘄王乾德二年十月熙謹卒熙讓熙誨不知其所終



珍倣宋版印

舊五代史卷一百二十二考證

周列傳二宗室傳　案歐陽史周家人傳世宗子七人第四子嗣位卽恭皇帝其應入列傳者尚有六子是書不載吳王誠韓王諴當是脫簡

舊五代史卷一百二十二考證

珍倣宋版印

舊五代史卷一百二十三

宋門下侍郎參知政事監修國史薛居正等撰

周書第十四

列傳三

高行周字尚質幽州人也生于嬀州懷戎軍之鵰窠里曾祖順厲世戍懷戎父思繼昆仲三人俱雄豪有武幹聲馳朔塞唐武皇之平幽州也表劉仁恭爲帥仍留兵以戍之以思繼兄爲先鋒都將嬀州刺史思繼爲中軍都將順州刺史思繼弟爲後軍都將昆仲分掌燕兵部下士伍皆山北之豪也仁恭深憚之武皇將歸私謂仁恭曰高先鋒兄弟勢傾州府爲燕患者必此族也宜善籌之久之太原戍軍恣橫思繼兄弟制之以法所殺者多太祖怒詬讓仁恭乃訴以高氏兄弟遂併遇害仁恭因以先鋒子行珪爲牙將諸子並列帳下厚撫之以慰其心時行周十餘歲亦補職在仁恭左右行珪別有傳在唐書及莊宗收燕以行周隸明宗帳下常與唐末帝分率牙兵明宗征燕率其下擁從鄉人趙德鈞

謂明宗曰行周心甚謹厚必享貴位梁將劉鄩之據莘也與太原軍對壘旦夕轉鬭常一日兩軍成列元行欽爲敵軍追躡劍中其面血戰未解行周以麾下精騎突陣解之行欽獲免莊宗方寵行欽召行周撫諭賞勞而欲置之帳下又念于明宗帳下已奪行欽更取行周恐傷其意密令人以利祿誘之行周辭曰總管用人亦爲國家事總管猶事王也余家昆仲脫難再生承總管之厚恩忍背之乎及兩軍屯于河上覘知梁軍自汴入楊村寨明宗晨至斗門設伏將邀之衆寡不敵反爲所乘時矛矟叢萃勢甚危蹙行周聞之出騎橫擊梁軍遂得解去明宗之襲鄆州也行周爲前鋒會夜分澍雨人無進志行周曰此天贊也彼必無備是夜涉河入東城比曙平之莊宗平河南累加檢校太保領端州刺史同光末出守絳州明宗卽位特深委遇天成中從王晏球圍定州敗王都擒托諾皆有功賊平還穎州團練使長興初以北邊陷契丹用爲振武節度使明年以河西用軍移鎮延安清泰初改潞州節度使晉祖建義于太原唐末帝命張敬達征之行周與符彥卿爲左右排陣使契丹主入援太原也行周彥卿引

騎拒之尋爲契丹所敗遂與敬達保晉安砦累月救軍不至楊光遠欲圖敬達行周知之引壯士護之敬達性戇不知其營護謂人曰行周每踵余後其意何也繇是不復敢然敬達遂爲光遠所害晉祖入洛令行周還藩加同平章事晉祖都汴以行周爲西京留守未幾移鄴都晉祖幸鄴會安從進叛命行周爲襄州行營都部署明年秋平定漢南晉少帝嗣位加兼侍中移鎮睢陽開運初從幸澶淵拒敵于河上車駕還京代景延廣爲侍衞親軍都指揮使移鄆州節度使時李彥韜爲侍衞都虞候可否在己行周雖典禁兵心遊事外退朝歸第門守翛然賓友過從但引滿而已尋改歸德軍節度使以李守貞代掌兵柄許行周歸藩晉軍降于中渡也少帝命行周與符彥卿同守澶州契丹入汴召赴京師會草寇攻宋州急遣行周歸鎮宋史高懷德傳杜重威降契丹京東諸州羣盜大起懷德堅壁清野敵不能入行周率兵歸鎮敵遂解去及契丹主死于欒城契丹將蕭翰立許王李從益知南朝軍國事遣死士召行周辭之以疾退謂人曰衰世難輔況兒戲乎漢高祖入汴加守太傅兼中書令代李守貞爲天平節度使杜重威據鄴叛漢祖以行周爲招討使總兵

討之鄴平授鄴都留守加守太尉進爵臨清王乾祐中入覲加守太師進封鄴王復授天平節鉞改封齊王太祖踐阼加守尚書令增食邑至一萬七千戶太祖以行周耆年宿將賜詔不名但呼王位而已慕容彥超據兗叛太祖親征奉迎輿駕傾家載贄奉觴進俎率以身先太祖待之逾厚廣順二年秋以疾薨于位享年六十八賵賻加等冊贈尚書令追封秦王諡曰武懿子懷德皇朝駙馬都尉宋州節度使

安審琦字國瑞其先沙陁部人也祖山感朔州牢城都校贈太傅父金全安北都護振武軍節度使累贈太師唐書有傳審琦性驍果善騎射幼以良家子事莊宗為義直軍使遷本軍指揮使天成初唐末帝由潞邸出鎮河中奏審琦為牙兵都校未幾入為歸化指揮使王師伐蜀充行營馬軍都指揮使及凱旋改龍武右廂都校領富州刺史清泰初為捧聖指揮使領順化軍節度使其年鎮邢州兼北面行營排軍陣使從張敬達圍太原及楊光遠舉晉安寨降于晉祖審琦亦預焉晉祖踐阼加檢校太傅同平章事充天平軍節度使兼侍衛馬步

軍都指揮使旋以母喪起復天福三年就加檢校太尉尋改晉昌軍節度使京兆尹七年移鎮河中晉少帝嗣位加檢校太師開運末朝廷以契丹入寇以審琦爲北面行營馬軍左右廂都指揮使與諸將會兵于洺州俄而敵騎大至時皇甫遇慕容彥超亦預其行乃率所部兵與敵戰于安陽河上時遇馬爲流矢所中勢已危蹙諸將相顧莫有敢救者審琦謂首將張從恩曰皇甫遇等未至必爲敵騎所圍若不急救則爲擒矣從恩曰敵勢甚盛無以枝梧將軍獨往何益審琦曰成敗命也若不濟與之俱死假令失此二將何面目以見天子遂率鐵騎北渡敵見塵起謂救兵至乃引去遂救遇與彥超而還晉少帝嘉之加兼侍中移領許州未幾移鎮兗海漢有天下授襄州節度使兼中書令屬荆人判命潛遣舟師數千屠襄郢審琦禦之而遁朝廷賞功就加守太保進封齊國公歲餘又加守太傅國初封南陽王顯德初進封陳王世宗嗣位加守太尉三年拜章請覲優詔許之加守太師增食邑至一萬五百戶食實封二千三百戶審琦鎮襄沔僅一紀嚴而不殘威而不暴故南邦之民甚懷其惠五年移平盧軍

節度使承詔赴鎮因朝于京師世宗以國之元老禮遇甚厚車駕親幸其第以寵之六年正月七日夜爲其隸人安友進安萬合所害時年六十三初友進與審琦之愛妾私通有年數矣其妾常慮事泄見誅因與友進謀害審琦友進甚有難色其妾曰爾若不從我當反告友進乃許之至是夕審琦沈醉寢于帳中其妾乃取審琦所枕劍與友進友進猶惶駭不敢剚刃遽召其黨安萬合便殺審琦旣而慮事泄乃引其帳下數妓盡殺以滅其跡不數日友進等竟敗悉爲子守忠臠而戮之世宗聞之震悼輟視朝三日詔贈尚書令追封齊王守忠仕皇朝累爲郡守

安審暉字明遠審琦之兄也起家自長直軍使轉外衙左廂軍使從莊宗平幽薊戰山東定河南皆預其功同光中授蔚州刺史天成初改汝州防禦副使歷鳳翔徐州節度副使河東行軍司馬晉高祖龍飛以霸府上僚授振武兵馬留後遷河陽節度使不踰月移鎮鄜州丁內艱起復視事五年李金全據安州叛詔馬全節爲都部署領兵討之以審暉爲副安陸平移鎮鄧州進位檢校太傅

六年冬襄州安從進叛舉漢南之衆北攻南陽南陽素無城壁唯守衙城賊傅城下審暉登陴召賊帥以讓之從進不克而退襄州平就加檢校太尉少帝嗣位加檢校太師罷鎮授右羽林統軍歲餘出鎮上黨屬契丹內侵授邢州節度使居無何目疾暴作上章求代歸于京師養疾累年太祖即位召于內殿從容顧問尤所歎重將以祿起之審暉辭以暮齒願就頤養拜太子太師致仕封魯國公累食邑五千戶實封四百戶廣順二年春卒年六十三廢朝二日詔贈侍中諡曰靜子守鏻仕皇朝爲贊善大夫

安審信字行光審琦之從父兄也父金祐世爲沙陁部偏裨名聞邊塞審信習騎射從父金全天成初爲振武節度使補爲牙將俄而兄審通爲滄州節度使用爲衙內都虞候歷同陝許三州馬步軍都指揮使晉祖起義于太原唐末帝命張敬達以兵攻之而審信率先以部下兵遁入幷州晉祖以其故人得之甚悅其妻與二子在京師皆爲唐末帝所戮但貸其老母而已契丹既降晉安砦晉高祖以審信爲汾州刺史檢校太保充馬步軍副部署晉祖入洛授河州節

度使檢校太尉同平章事審信性旣翻覆率多疑忌在蒲中時每王人告諭騎從稍多必潛設備以防其圖己尋歷許兗州鎭所至以聚斂爲務民甚苦之會朝廷謀大舉北伐凡藩侯皆預將帥以審信爲馬步軍右廂都排陣使俄改華州節度使漢初移鎭同州入爲左衛上將軍國初轉右金吾上將軍三年夏四月太祖御乾元殿入閤審信不赴班位爲御史所彈詔釋之時審信久病神情恍惚聞臺司奏劾揚言曰趨朝偶晚未是大過何用彈舉我終進奉二萬緡盡逐此乞索兒輩未幾以病請退授太子太師致仕是歲秋卒年六十贈侍中諡曰成穆

李從敏字叔達唐明宗之猶子也沈厚寡言善騎射多計數初莊宗召見試弓馬用爲衙內馬軍指揮使從平汴洛補帳前都指揮使還捧聖都將明宗移鎭真定表爲成德軍馬步軍都指揮使從明宗入洛補皇城使出爲陝府節度使王都據定州叛命王晏球爲招討使率師討之以從敏爲副領滄州節度使王都平移授定州尋代范延光爲成德軍節度使加檢校太尉封涇王鎭州有市

珍倣宋版印

人劉方遇家富于財方遇卒無子妻弟田令遵者幼爲方遇治財善殖貨劉族乃共推令遵爲方遇子親族共立券書以爲誓信累年後方遇二女取資于令遵不如意乃訟令遵冒姓奪父家財從敏令判官陸浣鞫其獄而殺令遵北夢瑣言云鎮州市人劉方遇家財數十萬方遇妻田氏蚤卒田之妹爲尼常出入方遇家方遇使尼長髮爲繼室有田令遵者方遇之妻弟也善貨殖方遇以所積財令令遵興殖焉方遇有子年幼二女皆嫁方遇疾卒子幼不能督家業方遇妻及二女以家財素爲令遵興殖乃聚族合謀請以令遵姓劉爲方遇繼嗣卽令鬻券人安美美爲親族請嗣券書既定乃遣令遵服斬衰居喪而二女初立令遵時先邀每月供財二萬及後求取無厭而石李二女夫使二女詐本府論訴云令遵冒姓奪父家財令遵下獄石李二夫族與本府要吏親黨上至府帥判官行軍司馬隨使都押衙各受方遇二女賂錢數千緡而以令遵與姊及書券安美同情共盜俱棄市人知其冤令遵父詰臺訴冤詔本州節度副使符蒙掌書記徐台符鞫之備明姦狀及詰二女伏行賂于節度使趙環代判高知柔觀察判官陸浣並捕下獄具服贓罪事連從敏甚懼乃命其妻赴洛陽入宮告王淑妃明宗知之怒曰朕用從敏爲節度使而枉法殺人我羞見百官又令新婦奔赴不須見吾面時王淑妃頗庇護之趙環等三人竟棄市從敏等止于罰俸而已北夢瑣言從敏初欲削官中宮哀祈竟罰一年俸長興初移鎮宋州唐末帝起兵于鳳翔其子重吉爲亳州防禦使

從敏承朝廷命害之清泰中從敏與洋王從璋並罷歸第待之甚薄嘗宮中同飲既醉末帝謂從璋從敏曰爾等何物處雄藩大鎮二人大懼賴曹太后見之叱曰官家醉爾輩速出去方得解晉祖革命降封莒國公再領陝州尋移鎮上黨入爲右龍武統軍出爲河陽節度使漢祖入汴移授西京留守累官檢校太師同平章事隱帝即位就加兼侍中改封秦國公歲餘以王守恩代還廣順元年春以疾卒年五十四詔贈中書令諡曰恭惠

鄭仁誨字日新晉陽人父霸累贈太子太師仁誨幼事唐驍將陳紹光恃勇使酒嘗乘醉抽佩劍將剚刃于仁誨左右無不奔避唯仁誨端立以俟略無懼色紹光因擲劍于地謂仁誨曰汝有此器度必當享人間富貴及紹光典郡仁誨累爲右職後退歸鄉里以色養爲樂漢高祖之鎮河東也太祖累就其第與之燕語每有質問無不以正理爲答太祖深器之漢有天下太祖初領樞務即召爲從職及太祖西征嘗密贊軍機西師凱旋累遷至檢校吏部尚書太祖踐阼旌佐命功授檢校司空客省使兼大內都點檢恩州團練使尋爲樞密副使踰

珍倣宋版印

年轉宣徽北院使右衞大將軍出鎭澶淵轉檢校太保入爲樞密使加同平章事世宗之北征也以仁誨爲東京留守調發軍須供億無闕車駕迴加兼侍中尋丁內艱未幾起復顯德二年冬疾亟世宗幸其第親加撫問欷歔久之及卒世宗親臨其喪哭踰數舉是時世宗將行近臣奏云歲道非便不宜臨喪弗聽然而先之以桃茢之事時以爲得禮仁誨爲人端厚謙損造次必由于禮及居樞務雖權位崇重而能孜孜接物無自矜之色及終故朝廷咸惜之詔贈中書令追封韓國公諡曰忠正既葬命翰林學士陶穀撰神道碑文官爲建立表特恩也子勳累歷內職蚤卒絕嗣初廣順末王殷受詔赴闕太祖遣仁誨赴鄴都巡檢及殷得罪仁誨不奉詔卽殺其子蓋利其家財妓樂也及仁誨卒而無後人以爲陰責焉

張彥成潞州潞城人也曾祖靜汾州刺史祖述澤州刺史父礪昭義行軍司馬彥成初爲弁門牙將天成中自秦州鹽鐵務官改鄆州都押牙漢祖鎭北門表爲行軍司馬以隱帝娶其女特見親愛從平汴洛累加特進檢校太尉同州節

度使隱帝即位就加同平章事太祖之伐河中彥成有饋輓之勞河中平加檢校太師乾祐三年冬移鎮相州廣順初就加兼侍中尋移鎮南陽三年秋代歸授右金吾衛上將軍其年秋以疾卒年六十贈侍中宋史楊克讓傳乾祐中同州節度張彥成表授掌書記周廣順初彥成移鎮安陽穰下克讓以舊職從行彥成入爲執金吾病篤奏稱其材可用克讓以彥成死未葬不忍就祿退居別墅俟張氏子外除時論稱之

安叔千沙陀三部落之種也父懷盛事唐武皇以驍勇聞叔千習騎射從莊宗定河南爲奉安部將天成初王師伐定州命爲先鋒都指揮使王都平授秦州刺史連判涿易二郡清泰初契丹寇鴈門叔千從晉祖迎戰敗之進位檢校太保振武節度使晉祖踐阼就加同平章事天福中歷邠滄邢晉四鎮節度使叔千鄙野而無文當時謂之安沒字言若碑碣之無篆籀但虛有其表耳開運初朝廷將大舉北伐授行營都排陣使俄改左金吾衛上將軍契丹入汴百僚迎見于赤岡契丹主登高岡駐馬而撫諭漢官叔千出班獨立契丹主曰爾是安沒字否鄉比在邢州日遠輸誠款我至此汝管取一喫飯處叔千拜謝而退俄

授鎮國軍節度使漢初遇代歸京自以嘗附幕庭居常愧惕久之授太子太師致仕尋請告歸洛廣順二年冬卒年七十二詔贈侍中

宋彥筠雍邱人也初隸滑州軍梁氏與莊宗夾河之戰彥筠時爲戰棹都指揮使以勞遷開封府牙校莊宗有天下擢領禁軍伐蜀之役率所部從康延孝爲前鋒蜀平歷維渝二州刺史明宗在位連典數郡晉初自汝州防禦使討安從進于襄陽以功拜鄧州節度使累官至檢校太尉未幾歷晉陝二鎮晉少帝嗣位再領鄧州尋移鎮河中漢初授太子太師致仕國初拜左衞上將軍世宗嗣位復爲太子太師致仕顯德四年冬卒于西京之私第輟視朝一日詔贈侍中

初彥筠入成都據一甲第第中資貨鉅萬妓女數十輩盡爲其所有一旦與其主母微忿遽擊殺之自後常有所睹彥筠心不自安乃修浮屠法以禳之因而溺志于釋氏其後每歲至金仙入涅之日常衣斬縗號慟于其像前其佞佛也如是家有侍婢數十人皆令削髮披緇以侍左右大爲當時所誚又性好貨殖能圖什一之利良田甲第相望于郡國將終以伊洛之間田莊十數區上進並

籍于官焉

史臣曰近代領戎藩列王爵祿厚而君子不議望重而人主不疑能自晦于飲酌之間保功名于始終之際如行周之比者幾何人哉奕世藩翰固亦宜然審琦有分閫之勞乏御家之道峯摧玉折蓋不幸也其餘雖擁戎旃未聞閫政固不足與文召龔黃爲比也

舊五代史卷一百二十三

舊五代史卷一百二十三考證

周列傳三高行周傳　行周通鑑考異引莊宗實錄作行温是書唐紀尙仍實錄之舊

鄭仁誨傳太祖踐阼旋佐命功授檢校司空客省使　案歐陽史云漢與周太祖爲樞密使乃召仁誨用之累官至內客省使太祖入立以仁誨爲大內都巡檢據此傳仁誨仕周始爲客省使與歐陽史異

張彥成傳　案通鑑考異彥成本名彥威避周祖諱故改

托諾舊作秃餒今改

舊五代史卷一百二十三考證

珍倣宋版印

# 舊五代史卷一百二十四

宋門下侍郎參知政事監修國史薛居正等撰

## 周書第十五

### 列傳四

王殷瀛州人曾祖昌裔本州別駕祖光滄州教練使因家焉唐末幽滄大亂殷父咸珪避地南遷因投于魏軍殷自言生于魏州之開元寺既長從軍漸爲偏將唐同光末爲華州馬步軍副使因家于華下天成中移授靈武都指揮使久之代還淸泰中張令昭據鄴叛殷從范延光討之首冒矢石率先登城以功授祁州刺史尋改原州殷性謙謹好禮事母以孝聞每與人結交違從皆先稟于母母命不從殷必不往雖在軍旅交遊不雜及爲刺史政事小有不佳母察之立殷于庭詰責而杖之歐陽史殷爲刺史政事有小失母責之殷卽取杖授婢僕自笞于母前晉天福中丁內艱尋有詔起復授憲州刺史殷上章辭曰臣爲末將出處無損益于國家臣本燕人值鄉國離亂少罹偏罰因母鞠養訓導方得成人不忍遽釋苴麻遠離廬墓

伏願許臣終母喪紀晉高祖嘉而許之晉少帝嗣位會殷服闋召典禁軍累遷奉國右廂都指揮使漢祖受命從討杜重威于鄴下殷與劉詞皆率先力戰矢中于首久之出折鏃于口中以是漢祖嘉之乾祐末遷侍衛步軍都指揮使領夔州節度使會契丹寇邊遣殷領兵屯澶州及李業等作亂漢隱帝密詔澶帥李洪義遣圖殷洪義懼不克反以變告殷殷與洪義同遣人至鄴請太祖赴內難殷從平京師授侍衛親軍都指揮使太祖即位授天雄軍節度使加同平章事典軍如故殷赴鎮以侍衛司局從凡河北征鎮有戎兵處咸稟殷節制又于民間多方聚斂太祖聞而惡之因使宣諭曰朕離鄴時帑廩所儲不少卿與國家同體隨要取給何患無財三年夏太祖征兗還殷迎謁于路宴賜而去及王峻得罪太祖遣其子飛龍使承誨往謁令口諭峻之過惡以慰其心三年秋以永壽節上表請覲太祖雖允其請且慮殷之不誠尋遣使止之何福進在鎮州素惡殷之太橫福進入朝摭其陰事以奏之太祖遂疑之是年冬以郊禋有日殷自鎮入覲太祖令依舊內外巡警殷出入部從不下數百人又以儀形魁偉

觀者無不聳然一日遽入奏曰郊禮在近兵民大集臣城外防警請量給甲仗以備非常太祖難之時中外以太祖嬰疾步履稍難多不視朝俯逼郊禋殷有震主之勢頗憂之太祖乃力疾坐于滋德殿殷入起居即命執之尋降制流竄及出都城遽殺之衆情乃安是歲春末鄴城寺寺鐘懸絕而落又火光出幡竿之上殷之入覲也都人餞于離亭上馬失鐙翻墮于地人訝其不祥果及于禍太祖尋令澶帥鄭仁誨赴鄴殷次子爲衙內指揮使不候謁仁誨誅之遷其家屬于登州

何福進字善長太原人父神劍累贈左驍衛大將軍福進少從軍以驍勇聞唐同光末郭從謙以兵圍莊宗于大內福進時爲宿衛軍校獨出死力拒戰于內後明宗知而嘉之擢爲奉聖軍校出爲磁州刺史充北面行營先鋒都校清泰中自彰聖都虞候率本軍從范延光平鄴以功歷鄭寵二州防禦使開運中由潁州團練使入拜左驍衛大將軍屬契丹陷中原令中朝文武臣寮凡數十人隨帳北歸時福進預其行次鎮州聞北主已斃其黨尚據鎮陽遂與李筠白

再榮之儔合謀力戰盡逐契丹據有鎮陽時漢祖已建號于河東詔以福進爲北面行營馬步都虞候尋拜曹州防禦使檢校太保太祖出鎮于鄴將謀北伐奏以福進自隨及太祖入平內難以輔佐功拜忠武軍節度使不數月移領鎮州數年之閒北鄙無事及聞太祖將有事于南郊拜章入覲改天平軍節度使加同平章事未及之任卒于東京之私第年六十有六時顯德元年正月也累贈中書令子繼筠仕皇朝領建武軍節度使卒

劉詞字好謙元城人梁貞明中事故鄴帥楊師厚以勇悍聞唐莊宗入魏亦列于麾下兩河之戰無不預焉同光初爲効節軍使轉劍直指揮使尋以忤于權臣出爲汝州小校凡留滯十餘年清泰初詔諸道選驍果以實禁衛由是得入典禁軍晉初從侯益收汜水關佐楊光遠平鄴都累遷奉國第一軍都虞候後從馬全節伐安陸敗淮賊萬餘衆晉祖嘉之授奉國都校累加檢校司空又從杜重威敗安重榮于宗城及圍鎮陽詞自登雲梯身先士伍以功加檢校司徒沁州刺史時王師方討襄陽尋命詞兼行營都虞候襄陽平還本州團練使在

郡歲餘臨事之暇必被甲枕戈而臥人或問之詞曰我以勇敢而登貴仕不可一日而忘本也若信其溫飽則筋力有怠將來何以報國也及漢有天下復爲奉國右廂都校遙領閬州防禦使從太祖平鄴加檢校太保乾祐初李守貞叛于河中太祖征之朝廷以爲侍衞步軍都指揮使遙領寧江軍節度使充行營馬步都虞候命分屯于河西二年正月守貞遣敢死之士數千夜入其營皆怖懼不知所爲惟詞神氣自若令于軍中曰此小盜耳不足驚也遂免胄橫戈叱短兵以擊之賊衆大敗而退自是守貞喪膽不復有奔突之意河中平太祖嘉之表其功爲華州節度使歲餘移鎭邢臺太祖受命加同平章事三年秋改鎭河陽顯德初世宗親征劉崇詞奉命領所部兵隨駕行及高平南遇樊愛能等自北退迴且言官軍已敗止詞不行詞不聽疾驅而北世宗聞而嘉之尋命爲隨駕都部署又授河東道行營副部署其年夏車駕還京授永興軍節度使加兼侍中行京兆尹二年冬以疾卒于鎭年六十有五贈中書令諡曰忠惠詞發身軍校亟歷戎事常以忠勇自負洎領藩鎭能靖恭爲治無苛政以撓民諡以

忠惠議者韙之子延欽仕皇朝爲控鶴廂使

王進幽州良鄉人少落魄不事生業爲人勇悍走及奔馬嘗聚黨爲盜封境患之符彥超爲河朔郡守以賂誘置之左右長與初彥超鎮安州屬部曲王希全搆亂軍州令進齎變狀聞于朝廷明宗賞其捷足詔隸于軍中洎契丹內寇戰于膠口進獨追擒六十七人時漢祖總侍衞親軍知其驍果擢爲馬前親校漢祖鎮河東或邊上警急令進齎封章達于闕下自并至汴不六七日復焉由是恩撫頗厚繼任戎職累遷至奉國軍都指揮使從太祖入平內難以功還虎捷右廂都指揮使歷汝鄭防禦使亦有政聲俄授相州節度使爲政之道頓減于前議者惜之顯德元年秋以疾卒于任贈檢校太師

史彥超雲州人也性驍獷有膽氣累功至龍捷都指揮使太祖之赴內難彥超以本軍從國初與虎捷都指揮使何徽戍晉州會劉崇與契丹入寇攻圍州城月餘是時本州無帥知州王萬敢不協物情彥超與何徽協力固拒累挫敵鋒攻擊日急禦捍有備軍政甚嚴居人無擾及朝廷遣樞密使王峻總兵爲援敵

兵宵遁太祖嘉其善守之功賞賜甚厚未幾授龍捷右廂都指揮使尋授鄭州防禦使劉崇之寇潞州也車駕親征以彥超爲先鋒都指揮使高平之戰先登陷陣以功授華州節度使先鋒如故大軍至河東城下契丹營于忻代之間遙應賊勢詔天雄軍節度使符彥卿率諸將屯忻州以拒之彥卿襲契丹于忻口彥超以先鋒軍追蕃兵離大軍稍遠賊兵伏發爲賊所陷世宗痛惜久之詔贈太師示加等也仍命優卹其家焉

史懿字繼美代郡人也本名犯太祖廟諱故改焉父建瑭事唐莊宗爲先鋒都校唐書有傳莊宗之伐鎮陽時建瑭爲流矢所中而卒懿時年甫弱冠莊宗以其父歿于王事召拜昭德軍使俄遷先鋒左右廂都校俾嗣其家聲天成中爲涿州刺史晉初由趙州刺史遷洛州團練使尋歷亳鳳二州防禦使晉祖以其弟翰尙晉國長公主故尤所注意天福中授彰武軍節度觀察留後開運初歷澶貝二鎮節度使三年移鎮涇原未幾契丹入中原時四方征鎮爲契丹所召者靡不讋至惟懿堅壁拒命仍送款于漢祖漢有天下就拜檢校太尉同平章

事及賜功臣名號廣順初加檢校太師兼侍中進封邠國公顯德元年春以抱病歸朝（東都事略楊廷璋傳周太祖常諭廷璋圖涇帥史懿廷璋屏左右示以詔書懿受代入朝遂免禍）途經洛卒于其第年六十三贈中書令

王令温字順之瀛州河間人也父迪德州刺史累贈太子太師令温少以武勇稱初隸唐莊宗麾下稍遷廳直軍校明宗之爲統帥嘗與契丹戰于上谷明宗臨陣馬逸爲敵所迫令温乃以所乘馬授明宗而自力戰飛矢連發敵兵爲之稍卻及明宗即位歷遷神武彰聖都校晉初自淄州刺史遷洛州團練使及安重榮稱兵于鎮州晉祖以令温爲行營馬軍都指揮使與都帥杜重威敗賊于宗城以功授亳州防禦使尋拜永清軍節度使屬契丹來寇時令温奉詔入朝契丹遂陷貝州其家屬因沒于契丹晉少帝憫之授武勝軍節度使未幾移鎮延州又遷靈武漢有天下復爲永清軍節度使尋改安州國初加檢校太尉同平章事世宗嗣位遷鎮安軍節度使罷鎮歸闕顯德三年夏以疾卒時年六十有二詔贈侍中

珍倣宋版印

周密字德峯應州神武川人也初事後唐武皇爲軍職莊宗之平常山明宗之襲汶陽密皆從征有功莊宗平梁授鎭州馬軍都指揮使明宗卽位累遷河東馬步軍副都指揮使晉天福初除冀州刺史累官至檢校司徒入爲右羽林統軍檢校太保四年秋授保大軍節度使檢校太傅屬部民作亂密討平之尋移鎭晉州加檢校太尉開運中入拜右龍武統軍三年秋出鎭延州其年冬契丹陷中原延州軍亂立高允權爲帥時密據東城允權據西城相拒久之會漢高祖建義于太原遣使安撫密乃棄其城奔于太原隨漢祖歸汴久居于闕下廣順初授太子太師致仕顯德元年春卒時年七十五長子鋭仕皇朝爲內職次子廣歷諸衛大將軍

李懷忠字光孝太原晉陽人父海本府軍校懷忠形質魁壯初事唐莊宗隸于保衛軍夾城之役懷忠率先登城以功補本軍副兵馬使莊宗平定山東累遷保衛軍使天成中歷陝府許州滄州都指揮使遙領辰州刺史清泰初以河西蕃部寇鈔命懷忠屯方渠晉祖受命以懷忠故人召典禁兵三遷護聖左右廂

都指揮使遙領壽州節度使檢校太保未幾爲同州節度使檢校太傅少帝嗣位入爲右羽林統軍改左武衞上將軍廣順中以太子太傅致仕三年夏卒年六十六詔贈太子太師

白文珂字德溫太原人也曾祖辯父君成遼州刺史文珂初事後唐武皇補河東牙將改遼州副使莊宗嗣位轉振武都指揮使天成中鎮州節度使王建立表爲本州馬步軍都指揮使遙授舒州刺史檢校司空歷青州魏府都指揮使歷瀛蔚忻代四州刺史領代州日兼蕃漢馬步都部署漢高祖鎮幷門表爲副留守檢校太保漢國初建授河中節度使西南面招討使檢校太傅漢祖定兩京改天平軍節度使加同平章事未幾鎮陝州檢校太師會河中李守貞叛詔充河中府行營都部署時文珂已老朝議恐非守貞之敵乃命太祖西征河中平文珂授西京留守河南尹太祖踐阼加兼中書令頃之以太子太師致仕世宗卽位封晉國公顯德元年卒于西京年七十九輟視朝一日子廷誨仕皇朝歷諸衞將軍卒

白延遇字希望太原人也幼畜于晉之公宮年十三從晉祖伐蜀以趫悍見稱晉有天下歷典禁軍累遷至檢校司空天福中晉祖在鄴安重榮叛于鎮州帥衆數萬詣闕而來晉祖命杜重威統諸將以禦之時延遇不預其行乃泣告晉祖願以身先許之及陣于宗城延遇率其屬先犯之斬級數十戰既酣而劍亦折諸將由是推伏晉祖聞之卽命中使以寶劍良馬賜之常山平以功授檢校司徒充馬軍左廂都校後出爲汾州刺史還復州防禦使國初加檢校太保尋受代歸闕屬太祖親征兗海以延遇爲先鋒都校兗州平授齊州防禦使歲餘改兗州防禦使在兗二年爲政有聞人甚安之州民數百詣闕乞立德政碑以頌其美顯德二年冬世宗命宰臣李穀爲淮南道軍都部署乃詔延遇爲先鋒都校三年春帥其所部與韓令坤先入揚州軍聲甚振尋命以別部屯于盛唐前後敗淮賊萬餘衆四年夏世宗迴自壽春制以延遇爲同州節度使未赴任復命帥衆南征是年冬以疾卒于濠州城下詔贈太尉

唐景思秦州人也幼以屠狗爲業善角觝戲初事僞蜀爲軍校唐同光中莊宗

命魏王繼岌帥師伐蜀時景思以所部戍于固鎮首以其城降于繼岌乃授興州刺史爲貝州行軍司馬屬契丹攻其城因陷于幕庭趙延壽素知其名令隸于帳下署爲所部壕砦使開運末契丹據中原以景思爲亳州防禦使領事之日會草寇數萬攻圍其城景思悉力以拒之後數日城陷景思挺身而出使人告于隣郡得援軍數百逐其草寇復有其城亳民賴是以濟漢初改授鄧州行軍司馬常鬱鬱不得志後受代歸闕乾祐中命景思爲沿淮巡檢使屢挫淮賊時史宏肇淫刑黷貨多織羅南北富商殺之奪其財大開告密之門景思部下有僕夫希求無厭雖委曲待之不滿其心一日拂衣而去見宏肇言景思受淮南厚賂私貯器械欲爲內應宏肇即令親吏率三十騎往收之告者謂收吏曰景思多力十夫之敵也見便殺之不然則無及矣收騎至景思迎接有欲擒之者景思以兩手抱之大呼曰冤哉景思何罪設若有罪死亦非晚何不容披雪公等皆丈夫安忍如此都將命釋之引告者面證景思言受淮南賂景思曰我從人家人並在此若有十緡貯積亦是受賂言我貯甲仗除官賜外有一事亦

珍倣宋版印

是私貯使者搜索其家惟衣一笥軍籍糧簿而已乃寬之景思曰使但械繫送我入京先是景思別有紀綱王知權者在京聞景思被誣乃見史宏肇曰唐景思赤心爲國某服事三十年孝于父母義于朋友被此誣罔何以伸陳某請先下獄願公追劾景思免至冤橫宏肇愍之令在獄日與酒食景思旣桎梏就路賴亳之人隨至京師衆保證之宏肇乃令鞫告事者具伏誣陷卽斬之遂奏釋景思顯德初河東劉崇帥衆來寇世宗親總六師以禦之及陣于高平景思于世宗馬前距踴數四且曰願賜臣堅甲一領以覩臣之効用世宗由是知其名因以高平陣所得降軍數千人署爲効順指揮命景思董之使于淮上三年春世宗親征淮甸景思繼有戰功乃命遙領饒州刺史未幾改授濠州行刺史令帥衆攻圍濠州四年冬因力戰爲賊鋒所傷數日而卒世宗甚憫之詔贈武清軍節度使

史臣曰自古爲人臣者望重則必危功崇則難保自非賢者疇能免之況王鄴帥昧明哲之規周太祖乃雄猜之主欲無及禍其可得乎自福進而下皆將帥

舊五代史卷一百二十四考證

周列傳四王殷傳瀛州人　案歐陽史作大名人

劉詞傳轉劍直指揮使　案歐陽史作長劍指揮使

贈中書令　案歐陽史作贈侍中據是書則詞以兼侍中贈中書令非贈侍中也疑歐陽史誤

史彥超傳與虎捷都指揮使何徽戍晉州　案歐陽史作彥超遷虎捷都指揮使與是書異

史懿傳本名犯太祖廟諱故改焉　案本名二句疑爲後人竄入攷懿名匡懿避宋太祖御名故去匡字薛史成于開寶六年不應豫稱爲太祖或係宋人讀是書者附注于後遂混入正文也

舊五代史卷一百二十四考證

珍倣宋版印

# 舊五代史卷一百二十五

宋門下侍郎參知政事監修國史薛居正等撰

## 周書第十六

### 列傳五

趙暉字重光澶州人也弱冠以驍果應募始隸于莊宗帳前與大梁兵經百餘戰以功遷馬直軍使同光中從魏王破蜀命暉分統所部南戍蠻陬明宗卽位徵還授禁軍指揮使晉有天下參掌衞兵從馬全節圍安陸佐杜重威戰宗城皆有功改奉國指揮使開運末以部兵屯于陝屬契丹入汴慨然有憤激之意及聞漢祖建義于幷門乃與部將王晏侯章戮力叶謀逐契丹所命官屬據有陝州卽時馳騎聞于漢祖（通鑑契丹主賜趙暉詔卽以爲保義留後暉斬契丹使者焚其詔遣支使河間趙矩奉表晉陽）漢祖乃命暉爲保義軍節度陝虢等州觀察處置等使漢祖之幸東京路出于陝暉戎服朝于路左手控六飛達于行宮君臣之義如舊結焉旋加檢校太尉乾祐初移鎭鳳翔加同平章事屬王景崇叛據岐山及期不受代朝廷卽命暉爲西

南面行營都部署統兵以討之時李守貞叛于蒲趙思綰據于雍與景崇皆遞相爲援又引蜀軍出自大散關勢不可遏暉領兵數千數戰而勝然後塹而圍之暉屢使人挑戰賊終不出乃潛使千餘人于南城一舍之外擐甲執兵僞爲蜀兵旗幟循南山而下詐令諸軍聲言川軍至矣須臾西南塵起城中以爲信乃令數千人潰圍而出以爲應援暉設伏而待一鼓而盡殪之自是景崇膽破不復敢出明年春拔之加檢校太保兼侍中國初就加兼中書令三年春拜章請覲詔從之入朝授歸德軍節度使顯德元年受代歸闕以疾告老授太子太師致仕進封秦國公尋卒于其第年六十七制贈尙書令

王守恩字保信太原人父建立潞州節度使封韓王晉書有傳守恩以門蔭幼爲內職遷懷衛二州刺史後歷諸衛將軍開運末契丹陷中原守恩時因假告歸于潞時潞州節度使張從恩懼契丹之威將朝于契丹以守恩婚家甚倚信之乃移牒守恩請權爲巡檢使從恩旣去守恩以潞城歸于漢祖仍盡取從恩之家財（通鑑云從恩以副使趙行遷知留後牒守恩權巡檢使與高防佐之高防與守恩謀遣指揮使李萬超白晝率衆大譟斬趙行遷推守恩權知

珍倣宋版印

昭義留後守恩殺契丹使者舉鎮來降宋史李萬超傳云張從恩將棄城歸契丹會前驍衛將軍王守恩服喪私第從恩即委以後事遁去及契丹使至專領郡務守恩遂無所預萬超奮然謂其部下曰我輩垂餌虎口苟延旦夕之命今欲殺使保其城非止逃生亦足建勳業汝曹能乎衆皆躍然喜曰敢不唯命遂率所部大譟入府署殺其使推守恩爲帥列狀以聞漢祖從其請乃命史宏肇統兵先渡河至潞見萬超語之曰收復此州公之力也吾欲殺守恩以公爲帥可乎萬超對曰殺契丹使以推守恩蓋爲社稷計耳今若賊害于人自取其利非宿心也宏肇大奇之漢祖即以守恩爲昭義軍節度使漢有天下移鎮邠寧加同平章事乾祐初遷永興軍節度使時趙思綰已據長安乃改授西京留守守恩性貪鄙委任羣小以掊斂爲務雖病廢殘瘵者亦不免其稅率人甚苦之洛都嘗有豪士爲二姓之會守恩乃與伶人數輩夜造自爲賀客因獲百數匆而退太祖迴自河中駐軍于洛陽詔以白文珂代之守恩甚懼而洛人有曾爲守恩非理割剝者皆就其第徵其舊物守恩一一償之及赴闕止奉朝請而已乾祐末既殺史宏肇等漢少帝召羣臣上殿以諭之時守恩越班而颺言曰陛下今日始睡覺矣其出言鄙俚如此國初授左衛上將軍顯德初改右金吾衛上將軍封許國公二年冬昇疾歸洛而卒五代史補周高祖爲樞密鳳翔永興河中三鎮反高祖帶職出討之迴戈路由洛陽時王守恩爲留守以使相自專乘檐子迎高祖于郊外高祖遙見大怒且疾驅入于公館

久之始令人傳旨托以方俗守恩不知其怒但安坐俟久時白文珂在高祖麾下召而謂曰王守恩乘檐子俟吾誠無禮也安可久爲留守汝宜急去代之文珂不敢違于是即時禮上頃之吏馳去報守恩曰白侍中受樞密命爲留守訖守恩大驚奔馬而歸但見家屬數百口皆被逐于通衢中百姓莫不聚觀其亦有乘便號叫索取貸錢物者高祖使吏籍其數立命償之家財爲之一空朝廷悚然不甚爲理

孔知濬字秀川徐州滕縣人故太子太師致仕勍之猶子也父延緘左武衛大將軍致仕年九十餘卒知濬仕梁爲天興軍使同光末勍鎭昭義時莊宗用唐朝故事以黃門爲監軍皆特恩暴橫節將不能制明宗鄴城之變諸鎭多殺監軍時監潞者懼誅欲誘鎭兵謀變知濬伏甲于室淩晨監軍來謁執而殺之軍城遂寧明宗嘉之洎勍罷鎭以知濬爲澤州刺史入爲左驍衛大將軍長興清泰中歷唐復成三郡刺史晉高祖卽位用爲奉國右廂都指揮使領舒州刺史從征范延光于鄴還宿州團練使俄改隴州防禦使開運中移刺鳳州累官至檢校太傅河池據關防之要密邇邛蜀兵少勢孤知濬撫士得宜人皆盡力故西疆無牧圉之失契丹主稱制署滑州節度使漢祖受命自鎭入朝隱帝嗣位授密州防禦使踰歲以疾受代歸朝廣順三年冬卒于京師

珍做宋版印

王繼宏冀州南宮人少嘗爲盜攻剽閭里爲吏所拘械繫于鎮州獄會赦免死配隸本軍時明宗作鎮致之麾下晉高祖爲明宗將署爲帳中小校天福中爲六軍副使性負氣不遜禁中與同列忿爭出配義州軍歲餘爲奉國指揮使從契丹主至相州遂令以本軍戍守契丹主留高唐英爲相州節度使唐英善待繼宏每候其第則升堂拜繼宏之母贈遺甚厚倚若親戚又給以兵仗略無猜忌會契丹主死漢祖趨洛唐英遣使歸款漢祖大悅將厚待唐英使未迴繼宏與指揮使樊暉等共殺唐英繼宏自稱留後令判官張易奉表于漢祖人或責以見利忘義繼宏曰吾儕小人也若不因利乘便以求富貴畢世以來未可得志也及漢祖征杜重威至德清軍繼宏來朝乃正授節旄是歲就加檢校太傅節度判官張易每見繼宏不法必切言之繼宏以爲輕己乾祐中因事誣奏殺之尋又害觀察推官張制漢末移鎮貝州就加檢校太尉廣順初加同平章事三月六日移鎮河陽會永壽節入覲遇疾卒于京師詔贈侍中子永昌仕皇朝歷內諸司使

馮暉魏州人也始爲効節軍士拳勇騎射行伍憚之初事楊師厚爲隊長唐莊宗入魏以銀槍効節爲親軍與梁人對壘河上暉以犒給稍薄因竄入南軍梁將王彥章寘之麾下莊宗平河南暉首罪赦之從明宗征潞州誅楊立有功又從魏王繼岌伐蜀蜀平授夔州刺史時荆州高季興叛以兵攻其城暉拒之屢敗荆軍長興中爲興州刺史以乾渠爲治所會兩川叛蜀人來侵暉以衆寡不敵奔歸鳳翔朝廷怒其失守詔于同州衙職安置未幾從晉高祖討蜀蜀人守劍門領部下兵踰越險阻從他道出于劍門之左掩擊之殺守兵殆盡會晉祖班師朝廷以暉爲澶州刺史晉天福初范延光據鄴叛以暉爲馬步都將孫銳爲監軍自六明鎮渡河將襲滑臺尋爲官軍所敗暉退歸鄴爲延光城守明年秋暉因出戰而降授滑州節度使檢校太傅鄴平移鎮靈武初張希崇鎮靈州以久在蕃疆頗究邊事數年之間侵盜並息希崇卒未有主帥蕃部寇鈔無復畏憚朝廷以暉強暴之名聞于遐徼故以命之及暉到鎮大張宴席酒殽豐備部衆告醉爭陳獻賀暉皆以錦綵酬之蕃情大悅党項拓拔彥昭者州界部族

之大者暉至來謁厚加待遇仍爲治第豐其服玩因留之不令歸部河西羊馬由是易爲交市暉朞年得馬五千匹而蕃部歸心朝議患之隆平集藥元福傳西戎三族攻靈州命元福佐朔方節度使馮暉討之朔方距威州七百里地無水草謂之旱海攜糧至暉食盡詰朝行四十里而敵騎數萬扼要路暉大懼遣人致賂求成雖許及日中猶未決暉曰奈何元福曰彼正欲困我耳察其勢敵雖衆特依西山而陣者其精兵也請以驍銳先薄西山彼或少怯當舉黃旗爲識暉善其謀斬馘殆盡

晉開運初桑維翰輔政欲圖大舉以制北方命將佐十五人皆列藩之帥也惟暉不預其數乃上章自陳且言未老可用而制書見遺詔報云非制書忽忘實以朔方重地蕃部窺邊非卿雄名何以彈壓比欲移卿內地受代亦須奇才暉得詔甚喜又達情乞移鎮邠州卽以節旄授之行未及邠又除陝州暉獻馬千匹駝五百頭在陝未幾除侍衞步軍都指揮使兼領河陽卽以王令溫爲靈武節度使暉既典禁兵兼領近鎮爲朝廷縻留頗悔離靈武及馮玉李彥韜用事暉善奉之未幾復以暉爲朔方節度使加檢校太師漢高祖革命就加同平章事隱帝嗣位加兼侍中國初加中書令封陳留王廣順三年夏病卒年六十追贈衞王子繼業朔方衙內都虞候暉亡三軍請知軍府事因授檢校太保充

朔方兵馬留後皇朝乾德中移于內地今爲同州節度使

高允權延州人祖懷遷本郡牙將懷遷生二子長曰萬與次曰萬金梁唐之間爲延州節度使卒于鎮允權卽萬金子也雖出于將門不嫻武藝起家爲義川主簿歷膚施縣令罷秩歸延州之第晉開運末以周密爲延帥延有東西二城其中限以深澗及契丹入汴一日州兵亂攻密密固守東城亂兵旣無帥亦無敢爲帥者或曰取高家西宅郎君爲帥可也是夜未曙允權方寢亂軍排闥請知留後事遂居于西城與密相拒數日河東遣供奉官陳光穗宣撫河西允權乃遣支使李彬奉表太原周密棄東城而去漢祖遣使就加允權檢校太傅仍正授旄鉞漢祖入汴允權屢修貢奉隱帝卽位加檢校太尉同平章事允權與夏州李彝興不協其年李守貞據河中叛密搆彝興爲援及朝廷用兵夏州軍過延州允權上章論列彝興亦紛然自訴朝廷賜詔和解之太子太師致仕劉景巖允權妻之祖也退老于州之別墅景巖舊事高氏爲牙校亦嘗爲延帥甚得民心景巖以允權婚家後輩心輕之允權恆忌其強是歲冬盡殺景巖之家

珍倣宋版印

收其家財萬計以謀叛聞朝廷不能辨關西賊平方面例覃恩命就加允權檢校太師太祖卽位加兼侍中廣順三年春卒其子紹基匿喪久之又擅主軍政欲邀承襲觀察判官李彬以爲不可當聽朝旨紹基與羣小等惡其異議乃殺彬給奏云彬接搆內外謀殺都指揮使及行軍副使自據城池已誅戮訖其妻子及諸房骨肉尋令捕繫次太祖聞之詔並釋之仍令都送汝州安置後朝廷令六宅使張仁謙往巡檢紹基乃發喪以聞輟視朝兩日

折從阮字可久本名從遠避漢高祖舊名下一字故改焉代家雲中父嗣倫爲麟州刺史累贈太子太師從阮性温厚弱冠居父喪以孝聞唐莊宗初有河朔之地以代北諸部屢爲邊患起從阮爲河東牙將領府州副使同光中授府州刺史長興初入朝明宗以從阮洞習邊事加檢校工部尙書復授府州刺史晉高祖起義以契丹有援立之恩賂以雲中河西之地從阮由是以郡北屬旣而契丹欲盡徙河西之民以實遼東人心大擾從阮因保險拒之晉少帝嗣位北絕邊好乃遣使持詔諭從阮令出師明年春從阮率兵深入邊界連拔十餘砦

開運初加檢校太保遷本州團練使其年兼領朔州刺史安北都護振武軍節度使契丹西南面行營馬步都虞候漢祖建號晉陽引兵南下從阮率衆歸之尋升府爲永安軍析振武之勝州並沿河五鎭以隸焉授從阮光祿大夫檢校太尉永安軍節度府勝等州觀察處置等使仍賜功臣名號乾祐元年加特進檢校太師明年春從阮舉族入覲朝廷命其子德扆爲府州團練使授從阮武勝節度使太祖受命加同平章事尋移鎭滑州又改陝州二年冬授靜難軍節度使世宗即位就加兼侍中以年老上章請代優詔許之顯德二年冬赴闕行次西京以疾卒時年六十四制贈中書令

王饒字受益慶州華池人也父柔以饒貴累贈太尉饒沈毅有才幹始事晉高祖天福初授控鶴軍使稍遷奉國軍校累加檢校尚書左僕射六年從杜重威平常山以功加檢校司空還本軍都校領鄆州刺史時安從進叛于襄陽晉祖命高行周率兵討之以饒爲行營步軍都指揮使賊平授深州刺史逾年復入爲奉國都校加檢校司徒領欽州刺史未幾改本軍右廂都指揮使領閬州團

練使晉末契丹據中原漢祖建義于晉陽尋克復諸夏惟常山郡爲契丹所據時饒在其郡乃與李筠白再榮之儔承閒竊發盡逐其黨漢祖嘉之授鄜州觀察留後加光祿大夫賜爵開國侯復移授鎮國軍節度使加檢校太傅國初就加同平章事賜推誠奉義翊戴功臣顯德初以郊丘禮畢加檢校太尉移鎮貝州世宗嗣位加兼侍中改彰德軍節度使滿歲受代入奉朝請顯德四年冬以疾卒于東京之私第年五十九追封巢國公饒性寬厚體貌詳雅所莅藩鎮民皆便之每接賓佐必怡聲緩氣恂恂如也故士君子亦以此多之

孫方諫鄭州清苑縣人也本名方簡廣順初以犯廟諱故改焉定州西北二百里有狼山山上有堡邊人賴之以避剽掠之患因中置佛舍有尼深意者俗姓孫氏主其事以香火之教聚其徒聲言尸不壞因復以衣襟瞻禮信奉有同其生方諫即其宗人也嗣行其教率衆不食葷茹其黨推之爲砦主晉開運初定帥表爲邊界遊奕使宋史孫行友傳方諫懼主帥捕逐乃表歸朝因署爲東北面招收指揮使且賜院額曰勝福每契丹軍來必率其徒襲擊之鎧丈畜產所得漸多人益依以避難焉易定帥聞于朝因以方諫爲邊界遊奕使行友副之自是捍禦多所殺獲乘勝入祁溝關平庸城破飛狐塞契

丹頗畏之求請多端因少不得志潛通于契丹契丹之入中原也以方諫爲定州節度使尋以其將耶律忠代之改方諫雲州節度使方諫恚憤與其黨歸狼山不受契丹命漢初契丹隳定州城壘燒爇廬舍盡驅居民而北中山爲之一空方諫自狼山率其部衆迴保定州上表請命漢祖嘉之卽授以節鉞累官至使相太祖受命加兼侍中未幾改華州節度使朝廷以其弟行友爲定州留後宋史云行友上言偵得契丹離合願得勁兵三千乘閒平定幽州乃移方諫鎮華州以行友爲定州留後又以弟議爲德州刺史兄弟子姪職內廷者凡數人世宗嗣位史彥超代之車駕駐蹕于并門方諫自華覲于行在從大駕南巡以疾就醫于洛下尋授同州節度使加兼中書令未及赴任以疾卒于洛陽年六十二輟視朝兩日詔贈太師其弟行友繼爲定州節度皇朝乾德中以其妖妄惑衆詔毀狼山佛寺遷其尼朽骨赴京遣焚于北郊以行友爲諸衛大將軍自是祆徒遂息焉續通鑑長編建隆二年八月義成節度使同平章事孫行友在鎮逾八年而狼山妖尼深意黨益盛上初卽位行友不自安累表乞解官歸山上不許行友懼乃繕治甲兵將棄其孥還據山寨以叛兵馬都監樂繼能密奏其事上遣閤門副使武懷節馳騎會鎮趙之兵僞稱巡邊直入定州行友不之覺既而出詔示之令舉族歸朝行友倉皇聽命既至命侍御史李維岳卽訊得實己酉制削奪行友

官爵禁錮私第取尼深意尸焚之都城西北隅行友弟易州刺史方進姪保塞軍使全暉皆詣闕待罪詔釋之

史臣曰昔晉之季也敵騎長驅中原無主漢祖雖思拯溺未果圖南趙暉首變陝郊同扶義舉漢之興也暉有力焉命以作藩斯無媿矣守恩乘時効順雖有可觀好利殘民夫何足貴允權方諫因版蕩之世竊屏翰之權比夫畫雲臺之功臣何相去之遠也

舊五代史卷一百二十五

舊五代史卷一百二十五考證

周列傳五高允權傳祖懷遷　懷遷原本作懷遠今據歐陽史改正

孫方諫傳又以弟議爲德州刺史　弟議宋史作行義

舊五代史卷一百二十五考證

# 舊五代史卷一百二十六

宋門下侍郎參知政事監修國史薛居正等撰

## 周書第十七

### 列傳六

馮道字可道瀛州景城人其先爲農爲儒不恆其業道少純厚好學善屬文不恥惡衣食負米奉親之外惟以披誦吟諷爲事雖大雪擁戶凝塵滿席湛如也天祐中劉守光署爲幽州掾守光引兵伐中山訪于僚屬道常以利害箴之守光怒寘于獄中尋爲人所救免守光敗遁歸太原監軍使張承業辟爲本院巡官承業重其文章履行甚見待遇時有周元豹者善人倫鑒與道不洽謂承業曰馮生無前程公不可過用時河東記室盧質聞之曰我曾見杜黃裳司空寫眞圖道之狀貌酷類焉將來必副大用元豹之言不足信也承業尋薦爲霸府從事俄署太原掌書記時莊宗併有河北文翰甚繁一以委之莊宗與梁軍夾河對壘一日郭崇韜以諸校伴食數多主者不辦請少罷減莊宗怒曰孤爲効

命者設食都不自由其河北三鎮令三軍別擇一人爲帥孤請歸太原以避賢路遽命道對面草詞將示其衆道執筆久之莊宗正色促焉道徐起對曰道所掌筆硯敢不供職今大王屢集大功方平南寇崇韜所諫未至過當阻拒之則可不可以向來之言諠動羣議敵人若知謂大王君臣之不和矣幸熟而思之則天下幸甚也俄而崇韜入謝因道爲之解焉人始重其膽量莊宗卽位鄴宮除省郎充翰林學士自綠衣賜紫梁平遷中書舍人戶部侍郎丁父憂持服于景城（談苑道聞父喪卽徒步見星行家人從後持衣囊追及之）以遇歲儉所得俸餘悉賑于鄉里道之所居惟蓬茨而已凡牧宰饋遺斗粟匹帛無所受焉時契丹方盛素聞道名欲掠而取之會邊人有備獲免明宗入洛遽謂近臣安重誨曰先帝時馮道郎中何在重誨曰近除翰林學士明宗曰此人朕素諳委甚好宰相俄拜端明殿學士端明之號自道始也未幾遷中書侍郎刑部尚書平章事凡孤寒士子抱才業素知識者皆與引用唐末衣冠履行浮躁者必抑而鎮之有工部侍郎任贊因班退與同列戲道于後曰若急行必遺下兔園策道尋知之召贊謂曰兔園策皆

名儒所集道能諷之中朝士子止看文場秀句便爲舉業皆竊取公卿何淺狹之甚耶贊大愧焉歐陽史云兎園策者鄉校俚儒教田夫牧子之所誦也北夢瑣言云兎園策乃徐庾文體非鄙朴之談但家藏一本人多賤之困學紀聞云兎園策府三十卷唐蔣王惲令僚佐杜嗣先倣應科目策自設問對引經史爲訓注惲太宗子故用梁王兎園名其書馮道兎園策謂此也復有梁朝宰臣李琪每以文章自擅會進賀平中山王都表云復真定之逆賊道讓琪曰昨來收復定州非真定也琪昧于地理頓至折角其後百僚上明宗徽號凡三章道自爲之其文渾然非流俗之體舉朝服焉道尤長于篇詠秉筆則成典麗之外義含古道必爲遠近傳寫故漸畏其高深由是班行肅然無澆漓之態繼改門下侍郎戶部吏部尚書集賢殿宏文館大學士加尚書左僕射封始平郡公一日道因上謁既退明宗顧謂侍臣曰馮道性純儉頃在德勝寨居一茅菴與從人同器食臥則芻藁一束其心晏如也及以父憂退歸鄉里自耕樵採與農夫雜處略不以素貴介懷真士大夫也天成長興中天下屢稔朝廷無事明宗每御延英留道訪以外事道曰陛下以至德承天天以有年表瑞更在日慎一日以答天心臣每記在先皇霸府日曾奉使中山徑井陘之險憂

馬有蹶失不敢怠于銜轡及至平地則無復持控果爲馬所顛仆幾至于損臣所陳雖小可以喻大陛下勿以清晏豐熟便縱逸樂兢兢業業臣之望也明宗深然之他日又問道曰天下雖熟百姓得濟否道曰穀貴餓農穀賤傷農此常理也臣憶得近代有舉子聶夷中傷田家詩云二月賣新絲五月糶秋穀醫得眼下瘡剜卻心頭肉我願君王心化作光明燭不照綺羅筵偏照逃亡屋明宗曰此詩甚好遽命侍臣錄下每自諷之道之發言簡正善于裨益非常人所能及也時以諸經舛繆與同列李愚委學官田敏等取西京鄭覃所刊石經彫爲印版流布天下後進賴之明宗崩唐末帝嗣位以道爲山陵使禮畢出鎮同州循故事也道爲政閑澹獄市無撓一日有上介胡饒本出軍吏性麤獷因事詬道于牙門左右數報不應道曰此必醉耳因召入開尊設食盡夕而起無撓慍之色未幾入爲司空及晉祖入洛以道爲首相二年契丹遣使加徽號于晉祖晉祖亦獻徽號于契丹謂道曰此行非卿不可道無難色晉祖又曰卿官崇德重不可深入沙漠道曰陛下受北朝恩臣受陛下恩有何不可談苑云道與諸相歸中書食訖

珍倣宋版印

外廳堂吏前白道言北使事吏人色變手戰道取紙一幅署云道去即遣寫勅進堂吏泣下道遣人語妻子不復歸家即日舍都亭驛不數日北行晉祖餞宴語以家國之故煩耆德遠使自酌卮酒賜之泣下　及行將達西樓契丹主欲郊迎其臣曰天子無迎宰相之禮因止焉其名動遠俗也如此談苑云契丹賜其臣牙笏及臘日賜牛頭者為殊禮道皆得之作詩以紀曰牛頭偏得賜象笏更容持契丹主甚喜遂潛諭留意道曰南朝為子孫豈有分別哉道在契丹凡得所賜悉以市薪炭徵其意云北地苦寒老年所不堪當為之備若將久留者契丹感其意乃遣歸道三上表乞留固遣乃去猶更住館中月餘既行所至留駐凡兩月方出境左右語道曰當北土得生還恨無羽翼公獨宿留何也道曰縱急還彼以筋腳馬一夕即追及亦何可脫但徐緩即不能測矣眾乃服四年二月始至京師　及還朝廷廢樞密使依唐朝故事並歸中書其院印付道事無巨細悉以歸之尋加司徒兼侍中進魯國公晉祖嘗以用兵事問道道曰陛下歷試諸艱創成大業神武睿略為天下所知討伐不庭須從獨斷臣本自書生為陛下在中書守歷代成規不敢有一毫之失也臣在明宗朝曾以戎事問臣臣亦以斯言答之晉祖頗可其說道嘗上表求退晉祖不之覽先遣鄭王就省謂曰卿來日不出朕當親行請卿道不得已出焉當時寵遇無與為比晉少帝即位加守太尉進封燕國公道嘗問朝中熟客曰道之在政事堂人有何說客曰是非相半道曰凡人同者為是不同為

非而非道者十恐有九昔仲尼聖人也猶爲叔孫武叔所毁況道之虛薄者乎然道之所持始終不易後有人問道于少帝曰道好平時宰相無以濟其艱難如禪僧不可呼鷹耳由是出道爲同州節度使歲餘移鎮南陽加中書令契丹入汴道自襄鄧召入契丹主從容問曰天下百姓如何可救道曰此時百姓佛再出救不得惟皇帝救得其後衣冠不至傷夷皆道與趙延壽陰護之所至也是歲三月隨契丹北行與晉室公卿俱抵常山俄而北主卒永康王代統其衆及北去留其族嘉里以據常山時漢軍憤激因共逐出嘉里尋復其城道率同列四出按撫因事從宜各安其所人或推其功道曰儒臣何能爲皆諸將之力也道以德重人所取則乃爲衆擇諸將之勤宿者以騎校白再榮權爲其帥軍民由是帖然道首有力焉道在常山見有中國士女爲契丹所俘者出橐裝以贖之皆寄于高尼精舍後相次訪其家以歸之又契丹先留道與李崧和凝及文武官等在常山是歲閏七月二十九日契丹有詔追崧令選朝士十人赴木葉山行事北帥滿達勒召道等至帳所欲諭之崧偶先至知其意懼形于色滿

達勒將以明日與朝士齊遣之崧乃不俟道與凝先出既而相遇于帳門之外因與分首俱歸俄而李筠等縱火與契丹交鬭鼓噪相及是日若齊至與滿達勒相見稍或躊躇則悉爲俘矣時論者以道布衣有至行立公朝有重望其陰報昭感多此類也及自常山入覲漢祖嘉之拜守太師洛陽搢紳舊聞記贈大監張公璨漢祖即位之初爲上黨戎判漢祖在北京時大聚甲兵禁牛皮不得私貿易及民間盜用之如有牛死即時官納其皮其有犯者甚衆及即大位三司舉行請禁天下牛皮法與河東時同天下苦之會上黨民犯牛皮者二十餘人獄成罪俱當死大監時爲判官獨執曰主上欽明三司不合如此起請二十餘人死尚可使天下犯者皆銜冤而死乎且主上在河東大聚甲兵須藉牛皮嚴禁之可也今爲天下君何少牛皮立法至于此乎遂封奏之時三司使方用事執政之地除馮瀛王外皆惡之曰豈有州郡使政非朝廷詔勑力言于漢祖漢祖亦怒曰昭義一判官是何敢如此其犯牛皮者依敕俱死大監以非毀詔敕亦死敕未下獨瀛王非時請見漢祖出瀛王曰陛下在河東時斷牛皮可也今既有天下牛皮不合禁陛下赤子枉死之亦足爲陛下惜昭義判官以卑位食陛下祿居陛下官不惜軀命敢執而奏之可賞不可殺臣當輔弼之任使此敕枉害天下人性命臣不能早奏使陛下正臣罪當誅稽首再拜又曰張璨不合加罪望加勑赦之漢祖久之曰已行之矣馮瀛王曰勅未下漢祖遽曰與赦之馮曰勒停可乎上曰可由是改其敕記其略曰三司邦計國法攸依張璨體事未明執理乖當宜停見職犯皮者貸命放之大監聽宣敕訖聞敕云執理乖當尚曰中書自不能執理若一一教外道判官執理則焉用彼相乎乾祐中道奉朝請外平居自適一日著長樂老自敘云余世家宗族本始乎長樂二郡歷代之

名實具載于國史家牒余先自燕亡歸晉事莊宗明宗閔帝清泰帝又事晉高祖皇帝少帝契丹據汴京爲北主所制自鎭州與文武臣僚馬步將士歸漢朝事高祖皇帝今上顧以久叨祿位備歷艱危上顯祖宗下光親戚亡曾祖諱湊累贈至太傅亡曾祖母崔氏追封梁國太夫人亡祖諱炯累贈至太師亡祖母褚氏追封吳國太夫人亡父諱良建祕書少監致仕累贈至尚書令母張氏追封魏國太夫人余階自將仕郎轉朝議郎朝散大夫銀青光祿大夫金紫光祿大夫特進開府儀同三司職自幽州節度巡官河東節度巡官掌書記再爲翰林學士改授端明殿學士集賢殿大學士太微宮使再爲宏文館大學士又充諸道鹽鐵轉運使南郊大禮使明宗皇帝晉高祖皇帝山陵使再授定國軍節度同州管內觀察處置等使一爲長春宮使又授武勝軍節度鄧隨均房等州管內觀察處置等使官自攝幽府參軍試大理評事檢校尚書祠部郎中兼侍御史檢校吏部郎中兼御史中丞檢校太尉同中書門下平章事檢校太師兼侍中又授檢校太師兼中書令正官自行臺中書舍人再爲戶部侍郎轉兵部

侍郎中書侍郎再爲門下侍郎刑部吏部尚書右僕射三爲司空兩在中書一
守本官又授司徒兼侍中賜私門十六戟又授太尉兼侍中又授戎太傅又授
漢太師爵自開國男至開國公魯國公再封秦國公梁國公燕國公齊國公食
邑自三百戶至一萬一千戶食實封自一百戶至一千八百戶勳自柱國至上
柱國功臣名自經邦致理翊贊功臣至守正崇德保邦致理功臣安時處順守
義崇靜功臣崇仁保德寧邦翊聖功臣先娶故德州戶掾褚諱濆女早亡後娶
故景州弓高縣孫明府諱師禮女累封蜀國夫人亡長子平自祕書郎授右拾
遺工部度支員外郎次子吉自祕書省校書郎授膳部金部職方員外郎屯田
郎中第三亡子可自祕書省正字授殿中丞工部戶部員外郎第四子幼亡第
五子義自祕書郎改授銀青光祿大夫檢校國子祭酒兼御史中丞充定國軍
衙內都指揮使職罷改授朝散大夫左春坊太子司議郎太常丞第六子正自
協律郎改授銀青光祿大夫檢校國子祭酒兼御史中丞充定國軍節度使職
罷改授朝散大夫太僕丞長女適故兵部崔侍郎諱衍子太僕少卿名絢封萬

年縣君三女子早亡二孫幼亡唐長興二年勅瀛州景城縣莊來蘇鄉改爲元輔鄉朝漢里爲孝行里洛南莊貫河南府洛陽縣三州鄉靈臺里奉晉天福五年敕三州鄉改爲上相鄉靈臺里改爲中台里時守司徒兼侍中又奉八年勅上相鄉改爲太尉鄉中台里改爲侍中里時守太尉兼侍中靜思本末慶及存亡蓋自國恩盡從家法承訓誨之旨關教化之源在孝于家在忠于國口無不道之言門無不義之貨所願者下不欺于地中不欺于人上不欺于天以三不欺爲素賤如是貴如是長如是老如是事親事君事長臨人之道曠蒙天恕累經難而獲多福曾陷蕃而歸中華非人之謀是天之祐六合之內有幸者百歲之後有歸所無以珠玉含當以時服斂以籧篨葬及擇不食之地而葬焉以不及于古人故祭以特羊戒殺生也當以不害命之物祭無立神道碑以三代墳前不獲立碑故無請謚號以無德故又念自賓佐至王佐及領蕃鎮時或有微益于國之事節皆形于公籍所著文章篇詠因多事散失外收拾得者編于家集其間見其志知之者罪之者未知衆寡矣有莊有宅有羣書有三子可以襲

珍倣宋版印

其業于此日五盥日三省尚猶日知其所亡月無忘其所能爲子爲弟爲人臣爲師長爲夫爲父有子有猶子有孫奉身即有餘矣爲時乃不足不足者何不能爲大君致一統定八方誠有愧于歷職歷官何以答乾坤之施時開一卷時飲一杯食味別聲被色老安于當代耶老而自樂何樂如之時乾祐三年朱明月長樂老敘云及太祖平內難議立徐州節度使劉贇爲漢嗣遣道與祕書監趙上交樞密直學士王度等往迎之道尋與贇自徐赴汴行至宋州會澶州軍變樞密使王峻遣郭崇領兵至屯于衙門外時道與上交等宿于衙內是日贇率左右甲士闔門登樓詰崇所自崇言太祖已副推戴左右知其事變以爲爲道所賣皆欲殺道等以自快趙上交與王度聞之皆惶怖不知所爲惟道偃仰自適略無懼色尋亦獲免焉道微時嘗賦詩云終聞海嶽歸明主未省乾坤陷吉人至是其言驗矣青箱雜記載馮道詩全篇云莫爲危時便愴神前程往往有期因終聞海嶽歸明主未省乾坤陷吉人道德幾時曾去世舟車何處不通津但教方寸無諸惡狼虎叢中也立身廣順初復拜太師中書令太祖甚重之每進對不以名呼及太祖崩世宗以道爲山陵使會河東劉崇入寇世宗召大臣議欲

親征道諫止之世宗因言唐初天下草寇蜂起並是太宗親平之道奏曰陛下得如太宗否世宗怒曰馮道何相少也乃罷及世宗親征不及扈從留道奉太祖山陵時道已抱疾及山陵禮畢奉神主歸舊宮未及祔廟一夕薨于其第時顯德元年四月十七日也享年七十有三世宗聞之輟視朝三日冊贈尚書令追封瀛王諡曰文懿道歷任四朝三入中書在相位二十餘年以持重鎮俗爲己任未嘗以片簡擾于諸侯平生甚廉儉逮至末年閨庭之內稍徇奢靡其子吉尤恣狂蕩道不能制識者以其不終令譽咸歎惜之五代史補馮道之鎮同州也有酒務吏乞以家財修夫子廟道以狀付判官參詳其事判官素滑稽因以一絕書判後云荊棘森森遶杏壇儒官高貴盡偷安若教酒務修夫子覺我慚惶也大難道覽之有愧色因出俸重創之　馮瀛王道之在中書也有舉子李導投贄所業馮相見之戲謂曰老夫名道其來久矣加以累居相府秀才不可謂不知然亦名導于禮可乎李抗聲對曰相公是無寸底道字小子有寸底導字何謂不可也公笑曰老夫不惟名無寸諸事亦無寸吾子可謂知人矣了無怒色　馮吉瀛王道之子能彈琵琶以皮爲絃世宗嘗令彈于御前深欣善之因號其琵琶曰遶殿雷也道以其惰業每加譴責而吉攻之愈精道益怒凡與客飲必使庭立而彈之曲罷或賜以束帛命背負之然後致謝道自以爲戒最極矣吉未能悛改既而益自若道度無可奈何歎曰百工之司藝而身賤理使然也此子不過太常少卿耳其後果終于此

史臣曰道之履行鬱有古人之風道之宇量深得大臣之體然而事四朝相六帝可得爲忠乎夫一女二夫人之不幸況于再三者哉所以飾終之典不得諡爲文貞文忠者蓋謂此也

舊五代史卷一百二十六

舊五代史卷一百二十六考證

周列傳六馮道傳謚曰文懿　案五代通錄作謚文愍見通鑑攷異

嘉里舊作解里今改　滿達勒舊作麻荅今改

舊五代史卷一百二十六考證

舊五代史卷一百二十七

宋門下侍郎參知政事監修國史薛居正等撰

周書第十八

列傳七

盧文紀字子持京兆萬年人案此下有闕文長與末爲太常卿文紀形貌魁偉語音高朗占對鏗鏘健于飲啖奉使蜀川路由岐下時唐末帝爲岐帥以主禮待之覩其儀形旨趣遇之頗厚清泰初中書闕輔相末帝訪之于朝左右曰臣見班行中所譽當大拜者姚顗盧文紀崔居儉耳或品藻三人才行其心愈惑末帝乃俱書當時清望達官數人姓名投琉璃缾中月夜焚香禱請于天旭旦以筯挾之首得文紀之名次即姚顗末帝素已奇待歡然命之即授中書侍郎同平章事與姚顗同升相位時朝廷兵革之後宗社甫寧外寇內侵強臣在境文紀處經綸之地無輔弼之謀所論者親愛朋黨之小瑕所糾者銓選擬掄之微纇時有蜀人史在德爲太常丞出入權要之門評品朝士多有譏彈乃上章云文武

兩班宜選能進用見在軍都將校朝廷士大夫並請閱試澄汰能者進用否者黜退不限名位高下疏下中書文紀以爲非己怒甚召諫議盧損爲覆狀辭旨蕪漫爲衆所嗤三年夏晉祖引契丹拒命既而大軍挫衂官寨受圍八月親征過徽陵拜于闕下休于仗舍文紀扈從帝顧謂之曰朕聞主憂臣辱予自鳳翔來首命卿爲宰相聽人所論將爲便致太平寇孽紛紛令萬乘自行戰賊于汝安乎文紀惶恐致謝時末帝季年天奪其魄聲言救寨其實倦行初次河陽召文紀張延朗謀議文紀曰敵騎倐往忽來無利則去大寨牢固足以枝梧況已有三處救兵可以不戰而解使人督促責以成功輿駕且駐河橋詳觀事勢況地處舟車之要正當天下之心必若未能解圍去亦非晚會延朗與趙延壽款密傍奏曰文紀之言是也故令延壽北行末帝坐俟其敗晉祖入洛罷相爲吏部尚書再遷太子少傅少帝嗣位改太子太傅漢祖登極轉太子太師時朝官分司在洛雖有留臺御史紀綱亦多不整肅遂敕文紀別令檢轄侍御史趙礪及糾分司朝臣中有行香拜表疎怠者楊邠怒凡疾病不在朝謁者皆與致仕

官時文紀別令檢轄之職頗甚滋章因疾請假復爲留臺所奏遂以本官致仕歐陽史周太祖入立卽拜司空于家廣順元年夏卒年七十六贈司徒輟視朝一日文紀平生積財巨萬及卒爲其子龜齡所費不數年間以至蕩盡由是多藏者以爲誡焉

馬裔孫字慶先棣州商河人案此下有闕文唐末帝卽位用爲翰林學士戶部郎中知制誥賜金紫未滿歲改中書舍人禮部侍郎皆帶禁職尋拜中書侍郎平章事裔孫純儒性多凝滯遽登相位未悉朝廷舊事初馮道罷同州入朝拜司空唐朝故事三公爲加官無單拜者是時朝議率爾命道制出或曰三公正宰相便合參大政又云合受冊衆言藉藉盧文紀又欲祭祀時便令掃除馮道聞之曰司空掃除職也吾無所憚既而知非乃止劉昫爲僕射性剛羣情嫉之乃共贊右常侍孔昭序論行香次第言常侍侍從之臣行立合在僕射之前疏奏下御史臺定例同光已來李琪盧質繼爲僕射質性輕脫不能守師長之體故昭序輕言裔孫以羣情不悅劉昫馮道欲微抑之乃責臺司須檢則例而臺吏言舊不見例據南北班位卽常侍在前俄屬國忌將就列未定裔孫卽判臺狀曰既

有援據足可遵行各示本官劉昫怒揮袂而退自後日責臺司定例崔居儉謂南宮同列曰從昭序言語是朝廷人總不解語也且僕射師長也中丞大夫就班修敬常侍班在南宮六卿之下況僕射乎已前騎省年深望南宮二侍郎如仰霄漢癡人舉止何取笑之深耶衆聞居儉言紛議稍息文士哂裔孫堂判有援據二字其中書百職裔孫素未諳練無能專決但署名而已又少見賓客時人目之爲三不開謂口不開印不開門不開也及太原事起唐末帝幸懷州裔孫留司在洛未幾趙德鈞父子有異志官砦危急君臣計無所出俄而裔孫自洛來朝衆相謂曰馬相此來必有安危之策既至獻綾三百疋卒無獻可之言晉祖受命廢歸田里裔孫好名慕韓愈之爲人尤不重佛及廢居里巷追感唐末帝平昔之遇乃依長壽僧舍讀佛書冀申冥報歲餘枕藉黃卷中見華嚴楞嚴詞理富贍由是酷賞之仍抄撮之相形于歌詠謂之法喜集又纂諸經要言爲佛國記凡數千言或嘲之曰公生平以傳奕韓愈爲高識何前倨而後恭是佛佞公耶公佞佛耶裔孫笑而答曰佛佞予則多矣李崧相晉用李專美爲贊

善裔孫以賓客致仕專美轉少卿裔孫得太子詹事晉漢公卿以裔孫好為文章皆欣然待之太祖卽位就加檢校禮部尚書太子賓客分司在洛每閑關養素惟事謳吟著述嗜八分書題尺酬答必親札以衒其墨蹟裔孫將卒之前覩白虺緣于庭槐軀之失所在裔孫感賦鵩之文作槐蟲賦以見志廣順三年秋七月卒于洛陽詔贈太子少傅輟視朝一日裔孫初為河中從事因事赴闕宿于邏店其地有上邏神祠夜夢神見召待以優禮手授二筆其筆一大一小覺而異焉及為翰林學士裔孫以為契鴻筆之兆旋知貢舉私自謂曰此二筆之應也洎入中書上事堂吏奉二筆熟視大小如昔時夢中所授者及卒後旬日有侍婢靈語一如裔孫聲氣處分家事皆有倫理時人奇之

和凝字成績汶陽須昌人也九代祖逢堯唐高宗時為監察御史自逢堯之下仕皆不顯曾祖敞祖濡皆以凝貴累贈太師父矩贈尚書令矩性嗜酒不拘禮節雖素不知書見士未嘗有慢色必罄家財以延接凝幼而聰敏姿狀秀拔神采射人少好學書一覽者咸達其大義年十七舉明經至京師忽夢人以五色

第一束以與之謂曰子有如此才何不舉進士自是才思敏贍十九登進士第滑帥賀瓌知其名辟寘幕下凝善射時瓌與唐莊宗相拒于河上戰胡柳陂瓌軍敗而北惟凝隨之瓌顧曰子勿相隨當自努力凝對曰丈夫受人知有難不報非素志也但恨未有死所旋有一騎士來逐瓌凝叱之不止遂引弓以射應弦而斃瓌獲免既而謂諸子曰昨非和公無以至此和公文武全才而有志氣後必享重位爾宜謹事之遂以女妻之由是聲望益隆後歷鄆鄧洋三府從事唐天成中入拜殿中侍御史歷禮部刑部員外郎改主客員外郎知制誥尋召入翰林充學士轉主客郎中充職兼權知貢舉貢院舊例放牓之日設棘于門及閉院門以防下第不逞者凝令徹棘啓門是日寂無喧者所收多才名之士時議以爲得人澠水燕談范質初舉進士時和凝知貢舉凝常以宰輔自期登第之日名第十三人及覽質文尤加賞歎即以第十三名處之場屋間謂之傳衣鉢若禪宗之相付授也後質果繼凝登相位明宗益加器重遷中書舍人工部侍郎皆充學士晉有天下拜端明殿學士兼判度支轉戶部侍郎會廢端明之職復入翰林充承旨晉祖每召問以時事言皆稱旨五年拜中書侍郎平章事六年秋晉高

祖將幸鄴都時襄州安從進反狀已彰凝乃奏曰車駕離闕安從進或有悖逆何以待之晉高祖曰卿意如何凝曰以臣料之先人有奪人之心臨事卽不及也欲預出宣勅十數道密付開封尹鄭王令有緩急卽旋填將校姓名令領兵擊之晉高祖從之及聞唐鄧奏報鄭王如所勅遣騎將李建崇監軍焦繼勳等領兵討焉相遇于湖陽從進出于不意甚訝其神速以至于敗由凝之力也少帝嗣位加右僕射開運初罷相守本官未幾轉左僕射漢興授太子太保國初遷太子太傅顯德二年秋以背疽卒于其第年五十八輟視朝兩日詔贈侍中凝性好修整自釋褐至登台輔車服僕從必加華楚進退容止偉如也又好延納後進士無賢不肖皆虛懷以待之或致其仕進故甚有當時之譽平生爲文章長于短歌艷曲尤好聲譽有集百卷自篆于版模印數百帙分惠于人焉宋朝類苑和魯公凝有艷詞一編名香奩集凝後貴乃嫁其名爲韓偓今世傳韓偓香奩集乃凝所爲也凝生平著述分爲演綸遊藝孝悌疑獄香奩籯金六集自爲遊藝集序云予有香奩籯金二集不行于世凝在政府避議論諱其名又欲後人知故于遊藝集序實之此凝之意也長子峻卒于省郎次子峴錦繡萬花谷范蜀公蒙求云和峴晉相和凝之子峴生會凝入翰林加金紫知貢舉凝喜曰我生平美事三者併集此子宜于我矣因名曰三

美仕皇朝爲司勳員外郎

蘇禹珪字元錫其先出于武功近世家高密今爲郡人也父仲容以儒學稱于鄉里唐末舉九經補廣文助教遷輔唐令累贈太師禹珪性謙和虛襟接物克搆父業以五經中第辟遼州倅職歷青鄆從事轉潞幷管記累檢校官至戶部郎中漢高祖作鎮幷門奏爲兼判開運末契丹入汴漢祖卽位于晉陽授中書侍郎平章事漢祖莅阼兼刑部尚書俄加右僕射集賢殿大學士漢祖大漸與蘇逢吉楊邠等受顧命立少主明年轉左僕射三年冬太祖入平內難禹珪遁入都城爲兵士所擄翼日太祖令人求之既見撫慰甚至尋復其位國初加守司空尋罷相守本官世宗嗣位封莒國公未幾受代歸第顯德三年正月旦與客對食之際暴疾而卒時年六十二禹珪純厚長者遭遇漢祖及蘇逢吉夷滅禹珪恬然無咎時人以爲積善之報也子德祥登進士第累歷臺省

景範淄州長山人（案此下有闕文據世宗紀景範父名初以戶部郎中致仕）世宗之北征也命爲東京副留守車駕迴自河東世宗以艱于國用乃以範爲中書侍郎平章事判三司（冊府元龜）

載世宗即位七月癸巳制曰朕自履宸極思平泰階出一令慮下民之未從行一事懼上穹之罔祐晨與夕惕終歲于茲雖禮讓漸聞與行而風雨未之咸若豈刑政之所闕而德教之未孚哉由是進用良臣輔宣皇化雖朕志先定亦輿情具瞻爰擇嘉辰誕敷明命樞密院直學士中大夫尚書工部侍郎上柱國晉陽縣開國男食邑三百戶賜紫金魚袋範昔佐先帝每罄嘉謨逮事眇躬愈傾忠節奉上得大臣之體檢身爲君子之儒一昨戎輅親征皇都是守贊勳賢于留府副徵發于行營軍政所需國用無闕今則靈臺偃革宣室圖功思先朝欲用之言成聖考得賢之美俾參大政仍掌利權爾其明聽朕言往敷洪化予欲則垂象而清品彙爾則順天道以敘彝倫予欲恤刑名而息戰爭爾則謹憲章而恢廟略天人之際懸合軍民之事罔渝則國相之尊非爾孰處邦計之重惟材是臧勉思倜儻以致君勿效因循而保位竚聞成績用副虛懷可正議大夫中書侍郎平章事判三司範爲人厚重剛正無所屈撓然理繁治劇非其所長雖悉心盡瘁終無稱職之譽世宗知之因其有疾乃罷司計尋以父喪罷相東歸顯德三年冬以疾卒于鄉里優詔贈侍中官爲立碑焉

史臣曰夫以稽古之力取秉鈞之位者豈常人乎然文紀躭于貨殖裔孫傷于齷齪則知全其德者鮮矣如成績之文采元錫之履行景範之純厚皆得謂之君子儒矣以之爰立何用不臧

舊五代史卷一百二十七考證

周列傳七和凝傳欲預出宣敕十數道密付開封尹鄭王令有緩急卽旋塡將校姓名令領兵擊之　案洛陽搢紳舊聞記作已命高行周爲招討張從恩爲都監仍令焦繼勳等數人備指使是晉祖未北征已命將校矣與是書異

舊五代史卷一百二十七考證

# 舊五代史卷一百二十八

宋門下侍郎參知政事監修國史薛居正等撰

## 周書第十九

### 列傳八

王朴字文伯東平人也父序以朴貴贈左諫議大夫朴幼警慧好學善屬文漢乾祐中擢進士第解褐授校書郎依樞密使楊邠館于邠第是時漢室寖亂大臣交惡朴度其必危因乞告東歸未幾李業輩作亂害邠等三族凡遊其門下者多被其禍而朴獨免國初世宗鎮澶淵朝廷以朴爲記室及世宗爲開封尹拜右拾遺充開封府推官世宗嗣位授比部郎中賜紫二年夏世宗命朝廷文學之士二十餘人各撰策論一首以試其才時朴獻平邊策云唐失道而失吳蜀晉失道而失幽并觀所以失之由知所以平之術當失之時莫不君暗政亂兵驕民困近者奸于內遠者叛于外小不制而至于大大不制而至于僭天下離心人不用命吳蜀乘其亂而竊其號幽并乘其間而據其地平之之術在乎

反唐晉之失而已必先進賢退不肖以清其時用能去不能以審其材恩信號令以結其心賞功罰罪以盡其力恭儉節用以豐其財徭役以時以阜其民俟其倉廩實器用備人可用而舉之彼方之民知我政化大行上下同心力強財足人和將和有必取之勢則知彼情狀者願爲之間諜知彼山川者願爲之先導彼民與此民之心同是與天意同與天意同則無不成之功攻取之道從易者始當今吳國東至海南至江可撓之地二千里從少備處先撓之備東則撓西備西則撓東必奔走以救其弊奔走之間可以知彼之虛實衆之強弱攻虛擊弱則所向無前矣勿大舉但以輕兵撓之彼人怯知我師入其地必大發以來應數大發則必民困而國竭一不大發則我獲其利彼竭我利則江北諸州乃國家之所有也既得江北則用彼之民揚我之兵江之南亦不難而平之也如此則用力少而收功多得吳則桂廣皆爲內臣岷蜀可飛書而召之如不至則四面並進席卷而蜀平矣吳蜀平幽可望風而至惟并必死之寇不可以恩信誘必須以強兵攻之然其力已喪不足以爲邊患可爲後圖候其便則一削

以平之方今兵力精練器用具備羣下知法諸將用命一稔之後可以平邊此歲夏秋便可于沿邊貯納臣書生也不足以講大事至于不達大體不合機變望陛下寬之世宗覽之愈重其器識未幾遷左諫議大夫知開封府事初世宗以英武自任喜言天下事常憤廣明之後中土日蹙值累朝多事尙未克復慨然有包舉天下之志而居常計事者多不喻其旨惟朴神氣勁峻性剛決有斷凡所謀畫動愜世宗之意由是急于登用尋拜左散騎常侍充端明殿學士知府如故是時初廣京城朴奉命經度凡通衢委巷廣袤之間靡不由其心匠及世宗南征以朴爲東京副留守車駕還京改戶部侍郎兼樞密副使未幾遷樞密使檢校太保頃之丁內艱尋起復授本官四年冬世宗再幸淮甸兼東京留守京邑庶務悉以便宜制之比及入蹕都下肅如也 默記引閑談錄云朴性剛烈大臣藩鎮皆憚之世宗收淮南俾朴留守時以街巷隘狹例從展拆朴怒廂校弛慢于通衢中鞭背數十其人忿然歎云宣補廂虞候豈得便從決朴微聞之命左右擒至立斃于馬前世宗聞之笑謂近臣曰此大愚人去王朴面前誇宣補廂虞候宜其死矣 六年三月世宗令樹斗門于汴口不踰時而歸朝是日朴方過前司空李穀之第交談之頃疾作而仆于座遽以肩舁

歸第一夕而卒時年四十有五默記王朴仕周世宗制禮作樂攷定聲律正星曆修刑統百廢俱起又取三關取淮南皆朴爲謀然事世宗纔四年耳使假之壽考安可量也世宗聞之駭愕卽時幸其第及柩前以所執玉鉞卓地而慟者數四贈賻之類率有加等優詔贈侍中宋史王侁傳朴卒世宗幸其第召見諸孤以侁爲東頭供奉官

朴性敏銳然傷于太剛每稠人廣座之中正色高談無敢觸其鋒者故時人雖服其機變而無恭懿之譽其筆述之外多所該綜至如星緯聲律莫不畢殫其妙所撰大周欽天曆及律準並行于世默記云周世宗于禁中作功臣閣畫當時大臣如李穀鄭仁誨之屬太祖卽位一日過功臣閣風開半門正與朴象相對太祖望見卻立聳然整御袍襟帶磬折鞠躬左右曰陛下貴爲天子彼前朝之臣禮何過也太祖以手指御袍云此人在朕不得此袍著其敬畏如此五代史闕文周顯德中朴與魏仁浦俱爲樞密使時太祖皇帝已掌禁兵一日有殿直乘馬誤衝太祖導從太祖自詣密地訴其無禮仁浦令徽院勘詰朴謂太祖曰太尉名位雖高未加使相殿直廷臣也與太尉比肩事主太尉況帶職不宜如此太祖唯唯而出臣謹案朴之行事傳于人口者甚衆而史臣闕書臣聞重修太祖實錄已于李穀傳中見朴遺事今復補其大者況太祖太宗在位每稱朴有上輔之器朝列具聞

楊凝式華陰人也游宦紀聞載凝式年譜云唐咸通十四年癸巳凝式是年生故題識多自稱癸巳人又別傳云凝式字景度父涉唐末梁初再登台席罷相守左僕射卒歐陽史楊涉傳云祖收父嚴吳縝纂誤云收與嚴乃兄弟非父子也又游宦紀聞載楊氏家譜云唐修行楊氏系出越公房本出中山相結次子繼生洛州刺史暉暉生河間太守恩恩生越恭公鈞出居馮翊至藏器從潯陽害相楊收之

父曰遺直生四子名皆從又曰發假收嚴以四時爲義故發之子名皆從木假之子從火收之子從金嚴之子從水嚴生涉涉生凝式而收乃藏器之兄涉之伯也新五代史記唐六臣傳乃以收爲涉之祖嚴之父非也凝式體雖蕞眇而精神穎悟宣和書譜云凝式形貌寢倪然精神矍然要大于身富有文藻大爲時輩所推唐昭宗朝登進士第解褐授度支巡官再遷祕書郎直史館梁開平中爲殿中侍御史禮部員外郎三川守齊王張宗奭見而嘉之請以本官充留守巡官梁相趙光允素重其才奏爲集賢殿直學士改考功員外郎唐同光初授比部郎中知制誥尋以心疾罷去改給事中史館修撰判館事明宗卽位拜中書舍人復以心疾不朝而罷長興中歷右常侍工戶二部侍郎以舊恙免改祕書監清泰初遷兵部侍郎唐末帝按兵于懷覃凝式在扈從之列頗以心恙諠譁于軍砦末帝以其才名優容之詔遣歸洛晉天福初改太子賓客尋以禮部尙書致仕閑居伊洛之間恣其狂逸多所干忤自居守以降咸以俊才耆德莫之責也晉開運中宰相桑維翰知其絕俸艱于家食奏除太子少保分司于洛漢乾祐中歷少傅少師太祖總兵凝式候于軍門且以年老不任戎事上訴太祖特爲奏免之廣順中表求致政尋以右僕射得請

顯德初改左僕射又改太子太保並懸車元年冬卒于洛陽年八十五詔贈太子太傅凝式長于歌詩別傳云凝式詩什亦多雜以詼諧少從張全義辟故作詩紀全義之德云洛陽風景實堪哀昔日曾爲瓦子堆不是我公重葺理至今猶自一堆灰他類若此張從恩尹洛凝式自汴還時飛蝗蔽日偶與之俱凝式先以詩寄曰押引蝗蟲到洛京合消郡守遠相迎從恩弗怪也然凝式詩句自佳其題壁有院似禪心靜花如覺性圓清麗可喜善于筆札洛川寺觀藍牆粉壁之上題紀殆徧時人以其縱誕有風子之號焉別傳云凝式雖仕歷五代以心疾閑居故時人目以風子其筆迹遒放宗師歐陽詢與顏真卿而加以縱逸既久居洛多遨遊佛道祠遇山水勝槩輒留連賞詠有垣牆圭缺處顧視引筆且吟且書若與神會率寶護之其號或以姓名或稱癸巳人或稱楊虛白或稱希維居士或稱關西老農其所題後或真或草不可原詰而論者謂其書自顏中書後一人而已其佯狂之迹甚著卜第于尹京之側遇入府前輿後馬猶以爲遲乃杖策徒行市人隨笑之嘗迫冬家人未挾纊會有故人過洛贈以絲五十兩絹百端凝式悉留之修行尼舍俾造襪以施崇德普明兩寺飯僧其家雖號寒啼饑而凝式不屑屑也留守聞其事乃自製衣給米遺之凝式笑謂家人曰我固知留守必見賙也每旦起將出僕請所之楊曰宜東遊廣愛寺僕曰不若西遊石壁寺凝式舉鞭曰姑遊廣愛僕又以石壁爲請凝式乃曰姑遊石壁聞者拊掌

五代史補楊凝式父涉爲唐宰相太祖之篡唐祚也涉當送傳國璽時凝式方冠諫曰大人爲宰相而國家至此不可謂之無過而更手持天子印綬以付他人保富貴其如千載之後云云何其宜辭免之時太祖恐唐室大臣不利于己往往陰使人來探訪羣議搢紳之士及禍甚衆涉常不自保忽聞凝式言大駭曰汝滅吾族于是神色沮喪者數日凝式恐事泄即日遂佯狂時人謂之楊風子也

珍倣宋版印

薛仁謙字守訓代居河東近世徙家于汴今爲浚儀人也父延魯仕唐爲汝州長史累贈吏部尚書仁謙謹厚廉恪深通世務梁鄴王羅紹威甚重之累署府職唐莊宗即位于魏授通事舍人梁開平中三聘于吳得使者之體遷衞尉少卿引進副使累加檢校兵部尚書長興中轉客省使鴻臚少卿出爲建雄軍節度副使進階光祿大夫檢校左僕射改光祿少卿晉天福初授檢校司空河中節度副使歸朝爲衞尉太僕二卿丁繼母憂居喪制滿授司農卿漢乾祐中以本官致仕周初改太子賓客致仕仍加檢校司徒進封侯爵顯德三年冬以疾終年七十八贈工部尚書初仁謙隨莊宗入汴也有舊第爲梁朝六宅使李賓所據時賓遠適而仁謙復得其第或告云賓之家屬厚藏金帛在其第內仁謙立命賓親族盡出所藏而後入焉論者美之子居正皐朝門下侍郎平章事

蕭愿字惟恭梁宰相頃之子也頃明宗朝終于太子少保唐書有傳初愿之曾祖倣唐僖宗朝入相接客之次愿爲兒童戲效傳呼之聲倣謂客曰余豈敢以得位而喜所幸奕世壽考吾今又有曾孫在目前矣愿弱冠舉進士第解褐爲

校書郎改畿尉直史館監察殿中侍御史遷比部員外郎右司郎中太常少卿明宗朝祀太微宮愿醉預公卿之列爲御史所彈左遷右贊善大夫未幾授兵部郎中復金紫丁內艱服闋自左司郎中拜右諫議大夫歷給事中右常侍祕書監改太子賓客廣順元年春卒贈禮部尚書愿性純謹承事父母未嘗不束帶而見然性嗜酒無節職事弛慢爲兵部郎中日常掌告身印覃恩之次頗怠職司父頊爲吏部尚書代愿視印篆其散率如此愿卒時年七十餘其母猶在一門壽考人罕及者

盧損其先范陽人也近世任于嶺表父頹遊宦于京師損少學爲文梁開平初舉進士性頗剛介以高情遠致自許與任贊劉昌素薛鈞高總同年擢第所在相詬時人謂之相罵牓及任贊劉昌素居要切之地而損自異不相親狎時左丞李琪素薄劉昌素之爲人常善待損琪有女弟眇長年婚對不售乃以妻損損慕琪聲稱納之及琪爲輔相致損仕進梁貞明中累遷至右司員外郎唐天成初由兵部郎中史館修撰轉諫議大夫屢上書言事詞理淺陋不爲名流所

一珍倣宋版印

知清泰中盧文紀作相密與損參議時政初長興中唐末帝鎮河中損嘗爲加恩使副及末帝即位用爲御史中丞拜命之日以自前憲司不能振舉綱領俾風俗頹壞乃大爲條奏而有平明放鑰日出守端之語大爲士人嗤鄙有頃誤詳赦書失出罪人停任晉天福中復爲右散騎常侍轉祕書監大失所望即拜章辭位乃授戶部尚書致仕退居潁川時少保李鏻年將八十善服氣導引損以鏻之退齡有道術酷慕之仍以潁川逼于城市乃卜居陽翟誅茅種藥山衣野服逍遙于林圃之間出則柴車鶴氅自稱具茨山人晚年與同輩五六人于大隗山中疏泉鑿坯爲隱所誓不復出山久之齒髮不衰似有所得廣順三年秋卒時年八十餘贈太子少傅

王仁裕字德輦天水人少孤不從師訓年二十五方有意就學一夕夢剖其腸胃引西江水以浣之又睹水中砂石皆有篆文因取而吞之及寤心意豁然自是姿性絕高（案此下有闕文輿地紀勝云王仁裕知貢舉時所取進士三十三人皆一時名公卿李昉王溥爲冠）有詩萬餘首勒成百卷目之曰西江集蓋以嘗夢吞西江文石遂以爲名焉（輿地紀勝仁裕所著有紫泥集西江

集入洛記 後爲兵部尚書太子少保卒
共百卷

裴羽字用化唐僖宗時宰相贄之子也羽少以父任爲河南壽安尉入梁遷御史臺主簿改監察御史唐明宗時爲吏部郎中使于閩遇颶風飄至錢塘時安重誨用事削奪吳越王封爵羽被留于錢塘經歲不得歸後重誨死吳越復通中國羽始得還晉初累遷禮部侍郎太常卿廣順初爲左散騎常侍卒贈工部尚書羽之使閩也正使陸崇卒于吳越羽載其喪還歸其橐裝時人義之

段希堯河內人也祖約定州戸掾贈太常少卿父昶晉州神山縣令累贈太子少保希堯少有器局累歷州縣唐天成中爲衞州錄事參軍會晉高祖作鎮于鄴聞其勤幹奏改洛州糾曹及晉祖鎮太原辟爲從事清泰中晉祖總戎于代北一旦軍亂遽呼萬歲晉高祖惑之希堯曰夫兵猶火也弗戢將自焚遽請戮其亂首乃止明年晉祖將舉義于太原召賓佐謀之希堯極言以拒之晉祖以其純朴弗之咎也晉祖龍飛霸府舊僚皆至達官惟希堯止授省郎而已天福中稍遷右諫議大夫尋命使于吳越及乘舟汎海風濤暴起檝師僕從皆相顧

珍倣宋版印

失色希堯謂左右曰吾生平履行不欺暗室昭昭天鑒豈無祐乎汝等但以吾爲託必當無患言訖而風止乃獲利涉使迴授萊州刺史檢校尚書右僕射未赴任改懷州六年秋移棣州刺史兼權鹽礬制置使少帝嗣位加檢校司空開運中歷戸部兵部侍郎漢初遷吏部侍郎判東西兩銓事國初拜工部尚書世宗嗣位轉禮部尚書顯德三年夏卒于洛陽時年七十有九贈太子少保子思恭右諫議大夫

司徒詡字德普清河郡人也父倫本郡督郵以清白稱詡少好讀書通五經大義弱冠應鄉舉不第唐明宗之鎮邢臺詡往謁之甚見禮遇命試吏于邯鄲歷永年項城令皆有能名長興初唐末帝鎮河中奏辟爲從事未幾徵拜左補闕史館修撰秦王從榮之開府也朝廷以詡爲戸部員外郎充河南府判官秦王遇害以例貶寧州司馬清泰初入爲兵部員外郎晉祖踐阼改刑部郎中充度支判官樞密直學士由兵部郎中遷左諫議大夫給事中充集賢殿學士判院事轉左散騎常侍工部侍郎歷知許齊亳三州事漢初除禮部侍郎凡三主貢

舉自起部貳卿不數年閒徧歷六曹由吏部侍郎拜太子賓客世宗卽位授太常卿時世宗留意于雅樂議欲攷正其音而詡爲足疾所苦居多假告遂命以本官致仕顯德六年夏卒于洛陽之私第年六十有六贈工部尙書詡善談論性嗜酒喜賓客亦信浮圖之教漢乾祐中嘗使于吳越航海而往至渤澥之中睹水色如墨舟人曰其下龍宮也詡因注香與念曰龍宮珍寶無用俟迴棹之日當以金篆佛書一帙用伸贄獻洎復經其所遂以經一函投于海中俄聞梵唄絲竹之音喧于船下舟人云此龍王來迎其經矣同舟百餘人皆聞之無不歎訝焉

邊蔚字德昇長安人父操華州下邽令累贈太子少師宋史邊珝華州鄭人也曾祖頡石泉令祖操下邽令父蔚太常卿　蔚幼孤篤學有鄉里譽從交辟歷晉陝華三府從事唐莊宗之伐蜀大軍出于華下時屬華方闕帥蔚爲記室詔令權領軍府事供億軍儲甚有幹濟之稱及明宗入洛遣李沖齎詔于關右盡誅閹官沖性深刻而華人有爲閹官所累者沖欲盡戮之蔚以理救護獲免者甚衆毛璋之鎮邠寧奏爲廉判時

珍倣宋版印

璋爲麾下所惑有跋扈之意蔚因乘閒極言諭以逆順之理璋卽時遣其子入貢朝廷以蔚有贊畫之效錫以金紫改許州戎判晉天福初自涇州戎幕徵拜虞部員外郎鹽鐵判官歷開封廣晉少尹晉少帝嗣位拜左散騎常侍判廣晉府事轉工部左右侍郎再知開封府事開運初出爲亳州防禦使爲政清肅亳民感之歲餘入爲戶部侍郎漢初拜御史中丞轉兵部侍郎太祖受命復知開封府事遷太常卿後以足疾辭位顯德二年冬卒于家時年七十有一子玗珝俱仕皇朝爲省郎

王敏字待問單州金鄉人性純直少力學攻文登進士第後依杜重威凡歷數鎭從事漢初重威叛于鄴時敏爲留守判官嘗泣諫重威懇請歸順重威始雖不從及其窮也納敏之言以其城降時魏之饑民十猶四五咸保其餘生者敏之力也入朝拜侍御史世宗鎭澶淵太祖以敏謹厚遂命爲澶州節度判官及世宗尹正王畿改開封少尹世宗嗣位權知府事旋拜左諫議大夫給事中遷刑部侍郎敏嘗以子壻陳南金薦于曹州節度使李繼勳表爲記室其後繼勳

舊五代史卷一百二十八考證

周列傳八楊凝式傳歷右常侍工戸二部侍郎　案別傳作工禮戸三部侍郎

年八十五　案別傳作八十二

裴羽傳贈工部尚書　案歐陽史作戸部尚書

段希堯傳河內人也　案宋史段思恭傳作澤州晉城人

舊五代史卷一百二十八考證

珍倣宋版印

# 舊五代史卷一百二十九

宋門下侍郎參知政事監修國史薛居正等撰

周書第二十

列傳九

常思字克恭太原人也父仁岳河東牙將累贈太子太師唐莊宗之爲晉王也廣募勝兵時思以趫悍應募累從戎役後爲長直都校歷捧聖軍使晉初遷六軍都虞候漢高祖出鎮幷門奏以思從行尋表爲河東牢城都指揮使以勤幹見稱漢國初建授檢校太保遙領鄧州漢有天下遷檢校太尉昭義軍節度使乾祐初李守貞叛于河中太祖征之朝廷命思帥部兵以副焉既而御衆無能勒歸舊藩思在上黨凡五年無令譽可稱唯以聚斂爲務性又鄙悋未嘗與賓佐有酒肴之會嘗有從事欲求謁見者思覽刺而怒曰彼必是來獵酒也命典客者飲而遣之其鄙悋也如是太祖受命就加平章事初太祖微時以季父待思及卽位遣其妻入覲太祖拜之如家人之禮仍呼曰叔母其恩顧如是廣順

二年秋思來朝加兼侍中移鎮宋州三年夏詔赴闕改授平盧軍節度使思將赴鎮奏太祖云臣在宋州出鎮得絲十餘萬兩謹以上進請行徵督太祖領之尋詔本州折劵以論其民及到鎮未幾染風痹之疾上表請尋醫既而舁疾歸洛顯德元年春卒年六十有九贈中書令

翟光鄴字化基濮州鄄城人父景珂倜儻有膽氣梁貞明初唐莊宗始駐軍于河上景珂率聚邑人守永定驛固守踰年後爲北軍所攻景珂戰歿衆潰光鄴時年十歲爲明宗軍所俘以其穎悟俾侍左右字之曰永定既冠沈毅有謀莅事寡過明宗卽位特深委遇累遷至皇城使檢校司空長興中樞密使安重誨得罪時光鄴與中官孟小僧頗有力焉居無何出爲耀州團練使清泰初入爲左監門衛大將軍晉天福中歷棣沂二州刺史西京副留守開運初授宣徽使楊光遠叛滅青州平除爲防禦使朝廷以兵亂之後人物彫弊故命光鄴理之光鄴好聚書重儒者虛齋論議惟求理道時郡民喪亡十之六七而招懷撫諭視之如傷故期月之間流亡載輯契丹入汴僞命權知曹州李從益假號以光

鄴明宗舊臣署爲樞密使漢祖至汴改左領衞大將軍乾祐初遷右金吾衞大將軍充街使檢校太保太祖踐阼復授宣徽使左千牛衞上將軍檢校太傅數月兼樞密副使會永與李洪信入朝代知軍府事廣順二年十月卒于長安時年四十六光鄴有器度愼密敦厚出于天然喜慍不形于色事繼母以孝聞兄弟皆雍睦雖食祿日久家無餘財任金吾日假官屋數間以蔽風雨親族累重糲食纔給人不堪其憂光鄴處之晏如也賓朋至則貰酒延之談說終日略無厭倦士大夫多之及權知京兆以寬靜爲治前政有煩苛之事一切停罷百姓便之及病甚召親隨于臥內戒之曰氣絕之後以尸歸洛不得于此停留慮煩軍府言訖而終京兆吏如喪所親或有以掇酒遙奠者樞密使王峻素重光鄴且欲厚卹其家爲之上請故自終及葬所賜賻賵幾數千計詔贈太子少師光鄴膚革肥晳善于攝養故司天監趙延乂有袁許之術嘗謂人曰翟君外厚而內薄雖貴而無壽果如其言

曹英字德秀舊名犯今上御名故改焉本常山鎮定人父全武事趙王王鎔爲

列校英因得隸于鎔之帳下及張文禮之亂唐莊宗奄有其地乃錄鎔之左右

署爲散指揮使明宗卽位英侍于帳下問其祖考英以實對明宗曰乃朕之舊

也擢爲本班行首每加顧遇晉天福中遷弩手軍使平張從賓于汜水以功授

本軍都校漢初改奉國軍主加檢校司徒兼康州刺史乾祐初李守貞據河中

叛授行營步軍都校河中平遷本軍廂主領岳州防禦使隨太祖在魏爲北面

行營步軍都校從平內難國初以翊戴功授昭武節度使檢校太傅侍衛步軍

都指揮使二年春總兵討慕容彥超于兗州梯衝塹壘頗有力焉夏五月太祖

親征因併兵攻陷其城及凱旋領彰信軍節度使典軍如故世宗嗣位加同平

章事授成德軍節度使車駕自太原迴加兼侍中顯德元年冬卒于鎮時年四

十有九制贈中書令英性沈厚謙恭有禮雖衽席之際接對賓客亦未嘗造次

及卒搢紳之士亦皆惜之

李彥頵字德循太原人也本以商賈爲業太祖鎮鄴寘之左右及卽位歷綾錦

副使摧易使世宗嗣位以彥頵有舊超授內客省使未幾知相州軍府事尋改

延州兵馬留後到鎮頗以殖貨爲意窺圖贍利侵漁蕃漢部人羣情大擾會世宗南征蕃部結聚圍迫州城彥頵閉壁自守求援于隣道賴救兵至乃解世宗不悅徵赴京師然猶委曲庇護竟不之責尋爲西京水南巡檢使居無何命權知泗州軍州事改滄州兩使留後彥頵到任處置乖方大爲物情所鄙顯德六年秋受代歸闕遇疾而卒時年五十有二

李暉字順光瀛州東城人弱冠應募于龍驤軍漢祖領河東暉請從因得署爲河東牙將漢有天下授檢校司徒大內皇城使未幾遷宣徽南院使乾祐初拜河陽節度使檢校太傅太祖登極加同平章事尋移鎮滄州顯德元年就加兼侍中二年秋以世宗誕慶節來朝改邠州節度使五年移鎮鳳翔歲餘卒于鎮優詔贈中書令暉之儀貌不及于常人而位極將相年登耳順袁許之術夫何恃哉然性貪鄙而好小惠以邀虛譽故在河陽及滄州日民皆詣闕請立碑以頌其美識者亦未之許也

李建崇潞州人少從軍善騎射初事唐武皇爲鐵林都將轉突騎飛騎二軍使

從莊宗攻常山安巴堅來援莊宗率親軍千騎遇于滿城兵少爲契丹所圍時建崇爲親將與契丹格鬭自午至申會李嗣昭騎至契丹乃解去同光中自龍武捧聖都指揮使出歷襄秦徐雍都指揮使建崇性純厚處身任遇不能巧宦以致久滯偏裨明宗嘗掌牙兵與建崇共事及卽位甚惡之連授磁沁二郡入晉爲申州刺史天福七年冬襄州安從進搆逆率衆寇南陽時建崇領步騎千餘屯于葉縣開封尹鄭王遣宣徽使張從恩皇城使焦繼勳率在京諸軍會建崇軍拒賊至湖陽縣之花山遇從進軍建崇接戰大敗之以功授亳州團練使襄陽平遷安州防禦使歷河陽邢州兵馬留後漢初入爲右衛大將軍年逾七十神氣不衰建崇始自代北事武皇至是四十餘年前後所掌兵麾下部曲多至節鉞零落殆盡惟建崇雖位不及藩屏而康強自適以至耆耄太祖卽位授左監門衛上將軍廣順三年春卒贈黔南節度使

王重裔陳州宛邱人父逵歷安均洛三州刺史因家于洛重裔幼沈厚有勇善騎射年未及冠事莊宗爲廳直管契丹直從安汴洛累爲禁軍指揮使晉天福

中鎭州安重榮謀叛稱兵指闕朝廷命杜重威率師拒之賊陣于宗城東晉遣騎軍擊之再合不動杜重威懼謀欲抽退重裔曰兵家忌退但請公分麾下兵擊其兩翼重裔爲公陷陣當其中軍彼必狽狽矣重威從之重榮卽時退衂遂敗以功遷護聖右廂都指揮使領費州刺史漢初仍典禁軍從征鄴都平還深州刺史淮夷以李守貞故數侵邊地以重裔爲亳州防禦使又令于徐州巡檢兼知軍州就加檢校太傅太祖踐阼加爵邑改功臣廣順元年夏以疾卒年五十有三贈武信軍節度使

孫漢英太原人也父重進事唐武皇莊宗爲大將賜姓名存進唐書有傳漢英少事戎伍稍至都將嘗爲東面馬步軍都指揮使清泰初與元節度使張虔釗失軍于岐下遂以其地西臣于蜀漢英兄漢韶時爲洋州節度使因茲阻隔亦送款于蜀由是漢英與弟漢筠久之不調漢乾祐中太祖西征蒲雍以漢英戚里之分奏于軍中指使蒲雍平班師隱帝以漢英爲絳州刺史檢校司徒廣順元年冬卒于都

許遷鄆州人也初爲本州牙將性剛褊漢乾祐初爲左屯衞將軍與少府監馬從斌同監造漢祖山陵法物節財省用減數萬計改左監門大將軍又加檢校司空漢末權知隰州太祖踐阼劉崇遣子鈞率兵寇平陽路由于隰賊衆攻城城中兵少遷感激指諭士鬬兼倍賊衆傷夷尋自退去太祖降詔撫諭正授隰州刺史遷切于除盜嫉惡過當或釘磔賊人令部下臠割誤斷不合死罪人其家詣闕致訟詔下開封府獄時陳觀爲知府素與遷不協深劾其事欲追還對訟太祖以事狀可原但罷郡而已遷既奉朝請因大詬陳觀謂王峻曰相公執政所與參議宜求賢德如陳觀者爲儒無家行爲官多任情茍知其微屠沽兒恥與爲伍況明公平峻無以沮之既而嬰疾請告歸汶上而卒

趙鳳冀州棗強縣人幼讀書舉童子既長兇豪多力以殺人暴掠爲事吏不能禁安重榮鎮常山招集叛亡鳳乃應募既而犯法當死即破械踰獄遁而獲免天福中趙延壽爲契丹鄉導歲侵深冀鳳往依焉宋史荆罕儒傳罕儒少無賴與趙鳳張輦爲羣盜晉天福中相率詣范陽委贄燕王趙延壽得掌兵權契丹主素聞其桀黠署爲羽林軍使累遷羽林都指揮

使常令將兵在邊貝冀之民日罹其患晉末契丹入洛鳳從至東京授宿州防禦使漢祖卽位受代歸闕尋授河陽行軍司馬乾祐初入爲龍武將軍丁父憂起復授右千牛衞大將軍漢末都城變起兵集之夜無不剽之室唯鳳里閭不敢犯人皆服其膽勇廣順初用爲宋亳宿三州巡檢使鳳出于伏莽尤知盜之隱伏乃誘致盜魁于麾下厚待之每桴鼓之發無不擒捕衆以爲能然平民因捕盜而破家者多矣鳳善事人或使臣經由靡不傾財厚奉故得延譽而掩其醜迹太祖聞其幹事用爲單州刺史旣剛忿不仁得位愈熾刑獄之間尤爲不道常抑奪人之妻女又以進奉南郊爲名率斂部民財貨爲人所訟廣順三年十二月詔削奪鳳在身官爵尋令賜死

齊藏珍少歷內職累遷諸衞將軍前後監押兵師在外頗稱幹事然險詖無行殘忍辯給無不畏其利口廣順中奉命滑州界巡護河隄以弛慢致河決除名配沙門島世宗在西班時與藏珍同列每聆其談論或剖判世務似有可采及卽位自流所徵還秦鳳之役令監偏師及淮上用兵復委監護與軍校何超領

兵降下光州藏珍欺隱官物甚多超以爲不可藏珍曰沙門島已有屋數間不
妨再去矣其不畏法也如此世宗既破紫金山砦追吳寇至渦口因與藏珍言
及克捷之狀對曰陛下神武之功近代無比于文德則未光世宗領之又問以
揚州之事對曰揚州地實卑濕食物例多腥腐臣去歲在彼人以鱓魚饋臣者
視其盤中虬屈一如蛇虺之狀假使鸛雀有知亦應不食豈況于人哉其敷奏
大率多此類聞者無不悚然一日又奏云唐景思已爲刺史臣猶未蒙聖澤世
宗俛而從之時濠梁未下卽命爲濠州行州刺史及張永德與李重進有間言
藏珍嘗游說重進洎壽陽兵迴諸將中有以藏珍之言上奏者世宗怒急召赴
闕四年夏以其冒稱檢校官罪按其事而斃之蓋不欲暴其惡跡也
王環本真定人唐天成初孟知祥鎭西州環往事之及知祥建號環累典軍衛
孟昶嗣位環常宿衛于中顯德二年秋王師西伐時環爲鳳州節度使初偏師
傳其城下爲環所敗裨將胡立爲環所擒是冬王師大集急攻其城蜀之援兵
相次敗走環聞之守備愈堅王師攻擊數月方克城陷環就擒及到闕世宗以

忠于所事釋其罪授右驍衞大將軍四年冬世宗南征環隨駕至泗州遇疾而卒

張彥超本沙陀部人也素有郤克之疾時號爲跛子初以騎射事唐莊宗爲馬直軍使莊宗入汴授神武指揮使明宗嘗以爲養子天成中擢授蔚州刺史素與晉高祖不協屬其總戎于太原遂舉其城投于契丹卽以爲雲州節度使契丹之南侵也彥超率部衆頗爲鎭魏之患及契丹入汴還侍衞馬軍都校尋授晉昌軍節度使漢高祖入洛彥超飛表輸誠移授保大軍節度使乾祐初奉詔歸闕止奉朝請而已太祖自鄴入平內難隱帝令彥超董騎軍爲拒劉子陂兵亂彥超先謁見太祖廣順中授神武統軍顯德三年冬以疾終于第制贈太子太師

張穎太原人駙馬都尉永德之父也（宋史列傳永德幷州陽曲人家世饒財曾祖丕尙氣節後唐武皇鎭太原急于用度多嚴選富家子掌帑庫或調度不給卽坐誅沒入貲產丕爲之滿歲府財有餘宗人政當次補其任率族屬泣拜請丕濟其急丕又爲代掌一年鄉里服其義）累爲蕃郡列校由內職歷諸衞將軍國初以戚里之故自華州行軍司馬歷鄆

懷二州刺史遷安州防禦使穎性卞急峻刻不容人之小過雖左右親信亦皆怨之部曲曹澄有處女穎逼而娶之澄遂與不逞之徒數人同謀害穎中夜挾刃入于寢門執穎而殺之遂奔于金陵世宗征淮南以永德之故遣江南李景令執澄等送行在及至世宗以澄等賜永德俾甘心而戮之

劉仁贍略通儒術好兵書在澤國甚有聲望吳主知之累遷爲僞右監門衛將軍歷黃袁二州刺史所至稱治洎李景僭襲僞位俾掌親軍遷鄂州節度使居數年復以兵柄任之改壽州節度使及王師渡淮而仁贍固守甚堅洎世宗駐蹕于其壘北數道齊攻塡塹陷壁晝夜不息如是者累月世宗臨城以諭之而仁贍但遜詞以謝及車駕還京命李重進總兵守之復乘間陷我南砦自是圍之愈急城中飢死者甚衆三年冬淮寇復來救援列砦于紫金山夾道相屬壘然數十里垂及壽壁而重進兵幾不能支世宗患之遂復議親征車駕至壽春命今上率師破紫金山之衆擒其應援使陳承昭以獻仁贍聞援兵旣敗計無所出但扼吭浩嘆而已會世宗以紫金山之捷飛詔以諭之時仁贍臥疾已亟

因翻然納款而城內諸軍萬計皆屏息以聽其命及見于行在世宗撫之甚厚賜與加等復令入城養病尋授天平軍節度使兼中書令制出之日薨于其家年五十八世宗聞之遣使弔祭命內臣監護喪事追封彭城郡王後以其子崇讚爲懷州刺史仁贍輕財重士法令嚴肅重圍之中其子崇諫犯軍禁卽令斬之故能以一城之衆連年拒守逮其來降而其下未敢竊議者保其後嗣抑有由焉崇讚仕周累爲郡守幼子崇諒後自江南歸于本朝亦位至省郎

舊五代史卷一百二十九

舊五代史卷一百二十九考證

周列傳九張穎傳國初以戚里之故自華州行軍司馬歷郢懷二州刺史遷安州防禦使　案宋史作事晉爲安州防禦使與是書異

劉仁贍傳時仁贍臥疾已亟因翻然納款　案歐陽史云仁贍固守三月病甚已不知人其副使孫羽詐爲仁贍書以城降是仁贍未嘗親納款于周也是書作翻然納款蓋仍周實錄原文未及釐正

安巴堅舊作阿保機今改

舊五代史卷一百二十九考證

# 舊五代史卷一百三十

宋門下侍郎參知政事監修國史薛居正等撰

周書第二十一

列傳十

王峻字秀峯相州安陽人也父豐本郡樂營使峻幼慧黠善歌梁貞明初張筠鎮相州憐峻敏惠遂畜之及莊宗入魏州筠棄鎮南渡以峻自隨時租庸使趙巖訪筠于其第筠召峻聲歌以侑酒巖悅筠因以贈之頗得親愛梁亡趙氏族滅峻流落無依寄食于符離陳氏之家久之彌窘乃事三司使張延朗所給甚薄清泰末延朗誅漢祖盡得延朗之資產僕從而峻在籍中從歷數鎮常爲典客漢祖踐阼授客省使奉使荆南留于襄漢爲監軍入爲內客省使及趙思綰作亂于永興漢隱帝命郭從義討之以峻爲兵馬都監從義與峻不協甚如水火未幾改宣徽北院使賊平加檢校太傅轉南院使太祖鎮鄴兼北面兵馬峻爲監軍留駐鄴城隱帝蕭牆變起峻亦爲羣小所搆舉家見害從太祖赴闕絪

繆帷幄贊成大事峻居首焉京師平定受漢太后令充樞密使太祖北征至澶州爲諸軍擁迫峻與王殷在京聞變乃遣侍衛馬軍都指揮使郭崇往宋州前申州刺史馬鐸往許州以防他變二州安然亦峻之謀也太祖踐阼加平章事尋兼右僕射門下侍郎平章事監修國史時朝廷初建四方多故峻夙夜奉事知無不爲每與太祖商搉軍事未嘗不移時而退甚有裨益然爲性輕躁舉措率易以天下之事爲己任每有啓請多自任情太祖從而順之則忻然而退稍未允可則應聲而慍不遜之語隨事輒發太祖素知其爲人且以佐命之故每優容之峻年長于太祖二歲太祖雖登大位時以兄呼之有時呼表字不忘布衣之契也峻以此益自負焉廣順元年冬劉崇與契丹圍晉州峻請行應援太祖用爲行營都部署以徐州節度使王彥超爲副詔諸軍並取峻節度許峻以便宜從事軍行資用仰給于官隨行將吏得自選擇將發之前召宴于滋德殿太祖出女樂以寵之奉辭之日恩賜優厚不拘常制及發太祖幸西莊親臨宴餞別賜御馬玉帶執手而別峻至陝駐留數夕劉崇攻晉州甚急太祖憂其不

珍倣宋版印

可及議親征取澤州路入與峻會合先令諭峻峻遣驛騎馳奏請車駕不行幸時已降御札行有日矣會峻奏至乃止峻軍既過絳郡距平陽一舍賊軍燔營狼狽而遁峻入晉州或請追賊必有大利峻猶豫久之翌日方遣騎軍襲賊信宿而還向使峻極力追躡則幷汾之孽無噍類矣峻亦深恥無功因討度增修平陽故城而迴時永興軍節度使李洪信漢室之密戚也自太祖踐阼恆有憂沮之意而本城軍不滿千峻出征至陝州以救援晉州爲辭抽起數百人及劉崇北遁又遣禁兵千餘人屯于京兆洪信懼遂請入朝峻軍迴太祖厚加優賜時慕容彥超叛于兖州已遣侍衞步軍都指揮使曹英客省使向訓率兵攻之峻意欲自將兵討賊累言于太祖曰慕容劇賊曹英不易與之敵耳太祖默然未幾親征命峻爲隨駕一行都部署破賊之日峻督軍在城南其衆先登頗有得色從駕還京未幾貢表乞解樞機卽時退歸私第峻貪權利多機數好施小惠喜人附己太祖登極之初務存謙抑潛龍將佐未甚進用其後鄭仁誨李重進向訓等稍遷要職峻心忌之至是求退蓋偵太祖之意也未陳請之前多發

外諸侯書以求保證旬浹之內諸道馳騎進納峻書聞者驚駭其事峻連貢三章中使宣諭無虛日太祖嚴駕將幸其第峻聞之卽馳馬入見太祖慰勞久之復令視事峻又于本院之東別建公署廊廡廳事高廣華侈及土木之功畢請太祖臨幸恩賜甚厚其後內園新起小殿峻視之奏曰宮室已多何用于此太祖曰樞密院舍宇不少公更自興造何也峻慚默而退時峻以前事趙巖頗承寵愛至是欲希贈官立碑或謂峻曰趙巖以諂佞事君破壞梁室至今言者無不切齒苟如所欲必貽物議乃止巖姪崇勳居于陳郡峻爲求官田宅以賜之太祖亦從之三年春修利河堤大與土功峻受詔檢校既而世宗自澶州入覲峻素憚世宗之聰明英果聞其赴闕卽自河次歸朝居無何邀求兼領青州太祖不得已而授之既受命求暫赴任奏借左藏綾絹萬匹從之是歲戶部侍郎趙上交權知貢舉上交嘗詣峻峻言及一童子上交不達其旨牓出之日童子不第峻銜之及貢院申中書門下取日過堂峻知印判定過日及上交引新及第人至中書峻在政事堂厲聲曰今歲選士不公當須覆試諸相曰但緣已行

指揮行過臨事不欲改移況未敕下覆試非晚峻愈怒詬責上交聲聞于外少頃竟令引過及罷上交詣本廳謝峻峻又延之飲酌從容翌日峻奏上交知舉不公請致之于法太祖頷之而已又奏請以顏衎陳觀代范質李穀爲相太祖曰進退宰輔未可倉卒待徐思之峻論列其事奏對不遜太祖未食日將亭午諍之不已太祖曰節假之內未欲便行已俟假開卽依所奏峻退至中書是月吏部選人過門下峻當其事頗疑選部不公其擬官選人落下者三十餘人次日寒食時節臣寮各歸私第午時宣召宰臣樞密使及入幽峻于別所太祖見馮道已下泣曰峻淩朕頗甚無禮太過擬欲盡去左右臣寮翦朕羽翼朕兒在外專意阻隔暫令到闕卽懷怨望豈有既總樞機又兼宰相堅求重鎭尋亦授之任其襟懷尙未厭足如此無君誰能甘忍卽召翰林學士徐台符等草制其日退朝宣制貶授商州司馬差供奉官蔣光遠監送赴商州未幾死于貶所時廣順三年三月也（通鑑峻至商州得腹疾帝猶愍之命其妻往視之未幾而卒）初峻降制除青州有司製造旌節以備迎授前一夕其旄有聲甚異聞者駭之主者曰昔安重誨授河中節

亦有此異焉又所居堂陛忽然隱起如堆又夢被官府追攝入司簿院旣寤心惡之以是尤加狂躁峻才踈位重輕躁寡謀聽人穿鼻旣國權在手而射利者曲爲指畫乃啗餌虎臣離閒親舊加以讐則稱己無禮于君欲求無罪其可得乎（五代史闕文廣順初河東劉崇引契丹攻晉州遣峻率師赴援峻頓兵于陝周祖親征遣使諭之峻見使受宣訖謂使曰與某馳還附奏陛下言晉州城堅未易可破劉崇兵鋒方銳不可與力爭所以駐兵者待其氣衰耳非臣怯也陛下新卽位不宜輕舉令朝中受聖知者惟李穀范質而已陛下若車駕出汜水則慕容彥超以賊軍入汴大事去矣使還具奏周祖自以手提其耳曰幾敗吾事）

慕容彥超（案此下有闕文）爲兗州節度使彥超卽漢高祖之同產弟也嘗冒姓閻氏體黑麻面故謂之閻崑崙彥超鎭兗州漢隱帝欲殺周太祖召彥超方食釋七箸而就道周兵犯京師隱帝出勞軍太后使彥超衛帝彥超曰北兵何能爲當于陣上唱坐使歸營彥超敗奔兗隱帝遇弑周太祖時彥超進呈鄆州節度使高行周來書其書意卽行周毀譭太祖結連彥超之意帝覽之笑曰此必是彥超之詐也試令驗之果然其鄆州印元有缺文不相接其爲印卽無缺處帝尋命齎書示諭行周行周上表謝恩先是塡星初至角亢占者曰角鄭分兗州屬焉

彥超卽率軍府賓佐步出州西門三十里致祭迎于開元寺塑像以事之謂之菩薩日至祈禱又令民家竪黃幡以禳之及城陷彥超方在土星院燃香急乃馳去五代史補慕容彥超素有鉤距兗州有盜者詐爲大官從人跨驢于衢中市羅十餘疋價值既定引物主詣一宅門以驢付之曰此本宅使汝且在此吾爲汝上白于主以請值物主許之既而聲跡悄然物主怒其不出叩門呼之則空宅也于是連叫賊巡司至疑其詐兼以驢收之詣府彥超憫之且曰勿憂吾爲汝擒此賊乃留物主府中復戒廐卒高繫其驢通宵不與水草然後逆召親信者牽于通衢中放之且曰此盜者之驢耳自昨日不與水草其飢渴者甚矣放之必奔歸家但可躡蹤而觀之盜無不獲也親信者如其言隨之其驢果入一小巷轉數曲忽有兒戲于門側視其驢連呼曰驢歸驢歸盜者聞之欣然出視遂擒之　高祖登極改乾祐爲廣順是年兗州慕容彥超反高祖親征城將破忽夜夢一人狀貌甚偉異被王者之服謂高祖曰陛下明日當得城及覺天猶未曉高祖私謂徵兆如此可不預備乎于是躬督將士戮力急攻至午而城陷車駕將入有司請由生方鳴鞘而進遂取別巷轉數曲見一處門牆甚高大問之云夫子廟高祖意豁然謂近臣曰寡人所夢得非夫子乎不然何取路于此也因下馬觀之方升堂覩其聖像一如夢中所見者于是大喜叩首再拜近臣或諫以爲天子不合拜異世陪臣高祖曰夫子聖人也百王取則而又夢告寡人得非夫子幽贊所及耶安得不拜仍以廟側數十家爲灑埽戶命孔氏襲文宣王者長爲本縣　慕容彥超之被圍也乘城而望見高祖親臨矢石其勢不可當退而憂之因勉其麾下曰汝等宜爲吾盡命吾庫中金銀如山積若全此城吾盡以爲賜汝等勿患富貴頃之有卒私言曰我知侍中銀皆鐵胎得之何用于是諸軍聞之稍稍解體未幾城陷及高祖之入也有司閱其庫藏其間銀鐵胎者果十有七八初彥超常令人開質庫有以鐵胎銀質錢者經年後庫吏始覺遂言之于彥超初甚怒頃之謂吏曰此易致耳汝宜僞劉庫牆凡

金銀器用暨縑帛等速皆藏匿仍亂撒其餘以爲賊蹤後申明吾當擒此輩矣庫吏如其教于是彥超下令曰吾爲使長典百姓而又不謹遭賊劉去其過深矣今恐百姓疑彥超隱其物宜令三月內各投狀明言質物色自當陪償之不爾者有過百姓以爲然于是投狀相繼翌日鐵胎銀主果出于是擒之置之深屋中使教部曲輩晝夜造用廣府庫此銀是也

閻宏魯者後唐邢州節度使寶之子也寶唐書有傳宏魯事唐明宗晉高祖累歷事任家本魯中洎告疾歸里慕容彥超初臨禮待極厚及謀大逆以宏魯子希俊爲鎮寧軍節度副使在世宗幕下而惡之聞朝廷出兵隄防卽責宏魯曰爾教兒捍我于朝將覆吾族耶故罹其禍崔周度者父光表舉進士科甲盧質節制橫海辟爲支使周度有文學起家長蘆令登朝歷監察御史右補闕以家在齊州欲謀葬事懇求外任除泰寧軍節度判官而性剛烈又以嘗爲諫官覩凶帥之不法不忍坐視其弊因極言以諫彥超故及斯禍太祖平兗州詔曰閻宏魯崔周度義死之臣禮加二等所以滲漏澤而賁黃泉也爾等貞節昭彰正容肅厲以從順爲己任以立義作身謀履此禍機併罹寃横宜伸贈典以慰貞魂宏魯可贈左驍衞大將軍周度可贈祕書少監


珍倣宋版印

舊五代史卷一百三十

舊五代史卷一百三十考證

周列傳十王峻傳又奏請以顏衎陳觀代范質李穀爲相　案顏衎陳觀歐陽史作顏衎陳周

未幾死于貶所時廣順三年三月也　案五代春秋作三月誅王峻與是書異

舊五代史卷一百三十考證

# 舊五代史卷一百三十一

宋門下侍郎參知政事監修國史薛居正等撰

## 周書第二十二

### 列傳十一

劉皞字克明晉丞相譙國公昫之弟也昫晉書有傳皞少離鄉里唐天祐中梁將劉鄩襲太原軍至樂平時皞客于縣舍爲鄩軍所俘謝彥章見之知其儒者待之以禮謂其鄉人劉去非曰爲君得一宗人卽令皞見之去非詢其爵里乃親族也對泣久之自是隨去非客于彥章門下彥章得罪去非爲郢州刺史皞隨之郡莊宗平河洛去非以嘗從劉守奇歸梁深懼獲罪乃棄郡投高季興于荊南皞累爲荊州攝官既而兄昫明宗朝爲學士遣人召歸梁漢顒鎮鄧州辟爲從事入爲監察御史歷水部員外郎史館修撰長興末宰臣趙鳳鎮邢臺表爲節度判官清泰初入爲起居郎改駕部員外郎兼侍御史知雜事移河南少尹兵部郎中轉太府卿漢祖受命用爲宗正卿周初改衛尉卿廣順元年冬十

月稅居于東京夜夢鬼詑之曰公于我塚上安牀深不奉盆暤問鬼姓氏曰李丕文暤曰君言殊誤都城內豈可塚耶曰塚本在野張十八郎展城時圍入忽窹又半月復夢前鬼曰公不相信屈觀吾舍可乎卽以手掊地豁然見華第花木叢萃房廊雕煥立暤于西廡久之見一團火如電前來漸近卽前鬼也引暤深入出其孥泣拜如有所託暤問丕文鬼事曰冥司各有部屬外不知也暤曰余官何至再三不對苦訊之曰齊王判官暤曰張令公爲齊王去世久矣今鄆州高令公爲齊王余方爲列卿豈復爲賓佐乎鬼曰不知也暤既窹欲掘而視之既而又告同僚曰鬼雖見訴其如吾稅舍何乃止廣順二年春朝廷以暤爲高麗冊使三月至鄆節度使高行周以暤嗜酒留連累日旦夕沉醉其月二十三日晨興櫛髮狀如醉寐男泳視之已卒矣太平廣記云銜命使吳越路由鄆州卒于郵亭時年六十一其年八月鄆帥齊王高行周亦夢請齊王判官得無是乎暤從儒學好聚書嗜酒無儀檢然束抱無他急于行義士友以此多之

張沆字太元徐州人父嚴本州牙將沆少力學攻詞賦登進士第唐明宗子秦

王好文然童年疎率動不由禮每賓僚大集手自出題令面前賦詩少不如意則壞裂抵棄沆初以刺謁秦王屬合座客各爲南湖廳記因謂沆曰聞生名久矣請爲此文沆不獲已從之及羣士記成獨取沆所爲勒之于石繇是署爲河南府巡官秦王敗勤歸鄉里晉初桑維翰秉政沆以文干進用爲著作佐郎集賢校理遷右拾遺維翰出鎮奏爲記室從維翰入朝授殿中侍御史歲餘自侍御史改祠部員外郎知制誥召入翰林爲學士維翰罷相馮玉用事不欲沆居禁密改右諫議大夫罷其職漢祖至汴轉右常侍復用爲學士未幾遷工部尚書充職明年以營奉葬事求解職改禮部尚書及歸朝復爲學士太祖以沆耳疾罷職改刑部尚書廣順二年秋命爲故齊王高行周冊贈使復命而卒贈太子少保沆性儒雅好釋氏雖久居祿位家無餘財死之日圖書之外唯使鄆之背耳嗣子尚幼親友慮其耗散上言于太祖乃令三司差人主葬餘資市邸舍以贍其孤焉沆記覽文史好徵求僻事公家應用時出一聯以炫奇筆故不爲馮玉所重雖有聵疾猶出入金門凡五六年漢隱帝末年楊史遇害翌日沆方

知之聽猶未審忽問同僚曰竊聞盜殺史公其盜獲否是時京師恟懼之次聞者笑之有士人申光遜者與沆友善沆未病時夢沆手出小佛塔示光遜視其上有詩十四字云今生不見故人面明月高高上翠樓光遜既寤心惡之俄聞沆卒

張可復字伯恭德州平原人也父逵累贈戸部侍郎可復略通儒術少習吏事梁末薄遊于魏鄴王羅紹威表爲安陽簿唐天成初依晉公霍彦威于青州爲從事晉公以其滑稽好避事目爲薮兎兒長興中入朝拜監察御史六遷至兵部郎中賜金紫晉天福中自西京留守判官入爲祕書少監改左司郎中開運中遷左諫議大夫漢乾祐初湘陰公鎮徐方朝行中選可以從戎者因授武寧軍節度副使檢校禮部尚書及世宗鎮澶淵改鎮寧軍節度行軍司馬三年徵拜給事中世宗嗣位以澶淵幕府之舊拜右散騎常侍顯德元年秋以疾卒年七十有三制贈戸部尚書可復無他才惟以謹愿保長年加之迂懦多爲同列清俊者所侮而累階至金紫居三品之秩亦其命耶

珍倣宋版印

于德辰字進明元城人也幼敏悟篤志好學及射策文場數上不調後唐明宗鎮邢州德辰往謁焉明宗見而器之因得假官于屬邑後繼歷州縣歷仕晉漢周官至工部尚書

王延字世美鄭州長豐人也少爲儒善詞賦會鄉曲離亂不獲從鄉薦因客于浮陽隨滄帥戴思遠入梁嘗以所爲賦謁梁相李琪琪覽之欣然曰此道近難其人王生升我堂矣繇是人士稱之尋薦爲卽墨縣令歷徐宋鄆青四鎮從事長興初鄉人馮道趙鳳在相位擢拜左補闕踰年以水部員外郎知制誥遷中書舍人賜金紫清泰末以本官權知貢舉時有舉子崔頎者故相協之子也協素與吏部尚書盧文紀不睦及延將入貢院文紀謂延曰舍人以謹重聞于時所以去冬老夫在相位時與諸相首以長者聞奏用掌文衡然貢闈取士頗多面目說者云越人善泅生子方晬乳母浮之水上或駭然止之乳母曰其父善泅子必無溺今若以名下取士卽此類也舍人當求實才以副公望延退而謂人曰盧公之言蓋爲崔頎也縱與其父不悅致意何至此耶來春以頎登甲科

其年改御史中丞歲滿轉尙書右丞奉使兩浙吳人深重之復命授吏部侍郎改尙書左丞拜太常卿歷工禮刑三尙書周初以疾求分司西洛授太子少保旣而連月請告爲留臺所糾改少傅致仕廣順二年冬卒時年七十有三子億仕皇朝爲殿中丞

申文炳字國華洛陽人也父鄂唐左千牛衞將軍文炳長興中進士擢第釋褐中正軍節度推官歷孟懷支使鄆城陜縣二邑宰自澶州觀察判官入爲右補闕晉開運初授虞部員外郎知制誥轉金部郎中充職廣順中爲學士遷中書舍人知貢舉（玉壺清話李慶顯德中舉進士工詩有云醉輕浮世事老重故鄉人樞密王朴以此一聯薦于申文炳文炳知貢舉遂爲第三人）顯德五年秋以疾解職授左散騎常侍六年秋卒于家時年五十文炳爲文典雅有訓誥之風執性紓緩待搢紳以禮中年而卒皆惜之

扈載少好學善屬文賦頌碑贊尤其所長廣順初隨計于禮部文價爲一時之最是歲升高等載因遊相國寺見庭竹可愛作碧鮮賦題其壁世宗聞之遣小黃門就壁錄之覽而稱善因拜水部員外郎知制誥遷翰林學士賜緋

載以文章馳名樞密使王朴薦令知制誥除書未下朴詰中書言之轂曰斯人命薄慮不克享耳朴曰公在衡石之地當以材進人何得言命而遺才載遂知制誥遷翰林學士未幾卒世謂朴能薦士轂能知人載已病不能謝居百餘日乃力疾入直學士院世宗憐之賜詔還第遣太醫視疾年三十有六卒載始自解褐至終纔四年而與劉袞皆有才無命時論惜之

劉袞彭城人神爽氣俊富有文藻繇進士第任左拾遺與扈載齊名年二十八而卒

賈緯真定獲鹿人也宋祁景文集賈令君墓誌銘賈氏自唐司空魏國公耽世貫滄州南皮子孫稍稍徙真定五世祖諒高祖瑾曾祖處士諱初有至性疾世方亂守鄉里不肯事四方祖諱緯少苦學爲文唐末舉進士不第遇亂歸河朔本府累署參軍邑宰唐天成中范延光鎮定州表授趙州軍事判官遷石邑縣令緯屬文之外勤于撰述以唐代諸帝實錄自武宗以下闕而不紀乃採掇近代傳聞之事及諸家小說第其年月編爲唐年補錄凡六十五卷識者賞之景文集緯博學善詞章論議明銳一時諸儒皆屈唐自武宗後史錄亡散君掇拾殘餘爲唐年補錄數十萬言敘成敗事甚悉書顯于時晉天福中入爲監察御史改太常博士緯常以史才自負銳于編述不樂曲臺之任乃陳情于相

座又與監修國史趙瑩詩曰滿朝唯我相秉柄無親雖三年司大董最切是編修史才不易得勤勤處處求愚從年始立東觀思優游昔時人未許今來虛白頭春臺與秋閣往往與歸愁信運北闕下不繫如虛舟綿蕝非所好一日疑三秋何當適所願便如昇瀛洲未幾轉屯田員外郎改起居郎史館修撰又謂瑩曰唐史一百三十卷止于代宗已下十餘朝未有正史請與同職修之瑩以其言上奏晉祖然之謂李崧曰賈緯欲修唐史如何對曰臣每見史官輩言唐朝近百年來無實錄既無根本安能編紀緯聞崧言頗怒面責崧沮己崧曰與公鄉人理須相惜此事非細安敢輕言緯與宰臣論說不已明年春敕修唐史緯在籍中月餘丁內艱歸真定開運初服闋復起居郎修撰如故尋以本官知制誥緯長于記注應用文筆未能過人而議論剛強儕類不平之因目之爲賈鐵嘴開運中累遷中書舍人契丹入京師隨契丹至真定後與公卿還朝授左諫議大夫緯以久次綸閣比望丞郎之拜及遷諫署觖望彌甚蘇逢吉監修國史以緯頻投文字甚知之尋充史館修撰判館事乾祐中受詔與王伸竇儼修漢

高祖實錄緯以筆削爲己任然而褒貶之際憎愛任情晉相桑維翰執政日薄緯之爲人不甚見禮緯深銜之及敘維翰傳身沒之後有白金八千鋌他物稱是翰林學士徐台符緯邑人也與緯相善謂緯曰竊聞吾友書桑魏公白金之數不亦多乎但以十目所覩不可厚誣緯不得已改爲白金數千鋌緯以撰述之勞每詣宰執懇祈遷轉遇內難不果太祖即位改給事中判館如故先是竇貞固奏請修晉朝實錄既竟亦望陞擢貞固猶在相位乃上疏抗論除拜不平旣而以所撰日歷示監修王峻皆媒孽貞固及蘇禹珪之短歷詆朝士之先達者峻惡之謂同列曰賈給事家有士子亦要門閥無玷今滿朝並遭非毀教士子何以進身乃于太祖前言之出爲平盧軍行軍司馬時符彥卿鎮青州以緯文士厚禮之緯妻以緯左遷駭惋傷離病留于京緯書候之曰勉醫藥來春與子同歸獲鹿廣順二年春緯卒及訃至妻一慟而終果雙柩北歸聞者歎之緯有集三十卷目曰草堂集並所撰唐年補錄六十五卷皆傳于世

趙延乂字子英秦州人曾祖省躬以明術數爲通州司馬遇亂避地于蜀祖師

古黔中經略判官父温珪仕蜀爲司天監温珪長于袁許之術兼之推步王建時深蒙寵待延問得失事微差跌卽被詰讓臨終謂其子曰技術雖是世業吾仕蜀已來幾由技術而死爾輩能以他途致身亦良圖也延乂少以家法仕蜀由曆爲奉禮部翰林待詔蜀亡入洛時年三十天成中得蜀舊職延乂世爲星官兼通三式尤長于袁許之鑒清泰中嘗與樞密直學士呂琦並宿于內廷琦因從容密問國家運祚延乂曰來年厄會之期俟過別論琦訊之不已延乂曰保邦在刑政保祚在福德在刑政則術士不敢言奈際會諸公罕有卓絕福德者下官實有恤緯之懵其年兼衛尉少卿晉天福中代馬重績爲司天監契丹入京師隨至鎮州時契丹滿達勤爲帥會漢高祖定兩京控鶴都將李筠與諸校密謀劫庫兵逐契丹猶豫未決謀于延乂因假以術數贊成之契丹既去還京師官秩如舊廣順初加檢校司徒本官如故太祖數召對焉歐陽史周太祖自魏以兵入京師召延乂問漢祚短促者天數耶延乂言王者撫天下當以仁恩德澤而漢淫酷刑法枉濫天下稱寃此其所以亡也是時太祖方以兵圍蘇逢吉劉銖第欲誅其族聞延乂言悚然因貸其族二家獲全延乂善交遊達機變兼有技術見者歡心二年授太府

卿判司天監事其年夏初火犯靈臺延乂自言星官所忌又言身命宮災併未幾其子卒尋又妻卒俄而延乂嬰疾故人省之舉手曰多謝諸親死災不可逭也尋卒年五十八贈光祿卿

沈遘字期遠睢陽人也父振貝州永濟令累贈左諫議大夫遘幼孤以苦學爲志弱冠登進士第釋褐除校書郎由御史臺主簿拜監察御史凡五遷至金部郎中充三司判官廣順中以本官知制誥世宗嗣位擢爲翰林院學士歲滿拜中書舍人充職顯德三年夏扈從南征遇疾歸及京而卒遘爲人謙和勤于接下每文士投贄必擇其賢者而譽之故當時後進之士多歸焉

李知損字化機大梁人也少輕薄利口無行梁朝時以牒刺篇詠出入于內臣之門由是浪得虛譽時人目之爲李羅隱累爲藩鎮從事入拜左補闕歷刑部兵部員外郎度支判官右司郎中坐受摧鹽使王景遇厚賂謫于均州漢初歸朝除右司郎中兼侍御史知雜事廣順中拜右諫議大夫時王峻爲樞密使知損以與峻有舊遂詣峻求使于江浙峻爲上言太祖素聞知損所爲甚難之峻

曰此人如或辱命譴之可也太祖重違其請遂可之知損既受命大恣其荒誕之意遂假資于人廣備行李及卽路所經州郡無不強貸又移書于青州符彥卿借錢百萬及在鄆亭行止穢雜王峻聞而奏之乃責授棣州司馬世宗卽位切于求人素聞知損狂狷好上封事謂有可采且欲聞外事卽命徵還遽與復資數月之間日貢章疏多斥讒貴近自謀進取又上章求爲過海使世宗因發怒仍以其醜行曰彰故命除名配沙門島知損將行謂所親曰余嘗遇善相者言我三逐之後當居相位余自此而三矣子姑待我後歲餘卒于海中其庸誕也如此五代史補李知損官至諫議大夫好輕薄時人謂之李羅隱至于親友間往還餽櫝往往引里巷常談謂之偶對常有朝士奉使回以土物爲贈其意猶望郤回知損覺之且貽書謝之曰在小子一時間郤擬送去恐大官兩羅裏更不將來乾祐中奉使鄭州時宋彥筠爲節度彥筠小字忭兒因宴會彥筠酒酣輒問曰衆人何爲號足下爲羅隱對曰下官平素好爲詩其格致大抵如羅隱故人爲號彥筠曰不然蓋爲足下輕薄如羅隱耳知損大怒厲聲曰只令公人皆謂之宋忭兒未必便能放牛滿座皆笑

孫晟本名鳳南唐書云孫忌高密人一名鳳又名晟少舉進士性陰賊好奸謀少爲道士工詩于廬山簡寂觀畫唐詩人賈島像懸于屋壁以禮事之觀主以爲妖妄執杖驅出之大

爲時輩所嗤改儒服謁唐莊宗于鎭州授祕書省著作佐郎南唐書云豆盧革爲相雅知忌辟爲判官天成初朱守殷據夷門叛時晟爲幕賓贊成其事是時晟常擐甲露刃以十數騎自隨巡行于市多所屠害汴人爲之切齒城陷朱氏被誅晟乃匿跡更名棄其妻子亡命于陳宋閒歐陽史云安重誨惡晟以爲教守殷反者晟也畫其像購之不可得遂族其家晟奔于吳會同惡者送之過淮吳人方納叛亡卽以僞官授之晟亦微有詞翰李昪僞尊楊溥爲讓皇之冊文卽晟之詞也故江南尤重之二十年閒累歷僞任財貨邸第頗適其意晟以家妓甚衆每食不設食机令衆妓各執一食器周侍于其側謂之肉臺盤其自養稱愜也如是南唐書忌爲舒州節度使治軍嚴有歸化卒二人正晝挺白刃入府求忌殺之入自西門吏士倉卒莫能禦適忌閑行在東門闉劉得民家馬乘之奔桐城叛卒不得忌乃殺都押衙李建崇而逸忌坐貶光祿卿顯德三年春王師下廣陵江左驚窘李景僞署晟爲司空令奉貢于行在世宗遣右常侍劉悅伴之賜與甚厚洎隨駕到闕舍于都亭驛禮遇殊優每召見飲之醇醴問以江南事晟但言吳畏陛下之神武唯以北面爲求保無二也先是張永德守下蔡素與李重進不協每宴將校多暴其短一日永德乘醉乃大言重進潛蓄奸謀當時將校

無不驚駭繇是人情大擾後密遣親信乘驛上言世宗不聽亦不介意一日重進自壽陽去其部從直指永德帳下宴飲終日而去自此人情稍安時李景覘而知之因密令人賫蠟書遺重進勸爲不軌重進以其蠟書進呈世宗覽之皆斥譖反間之言世宗怒晟前言失實因急召侍衛都虞候韓通令收晟下獄與其從者百餘人皆誅之南唐書云世祖命都承旨曹翰護至右軍巡院猶飲之酒數酌翰起曰相公得罪賜自盡忌怡然整衣索笏東南望再拜曰臣受恩深謹以死謝從者二百人亦皆誅死于東相國寺翌日宰臣上謁世宗親諭之始知其事實議者以晟昔構禍于梁民今伏法于梁獄報應之道豈徒然哉晟性慷慨常感李景之厚遇誓死以報之釣磯立談云晟將命周朝自知不免私謂副使王崇質曰吾思之熟矣終不忍負永陵一坏土餘非所知也及將下獄世宗令近臣問以江南可取之狀晟默然不對臨刑之際整其衣冠南望金陵再拜而言曰臣惟以死謝遂伏誅



珍做宋版印

舊五代史卷一百三十一考證

周列傳十一王延傳改少傅致仕　案歐陽史作以太子少保致仕

賈緯傳開運中累遷中書舍人　案王珪華陽集賈文元墓誌銘作曾祖緯晉中書舍人宋史賈昌朝傳因之然緯實終于周非終于晉也宋祁景文集又作漢周間中書舍人據此傳緯仕漢周未嘗再爲舍人疑景文集誤

趙延乂傳　案歐陽史作趙延義

孫晟傳朱氏被誅晟乃匿跡更名棄其妻子亡命于陳宋間　案孫晟一名忌南唐書云天成中與高輦同事秦王從榮從榮敗忌亡命至正陽未及渡追騎奄至疑其狀偉異睨之忌不顧坐淮岸捫敝衣齧虱追者乃捨去是以晟爲秦王賓客而出亡也與是書異歐陽史從是書

滿達勒舊作麻答今改

舊五代史卷一百三十一考證

# 舊五代史卷一百三十二

宋門下侍郎參知政事監修國史薛居正等撰

## 世襲列傳第一

李茂貞本姓宋名文通深州博野人祖鐸父端唐乾符中鎮州有博野軍宿衞京師屯於奉天文通時隸本軍爲市巡累遷至隊長黄巢犯闕博野軍留於鳳翔時鄭畋理兵於岐下畋遣文通以本軍敗尚讓之衆於龍尾坡以功爲神策軍指揮使朱玫之亂唐僖宗再幸興元文通扈蹕山南論功第一遷檢校太保同平章事洋蓬壁等州節度使賜姓名茂貞僖宗親爲製字曰正臣光啓二年王行瑜殺朱玫于京師李昌符擁兵于岐下詔茂貞與陳佩等討之三年誅昌符車駕還京以茂貞爲鳳翔節度使加檢校太尉兼侍中隴西郡王大順二年觀軍容使楊復恭得罪奔山南與楊守亮據興元叛茂貞與王行瑜討平之詔以宰相徐彥若鎮興元茂貞違詔表其假子繼徽爲留後堅請旄鉞昭宗不得已而授之自是茂貞恃勳恣横擅兵窺伺頗干朝政始萌問鼎之志矣既而逐

涇原節度使張球洋州節度使楊守忠鳳州刺史滿存皆奪據其地奏請子弟爲牧伯朝廷不能制大臣奏議言其過者茂貞卽上章論列辭旨不遜奸邪者因之附麗遂成朋黨朝政于是隳焉昭宗性英俊不任其倨欲加討伐乾寧初命宰臣杜讓能調發軍旅師未越境爲茂貞所敗茂貞乘勝進屯三橋京師大震士庶奔散天子乃誅中尉西門君遂李周潼等謝之茂貞嚴兵不解勢將指闕抗言讓能之罪誅之方罷及韋昭度李谿爲相茂貞聽崔昭緯之邪說復沮其事表昭度等無相業不可置之台司恐亂天下詔報曰軍旅之事吾則與藩臣圖之朝廷命相出自朕懷又請授王珙河中節度使詔報曰太原表先至已許王珂不可追改乾寧二年五月茂貞與王行瑜韓建稱兵入覲京師震恐天子御樓待之抗表請殺宰相韋昭度李谿以謝天下移王珙于河中旣還留其假子繼鵬宿衞卽閻珪也時後唐武皇上表請討三鎮以寧關輔是歲七月太原之師至河中繼鵬與中尉景宣之子繼晟迫車駕幸鳳翔昭宗曰太原軍未至鑾輿不可輒動朕與諸王固守大內卿等安輯京師如太原實至吾可以方

略制之繼鵬與景宣中尉駱全權因燔燒東市中夜大譟昭宗登承天門樓避亂令捧日都將李雲守樓下繼鵬率衆攻雲昭宗憑軒慰諭繼鵬彎弧大呼矢拂御衣中樓桷侍臣掖昭宗下樓還宮繼鵬卽縱火攻宮門昭宗詔諸王謀其所向李雲奏曰事急矣請且幸臣營雲乃與扈蹕都將李君慶衞昭宗啓夏門出駐華嚴寺晡晚出幸南山之莎城駐于石門山之佛寺是月武皇至渭北遣副使王瓌奉表行在昭宗以武皇爲行營都統進討邠岐茂貞懼斬繼鵬繼晟上表待罪昭宗原之武皇曰不誅茂貞關輔無由寧謐時附茂貞者奏云若太原盡殄邠岐必入關輔京師憂未艾也乃詔武皇與茂貞和及行瑜誅武皇班師茂貞怨望驕橫如故明年五月制授茂貞東川節度使仍命通王覃王治禁軍于闕下如茂貞違詔卽討之茂貞懼將赴鎭王師至興平夜自驚潰茂貞因出乘之官軍大敗車駕倉猝出幸華州茂貞之衆因犯京師焚燒宮闕大掠坊市而去自此長安大內盡爲丘墟矣四年昭宗復命宰臣孫偓統軍進討韓建諫止令茂貞上章請雪光化中加茂貞尚書令岐王令其子繼筠以兵宿衞天

復元年十月梁祖攻同華勢逼京師十一月六日繼筠與中尉韓全誨劫昭宗幸鳳翔茂貞遂與全誨矯詔徵兵天下將討梁祖宰相崔允召梁祖引四鎮之兵屯于岐下重壍複壘圍守三年茂貞山南諸州盡為王建所陷涇原秦隴邠鄜延夏皆降于汴茂貞獨據孤城內外援絕乃請車駕還京求和于汴卽斬韓全誨等二十人首級送于梁祖自是兵力殫盡垂翅不振懼梁祖復討請落尚書令許之（九國志李彥琦傳彥琦本姓楊氏鳳翔李茂貞委以心腹之任易姓李氏齒于諸子後昭宗西幸梁祖迎駕攻逼岐下者累年及昭宗東還長圍方解大軍之後府庫空竭彥琦請使甘州以通回鶻往復二載美玉名馬相繼而至所獲萬計茂貞賴之）及梁祖建號茂貞與王建會兵于太原志圖興復竟無成功茂貞疆土危蹙不遂僭竊之志但開岐王府署天官目妻為皇后鳴鞘掌扇宣詞令一如王者之制然尚行昭宗之正朔焉茂貞鼠形多智數軍旅之事一經耳目無忘之者性至寬有部將符昭者人或告其謀變茂貞親至其家去其爪牙熟寢經宿而還軍士有鬬而訴者茂貞曰喫令公一椀不托與爾和解遂致上下服之尤善事母母終茂貞哀毀幾滅性聞者嘉之但御軍整衆都無紀律嘗食則造庖廚往往席地而坐內外持

珍倣宋版印

管鑰者亦呼爲司空太保與夫細柳大樹之威名蓋相遠矣及莊宗平梁茂貞自爲季父以書賀之及聞莊宗入洛懼不自安方上表稱臣尋遣其子繼曮來朝詔茂貞仍舊官進封秦王所賜詔勑不名又以茂貞宿望耆老特加優禮及疾篤遣中使賜醫藥問訊同光二年夏四月薨年六十九諡曰忠敬子從曮嗣

從曮茂貞之長子也未冠授諮議參軍賜緋魚袋尋還領彭州副使鳳翔衙內都指揮使天復中自秦王府行軍司馬檢校太傅出爲涇州兩使留後茂貞尋承制加開府儀同三司檢校太尉兼侍中四鎭北庭行軍彰義軍節度使及唐莊宗平梁茂貞令從曮入覲制加從曮兼中書令俄而茂貞薨遺奏權知鳳翔軍府事詔起復授鳳翔節度管內觀察處置等使三年九月以魏王繼岌伐蜀詔充供軍轉運應接使四年正月蜀平繼岌命部署王衍一行東下至岐監軍使柴重厚不與符印促令赴闕從曮至華下聞內難歸鎭明宗詔誅重厚從曮以軍民不擾重厚之力也不以前事爲隙上表論救事雖不允時議嘉之天成元年五月制落起復加檢校太師其年九月敕曰李從曮等世聯宗屬任重藩

宣慶善有稱忠勤甚著既預維城之列宜新定體之文是降寵光以隆惇敘俾煥成家之美貴從猶子之規宜于曮昶照上改稱從自長興元年明宗有事于南郊從曮入覲禮畢移鎮汴州四年復入覲改天平軍節度使及唐末帝起兵于岐下盡取從曮家財器仗以助軍須末帝發離岐城吏民扣馬乞以從曮爲帥末帝許之清泰初卽以從曮復爲鳳翔節度使仍封秦國公晉高祖登極繼封秦王岐王累食邑至一萬五千戶食實封一千五百戶少帝嗣位加守太保開運三年冬卒于鎮年四十有九從曮少敏悟善筆札性柔和無節操當莊宗新有天下因入覲獻寶裝針珥于皇后宮時以爲佞但進退閒雅慕士大夫之所爲有請謁者無賢不肖皆盡其敬鎮于岐山前後二紀每花繁月朗必陳勝會以賞之客有困于酒者雖吐茵墮幘而無厭色左右或有過未嘗笞責先人汧隴之閒有田千頃竹千畝恐奪民利不令理之致岐陽父老再陳借寇之言良有以也子永吉歷數鎮行軍司馬五代史補李曮岐王之子昆仲閒第六官至中書令世謂之六令公性情好戲爲鳳翔節度因生辰鄰道持賀禮使畢至有魏博使少年如美婦人秦鳳使矬陋且多髯二人坐又相接而魏使在下曮因曰二使車一妍一醜何不相嘲以爲樂

珍倣宋版印

事魏博使特少俊先起曰今日不幸與水草大王接席秦鳳使徐起應曰水草大王不敢承命然吾子容貌如此又坐次相接得非水草大王夫人耶在坐皆笑

從昶茂貞之第二子也十餘歲署本道中軍使後唐同光中茂貞疾從昶年十五遣代兄從曮爲涇州兩使留後朝廷尋加節制天成中明宗卽位改鎮三峯累官至檢校太保會郊天大禮表請入覲以恩加檢校太傅俄有代歸闕授左驍衞上將軍改右龍武統軍未幾出鎮許田在鎮三年淸泰中復入爲右龍武統軍再遷左龍武統軍晉天福三年冬卒于官時年四十贈太尉從昶生于紈綺少習華侈以逸遊讌樂爲務而音律圖畫無不通之然性好談笑喜接賓客以文翰爲賞會無虛日復篤信釋氏時岐下有僧曰阿闍黎通五天竺語爲士人所歸從昶凡歷三鎭無尤政可褒無苛法可貶人用安之亦將門之令嗣也

弟從照歷隴州刺史諸衞大將軍卒

茂勳茂貞之從弟也唐末爲鳳翔都將茂貞表爲鄜州節度使累官至兼侍中梁祖之圍鳳翔也茂勳兵屯岐山梁祖以羸師誘之命孔勍潛率勁兵襲下鄜

州盡俘其家茂勳遂歸于梁改名周彝署元帥府行軍司馬開平中爲河陽節度使從梁祖伐鎮州圍棗強縣時有一民縋城而出茂勳納之而不疑一日其民竊發以木檐擊茂勳踣于地賴左右救至僅免居無何還金吾上將軍副王瓚將兵于景店瓚令分屯西寨莊宗擊而敗之降爲左衛上將軍逾年以太子太傅致仕同光中復名茂勳天成初以疾卒于洛陽

高萬興河西人祖君佐鄜延節度判官父懷遷都押衙萬興與弟萬金俱有武幹效用于本軍河西自王行瑜敗後郡邑皆爲李茂貞之所強據以其將胡敬璋爲節度使萬興爲敬璋騎將昆弟俱有戰功邠州節度使楊崇本者茂貞之假子也號李繼徽梁祖旣弒昭宗茂貞繼徽與西川王建之師會于岐陽以圖興復皆陳兵關輔梁祖遣將王重師守雍州劉知俊守同州以拒之天祐五年冬敬璋卒崇本以其愛將劉萬子爲鄜延帥萬子以兇暴而失士心又崇本爲汴人所攻六年二月萬子葬敬璋將佐皆集于葬所萬興萬金因會縱兵攻萬子殺之歸款于汴梁祖以萬興爲鄜延招撫使與劉知俊合兵攻收鄜坊丹延

等州梁祖乃分四州爲二鎭以萬興萬金皆爲帥及萬金卒梁祖以萬興兼彰武保大兩鎭累加至太師中書令封北平王莊宗定河洛萬興來朝預郊禮陪位旣還鎭復以舊爵授之同光三年十二月卒于位以其子允韜權典留後

允韜字審機初仕梁朝起家授同州別駕尋加檢校右僕射改金紫光祿大夫檢校司空充保大軍内外馬步軍指揮使唐同光中檢校太保充保大軍兩使留後萬興卒允韜自理所奔喪天成初起復檢校太傅充延州節度使長興元年移鎭邢州頃之爲右龍武統軍未幾授滑州節度使清泰二年八月卒于任年四十二詔贈太師

韓遜本靈州之列校也會唐季之亂因據有其地朝廷乃授以節鉞梁初累加檢校太尉同平章事開平中梁將劉知俊自同州叛歸鳳翔李茂貞以地褊不能容乃借兵以窺靈武且圍牧圉之地知俊乃率邠岐秦涇之師數萬攻遜于靈州遜竭力以拒之久之知俊遁去梁祖嘉之自是累加官至中書令封頴川郡王遜亦善于爲理部民請立生祠堂于其地梁祖許之仍詔禮部侍郎薛廷

珪撰文以賜之其廟至今在焉貞明初遜卒于鎮
洙遜之子也遜卒三軍推爲留後梁末帝聞之起復正授靈武節度使特進檢校太傅同平章事貞明四年春靈武將軍尙貽敏等上言洙已服闋乞落起復梁末帝令中書商量宰臣奏曰舊例藩鎮落起復如先人已是一品階卽與加爵如未是一品階卽合加階乃授洙開府儀同三司唐莊宗明宗累加官爵天成四年夏洙卒朝廷以其弟澄爲朔方軍節度觀察留後是歲有列校李賓作亂部內不安乃遣使上表請帥于朝廷明宗命前磁州刺史康福爲朔方河西等軍節度靈威雄警涼等州觀察處置度支溫池榷稅等使仍遣福領兵萬人赴鎮其後靈武遂受代焉
李仁福世爲夏州牙將本拓拔氏之族也唐乾符中有拓拔思恭爲夏州節度使廣明之亂唐僖宗在蜀詔以思恭爲京城西北收復都統預破黃巢有功僖宗賜姓故仁福亦以李爲氏思恭卒弟思諫繼之梁開平元年授思諫檢校太尉兼侍中二年思諫卒三軍立其子彝昌爲留後尋起復正授旄鉞三年春牙

將高宗益等作亂彝昌遇害時仁福爲蕃部指揮使本州軍吏迎立仁福爲帥其年四月梁祖降制授仁福檢校司空充定難軍節度使未幾後唐武皇遣大將周德威會邠鳳之師五萬同攻夏州仁福固守月餘梁援軍至德威遁去梁祖喜之超授檢校太保同平章事仁福自梁貞明龍德及後唐同光中累官至檢校太師兼中書令封朔方王長興四年三月卒于鎮其年追封虢王子彝超嗣

彝超仁福之次子也歷本州左都押衙遷防遏使仁福卒三軍立爲帥矯爲仁福奏云臣疾已甚已委彝超權知軍州事乞降眞命明宗聞之遂以彝超爲延州留後以延帥安從進爲夏州留後朝廷慮不從命詔邠州節度使藥彥稠宮苑使安從益等率師援送從進赴鎮仍降詔諭之云近據西北藩鎮奏定難軍節度使李仁福薨朕以仁福自分戎閫遠鎮塞垣威惠俱行忠孝兼著當本朝播越之後及先皇興復之初爰及眇躬益全大節統臨有術遠邇咸安委仗方深凋殞何速忽窺所奏深愴予懷不朽之功既存于社稷有後之慶宜及于子

孫但以彼藩地處窮邊每資經略厥子年纔弱冠未歷艱難或虧駕御之方定起姦邪之便其李彝超已除延州節度觀察留後便勒赴任但夏銀綏宥等州最居邊遠久屬亂離多染夷狄之風少識朝廷之命卽乍當于移易宜普示于渥恩應夏銀綏宥等州管內罪無輕重常赦所不原者并公私債負殘欠稅物一切並放兼自刺史指揮使押衙已下皆勒依舊各與改轉官資朕自總萬幾惟宏一德內安華夏外撫戎夷先既懷之以恩後必示之以信且如李從曮之守岐隴疆土極寬高允韜之鎮鄜延甲兵亦衆咸能識時知變舉族歸朝從曮則見鎮大梁允韜則尋除鉅鹿次及昆仲並建節旄下至將僚悉分符竹又若王都之貪上谷李賓之恡朔方或則結搆契丹偷延旦夕或則依憑党項竊據山河不稟除移惟謀旅拒纔興討伐已見覆亡何必廣引古今方明利害祗陳近事聊諭將來彼或要覆族之殃則王都李賓足爲鑒戒彼或要全身之福則允韜從曮可作規繩朕設兩途爾宜自擇或慮將校之內親要之間幸彼幼冲恣其熒惑遂成騷動致累生靈今特差邠州節度使藥彥稠部領馬步兵士五

萬人騎送安從進赴任從命者秋毫勿犯違命者全族必誅先令後行有犯無舍云其年夏四月彝超上言奉詔授延州留後已迎受恩命緣三軍百姓擁隔未放赴任明宗遣閤門使蘇繼彥齎詔促之五月安從進領軍至城下彝超不受代從進駐軍以攻之秋七月彝超昆仲登城謂從進曰孤弱小鎮不勞王師攻取虛煩國家餉運得之不武爲僕聞天子乞容改圖時又四面党項部族萬餘騎薄其糧運而野無芻牧關輔之人運斗粟束藁動計數千窮民泣血無所控訴復爲蕃部殺掠死者甚衆明宗聞之乃命班師彝超亦上表謝罪乃授彝超檢校司徒充定難軍節度使旣而修貢如初清泰二年卒于鎮弟彝興襲其位

彝興本名彝殷皇朝受命之初以犯廟諱故改之彝超旣卒時彝興爲夏州行軍司馬三軍推爲留後唐末帝聞之正授定難軍節度使晉天福初加檢校太尉同平章事末帝嗣位加檢校太師八年秋彝興與弟綏州刺史彝敏與其黨作亂爲彝興所逐彝敏奔延州彝興押送到闕骨肉二百餘口朝廷以彝興之故

縶送本道斬之開運元年春詔以彝興爲契丹西南面招討使漢乾祐元年春

加兼侍中是歲李守貞叛于河中潛使人搆之彝興爲之出師駐于延州之北

境既而聞守貞被圍乃收軍而退周顯德中累加至守太傅兼中書令封西平

王皇朝建隆元年春制加守太尉始改名彝興乾德五年秋卒于鎮制贈太師

追封夏王子光叡繼其位其後事具皇朝日歷

舊五代史卷一百三十二

舊五代史卷一百三十二考證

世襲列傳一李茂貞傳捧日都將李雲　案新唐書及通鑑俱作李筠是書韓建傳亦作李筠惟此傳作李雲

李茂勳傳一日其民竊發以木檔擊茂勳踣于地　案通鑑攷異引唐餘錄云衆強民欲擊梁祖誤中茂勳蓋傳聞之異辭也附識于此

高萬興傳五年冬敬璋卒　卒原本訛平今據文改正

李仁福傳拓拔思恭　案思恭歐陽史作思敬

舊五代史卷一百三十二考證

宋門下侍郎參知政事監修國史薛居正等撰

世襲列傳第二

高季興字貽孫陝州硤石人也本名季昌及後唐莊宗卽位避其廟諱改焉幼隸于汴之賈人李七郎梁祖以李七郎爲子賜姓名友讓梁祖嘗見季興于僕隸中其耳面稍異命友讓養之爲子梁祖以季興爲牙將漸能騎射唐天復中昭宗在岐下梁祖圍鳳翔日久衆議欲班師獨季興諫止之語在梁祖紀中既而竟迎昭宗歸京以季興爲迎鑾毅勇功臣檢校大司空行宋州刺史從梁祖平青州改知宿州事遷潁州防禦使梁祖令復姓高氏擢爲荊南兵馬留後荊州自唐乾符之後兵火互集井邑不完季興招輯離散流民歸復梁祖嘉之乃授節鉞梁開平中破雷彥恭于朗州加平章事荊南舊無外壘季興始城之遂厚斂于民招聚亡命自後僭臣于吳蜀梁氏稍不能制焉因就封渤海王嘗攻襄州爲孔勍所敗及莊宗定天下季興來朝于洛陽加兼中書令時論多請留

之郭崇韜以方推信義于華夏請放歸藩季興促程而去至襄州酒酣謂孔勍曰是行有二錯來朝一錯放回二錯洎至荊南謂賓佐曰新主百戰方得河南對勳臣誇手抄春秋又豎手指云我于指頭上得天下如此則功在一人臣佐何有且遊獵旬日不回中外之情其何以堪吾高枕無憂矣乃增築西面羅城備禦敵之具時梁朝舊軍多爲季興所誘由是兵衆漸多跋扈之志堅矣明年冊拜南平王魏王繼岌平蜀盡選其寶貨浮江而下船至峽口會莊宗遇禍季興盡邀取之明宗卽位復請夔峽爲屬郡初俞其請後朝廷除刺史季興上言稱已令子弟權知郡事請不除刺史不臣之狀既形詔削奪其官爵天成初命西方鄴興師收復三州又遣襄州節度使劉訓總兵圖荊南以問其罪屬霖潦班師三年冬季興病脚氣而卒其子從誨嗣立累表謝罪請修職貢由是復季興官爵諡曰武信

從誨初仕梁歷殿前控鶴都頭鞍轡庫副使左軍巡使如京使左千牛大將軍荊南衙內都指揮使領濠州刺史改歸州刺史累官至檢校太傅初季興之將

叛也從誨常泣諫之季興不從天成三年冬季興薨從誨乃上表謝罪復修職貢明宗嘉之尋命起復授荆南節度使兼侍中長興三年加檢校太尉應順中封南平王清泰初加檢校太師晉天福中加守中書令六年襄州安從進反王師攻討從誨饋軍食以助焉詔書襃美尋加守尙書令從誨上章固讓朝廷遣使敦勉竟不受其命時有術士言從誨年命有厄宜退避寵祿故也及契丹入汴漢高祖起義于太原間道遣使奉貢密有祈請言俟車駕定河汴願賜郢州爲屬郡漢祖依違之及入汴從誨致貢求踐前言漢高祖不從從誨怒率州兵攻郢州旬日爲刺史尹實所敗自是朝貢不至從誨東通于吳西通于蜀皆利其供軍財貨而已末年以鎭星在翼軫之分乃釋羅紈衣布素飲食節儉以禳災咎尋令人祈託襄州安審琦請歸朝待罪朝廷亦開納之漢乾祐元年冬十一月以疾薨于位詔贈尙書令諡曰文獻子保融嗣位至荆南節度使守太傅中書令封南平王皇朝建隆元年秋卒諡曰貞懿其諸將之倚任者則有王保義保義本姓劉名去非幽州人少爲縣吏粗暴無行習騎射敢鬬擊劉仁恭之

子守奇善射惟去非許以爲能守奇以兄守光奪父位亡入契丹又自契丹奔太原去非皆從之莊宗之伐燕也守奇從周德威引軍前進師次涿州刺史姜行敢登陴固守去非呼行敢曰河東小劉郎領軍來爲父除兇爾何敢拒守奇免胄勞之行敢遙拜即開門迎降德威害其功密告莊宗言守奇心不可保莊宗召守奇還計事行次土門去非說守奇曰公不施寸兵下涿郡周公以得非己力必有如簧之間太原不宜往也公家于梁素有君臣之分宜往依之介福萬全矣守奇乃奔梁梁以守奇爲滄州留後以去非爲河陽行軍司馬時謝彥章移去非爲鄆州刺史及莊宗平河洛去非乃棄郡歸高季興爲行軍司馬仍改易姓名自是季興父子倚爲腹心凡守藩規畫出兵方略言必從之乾祐元年夏高從誨奏爲武泰軍節度留後依前荊南行軍司馬加檢校太尉後卒于江陵

保勖季興之幼子也鍾愛尤甚季興在世時或因事盛怒左右不敢竊視惟保勖一見季興則怒自解故荊人目之爲萬事休皇朝建隆四年春卒是歲荊門

之地不爲高氏所有則萬事休之言蓋先兆也五代史補高季興本陝州陝人爲太祖裨將出爲郢州防禦使時荆南成汭征鄂州不利而卒太祖命季興爲荆南留後到未幾會武陵土豪雷彥恭作亂季興破之遂以功授荆南節鉞莊宗定天下季興首入覲因拜中書令封南平王初季興嘗從梁太祖出征引軍早發至逆旅未曉有嫗秉燭迎門具禮甚厚季興疑而問之對曰妾適夢有人叩關呼曰速起速起有裂土王來及起盥漱畢秉燭開門而君子奄至得非所謂王者耶所以不敢褻慢爾季興喜及來荆南竟至封王 而高從誨季興之庶子而處長爲性寬厚雖士大夫不如也天成中季興叛從誨力諫之不從及季興卒朝廷知從誨忠使嗣亦封南平王初季興之事梁也每行軍常以愛姬張氏自隨一旦軍敗擴之而竄遇夜誤入深澗中時張氏方妊行遲季興恐爲所累俟其寢酣以劍刺岸邊而壓殺之然後馳去既而岸欲崩張氏且驚起呼季興曰妾適夢大山崩而壓妾身有神人披金甲執戈以手托之遂免季興聞之謂必生貴子遂挈之行後生從誨梁震蜀郡人有才略登第後寓江陵高季興素聞其名欲任爲判官震恥之然難于拒恐禍及因謂季興曰本山野鄙夫也非有意于爵祿若公不以孤陋令陪軍中末議但白衣從事可矣季興奇而許之自是震出入門下稱前進士而已同光中莊宗得天下季興懼而入覲時幕客皆贊成震獨以爲不可謂季興曰大王本梁朝與今上世稱讎敵血戰二十年卒爲今上所滅神器大寶雖歸其手恐餘怒未息觀其舊將得無加害之心宜深慮焉季興不從及至莊宗果欲留之樞密郭崇韜切諫以爲不可天下既定四方諸侯雖相繼稱慶然不過子弟與將吏耳惟季興而躬自入覲可謂尊獎王室者也禮待不聞加等反欲留縶之何以來遠臣恐此事一行則天下解體矣莊宗遂令季興歸行已浹旬莊宗易慮遽以詔命襄州節度劉訓伺便因之而季興至襄州就館而心動謂吏曰吾方寸擾亂得非朝廷使人追而殺吾耶梁先輩之言中矣與其住而生不若去而死遂棄輜重與部曲趫健者數百人南走至鳳林關已昏黑于是斬關而去既而是夜三更向之急遞果至襄州劉訓料其去遠不可追而止

自是季興怨憤以兵襲取復州之監利玉沙二縣命震草奏請以江爲界震又曰不可若然則師必至矣非大王之利也季興怒卒使爲之旣而奏發未幾朝廷遣夏魯奇房知温等領兵來伐季興登城望之見其兵少喜欲開城出戰震復諫曰大王何不思之甚耶且朝廷禮樂征伐之所自出兵雖小而勢實大加以四方諸侯各以相吞噬爲志但恨未見得其便耳若大王不幸或得一戰勝則朝廷徵兵于四方其誰不欲仗順而起以取大王之土地耶如此則社稷休矣爲大王計者莫若致書于主帥且以牛酒爲獻然後上表自劾如此則庶幾可保矣不然則非僕之所知也季興從之果班師震之裨贊皆此類也洎季興卒子從誨繼立震以從誨生于富貴恐相知不深遂辭居于龍山別業自號處士從誨見召皆跨黄牛直抵廳事前下呼從誨不以官閥但充召而已末年尤好篇詠與僧齊己友善貽之詩曰陳琳筆硯甘前席角里烟霞憶共眠蓋以寫其高尚之趣也

馬殷字霸圖許州鄢陵人也少爲木工及蔡賊秦宗權作亂始應募從軍初隨孫儒渡淮陷廣陵及儒敗于宣州殷隨別將劉建峯過江西連陷洪鄂潭桂等州建峯盡有湖南之地遂自爲潭帥頃之建峯爲部下所殺潭人推行軍司馬張佶爲帥時殷方統兵攻邵州佶曰吾才不及馬殷卽牒殷付以軍府事殷自邵州還軍犒勞將士誅害建峯者數十人自爲留後久之朝廷命爲湖南節度使遂有潭衡七州之地唐天復中楊行密急攻江夏杜洪求援于荆南成汭舉舟師援之時灃朗節度使雷彦恭乘汭出師襲取荆州載其寶貨焚毀州城而

珍倣宋版印

去彥恭東連行密斷江嶺行商之路殷與高季興合勢攻彥恭于澧朗數年擒之盡有其地乃以張佶爲朗州節度使由是兵力雄盛殷于梁貞明中爲時姑息所求皆允累官至守太師兼中書令封楚王又上章請依唐秦王故事乃加天策上將軍之號又請官位內添制置靜江武平寧遠等軍事皆從之既封楚王仍請依唐諸王行臺故事置諸天官幕府有文苑學士之號知詔令之名總制二十餘州自署官吏征賦不供民間采茶並抑而買之又自鑄鉛鐵錢凡天下商賈所齎寶貨入其境者祇以土產鉛鐵博易之無餘遂致一方富盛窮極奢侈貢奉朝廷不過茶數萬斤而已于中原賣茶之利歲百萬計唐同光初首修職貢復授太師兼尚書令楚王天成初加守尚書令長興二年十一月十日薨于位時年七十有八明宗聞之廢朝三日謚曰武穆子希聲嗣初殷微時隱見神人侍側因默記其形像及貴因謁衡山廟覩廟中神人塑像宛如微時所見者則知人之貴者必有陰物護之豈偶然哉

希範晉天福中授江南諸道都統又加天策上將軍谿州洞蠻彭士愁寇辰澧

二州希範討平之士愁以五州乞盟乃銘于銅柱希範自言漢伏波將軍援之後故鑄銅柱以繼之案此傳有闕文馬希廣希萼傳全篇俱佚五代史補高郁爲武穆王謀臣莊宗素聞其名及有天下且欲離間之會武穆王使其子希範入覲莊宗以希範年少易激發因其數奏敏速乃拊其背曰國人皆言馬家社稷必爲高郁所取今有子如此高郁安得取此耶希範居常嫉郁忽聞莊宗言深以爲然及歸告武穆請誅之武穆笑曰主上爭戰得天下能用機數以郁資吾霸業故欲間之耳若梁朝罷王彥章兵權也蓋遭此計必至破滅今汝誅郁正落其彀中愼勿言也希範以武穆不決禍在朝夕因使誣告郁謀反而族滅之自是軍中之政往往失序識者痛之初郁與武穆俱起行陣郁貪且僭常以所居之井不甚清澈思所以澄汰之乃用銀葉護其四方自內至外皆然謂之拓裹其奉養過差皆此類也故莊宗得以媒孽自後陰晦中見郁後竟爲所患爾

馬希範武穆之嫡子性奢侈嗣位未幾乞依故事置天策府僚屬于是擢從事有才行者有若都統判官李鐸靜江府節度判官潘玘武安軍節度判官拓拔坦都統掌書記李皐鎭南節度判官李莊昭順軍節度判官徐收澧州觀察判官彭繼英江南觀察判官廖圖昭順軍觀察判官徐中雅靜江府掌書記鄧懿文武平軍節度掌書記李松年鎭南軍節度掌書記衞巘昭順軍觀察支使彭繼勳武平軍節度推官蕭鉥桂管觀察推官何仲舉武安軍節度巡官孟元暉容管節度推官劉昭禹等十八人並爲學士其餘列校自袁友恭張少敵等各以次授任莫不大興土木以建興府庭其最爲壯麗者即有九龍金華等殿殿之成也用丹砂塗其壁凡用數十萬斤石每僚吏謁見將升殿但覺丹砂之氣藹然襲人其費用也皆此類初敎令旣下主者以丹砂非卒致之物相顧憂色居無何東境山崩湧出丹砂委積如邱陵于是收而用之契丹南侵聞其事以爲希範非常人遽使冊爲尙父希範得冊以爲契丹推奉欣然當之矣

丁思僅素有才略爲馬氏騎將以希範受契丹冊命深恥之因謂希範曰今朝廷失守正忠臣義士奮發之時使馳檄四方引軍直趨

珍倣宋版印

京師誅仇斂天子反正然後凱還如此則齊桓晉文不足數矣時不可失願大王急圖之希範本無遠略加以與作府署未畢不忍棄去遂寢思僅之謀思僅不勝其憤謂所親曰古人疾沒世而名不稱今遭逢擾攘不能立功于天下反顧戀數間屋子乎誠可痛也自是思僅常怏怏

劉言本朗州之牙將也初馬氏舉族爲江南所俘朗州無帥衆乃推列校馬光惠爲武平軍留後光惠署言爲副使既而光惠耽荒僭侈軍情不附遂行廢黜以言代光惠爲留後時周廣順二年秋也言既立北則遣使奉表于周太祖東亦上章于江南李景求正授旄鉞景未之許時邊鎬據湖南潛遣人齎金帛說誘武陵谿洞諸蠻欲合勢以攻朗州會李景降僞詔徵言赴金陵言懼不從僞命以其年冬十月三日與其節度副使王進逵行軍司馬何敬真都指揮使周行逢等同領舟師以襲潭州九日攻拔益陽寨殺淮軍數千人十三日至潭州城下是夕邊鎬領其部衆棄城東走進逵敬真遂入據其城言乃遣牙將張崇嗣奉表于周太祖且言潭州兵戈之後焚燒殆盡乞移使府于朗州從之詔升朗州爲大都督府在潭州之上廣順三年春正月制以言爲檢校太師同平章事朗州大都督充武平軍節度使制置武安靜江等軍事又以王進逵爲武安

軍節度使何敬真爲靜江軍節度使並檢校太尉以周行逢領集州刺史充武安軍節度行軍司馬未幾言遣何敬真率軍南擊廣賊敬真失律奔歸潭州爲王進逵所殺其年秋進逵奏劉言與淮賊通連差指揮使鄭珓部領兵士欲併當道鄭珓爲軍衆所執奔入武陵劉言尋爲諸軍所廢臣已至朗州安撫訖周太祖詔劉言宜勒歸私第委王進逵取便安置言尋遇害朝廷乃正授進逵朗州節制顯德元年秋制以武安軍節度副使周行逢爲鄂州節度使權知潭州軍府事加檢校太尉三年春正月世宗將伐淮甸詔進逵率兵入江南界二月進逵準詔而行仍遣部將潘叔嗣領兵五千爲先鋒行及鄂州界叔嗣回戈以襲朗州進逵聞之倍道先入武陵叔嗣遽攻其城進逵敗爲叔嗣所殺遣人詣潭州請周行逢至朗州斬叔嗣于市其年秋七月制以行逢爲朗州大都督充武平軍節度使加兼侍中自是潭朗之地遂爲行逢所有皇朝建隆初就加中書令四年行逢卒三軍立其子保權爲帥未幾朗軍亂求救于朝廷及王師平定荊湖保權入朝由是湖湘之地盡爲王土矣

珍倣宋版印

錢鏐杭州臨安縣人少拳勇喜任俠以解仇報怨爲事唐乾符中事於潛鎮將董昌爲部校屬天下喪亂黃巢寇嶺表江淮之盜賊羣聚大者攻州郡小者剽閭里董昌聚衆恣橫于杭越之閒杭州八縣每縣召募千人爲一都時謂之杭州八都以遏黃巢之衝要時有劉漢宏者聚徒據越州自稱節度使攻收鄰郡潤州牙將薛朗逐其節度使周寶自稱留後唐僖宗在蜀詔董昌討伐昌以軍政委鏐率八都之士進攻越州誅漢宏回戈攻潤州擒薛朗江浙平董昌爲浙東節度使越州刺史表鏐代己爲杭州刺史唐景福中朝廷以李鋋爲浙江西道鎮海軍節度使時孫儒楊行密交亂淮海煙塵數千里鏐常率師以爲防捍孫儒據宣州不敢侵江浙由是鏐勳名日著久之李鋋終不至治所朝廷以鏐爲鎮海軍節度仍移潤州軍額于杭州爲治所又立威勝軍于越州董昌爲節度使昌漸驕貴自言身應符讖又爲妖人王百藝所誑僭稱尊號乃于越州自稱羅平國王年號大聖僞命鏐爲兩浙都將鏐不受命以狀聞唐昭宗命鏐討昌乾寧四年鏐率浙西將士破越州擒昌以獻朝廷嘉其功賜鏐鐵券又除宰

臣王溥爲威勝軍節度而兩浙士庶拜章請以鏐兼杭越二鎭朝廷不能制因而授之改威勝軍爲鎭東鏐乃兼鎭海鎭東兩藩節制鏐旣兼兩鎭精兵三萬而楊行密連歲與戎攻蘇湖潤等州欲兼并兩浙累爲鏐所敗亦爲行密侵盜數州而鏐所部止一十三州而已天復中鏐大將許再思徐綰叛引宣州節度使田頵謀襲杭州田頵等率師掩至城下鏐激厲軍士一戰敗之生擒徐綰田頵遁走鏐于臨安故里與造第舍窮極壯麗歲時遊于里中車徒雄盛萬夫羅列其父寬每聞鏐至走竄避之鏐卽徒步訪寬請言其故寬曰吾家世田漁爲事未嘗有貴達如此爾今爲十三州主三面受敵與人爭利恐禍及吾家所以不忍見汝鏐泣謝之鏐于唐昭宗朝位至太師中書令本郡王食邑二萬戶梁祖革命以鏐爲尙父吳越國王梁末帝時加諸道兵馬元帥同光中爲天下兵馬都元帥尙父守尙書令封吳越國王賜玉冊金印初莊宗至洛陽鏐厚陳貢奉求爲國王及玉冊詔下有司詳議羣臣咸言玉簡金字惟至尊一人錢鏐人臣不可又本朝已來除四夷遠藩羈縻冊拜或有國王之號而九州之內亦無

珍倣宋版印

此事郭崇韜尤不容其僭而樞密承旨段徊姦倖用事能移崇韜之意曲爲鏐陳情崇韜僶俛從之鏐乃以鎮海鎮東軍節度使名目授其子元瓘自稱吳越國王命所居曰宮殿府署曰朝廷其參佐稱臣僭大朝百僚之號但不改年號而已僞行制冊加封爵于新羅渤海海中夷落亦皆遣使行封冊焉明宗即位之初安重誨用事鏐嘗與重誨書云吳越國王致書于某官執事不敘暄涼重誨怒其無禮屬供奉官烏昭遇使于兩浙每以朝廷事私于吳人仍目鏐爲殿下自稱臣謁鏐行舞蹈之禮及回副使韓玫具述其事重誨因削鏐元帥尚父國王之號以太師致仕久之其子元瓘等上表陳敘時淮寇攻逼荊南明宗疑其同惡因降詔詰之元瓘等復遣使自淮南間道上表云竊念臣父天下兵馬都元帥吳越國王臣鏐爰自乾符之歲便立功勞至于天復之初已封茅土兩殄稽山之僭僞頻叨鳳詔之褒崇賜鐵券而礪岳帶河藏清廟而銘鐘鏤鼎歷事列聖竭誠累朝罄臣節以無虧荷君恩而益重楚茅吳柚常居羣后之先赤豹黃羆不在諸方之後雲臺寫像盟府書勳勠力本朝一心體國常誠臣兄弟

曰汝等諸子須記斯言父老起自諸都早平多難素推忠勇實効辛勤遂蒙聖
主之疇庸獲忝眞王之列壤恆積滿盈之懼豫懷燕翼之憂蓋以恩禮殊尤寵
榮亢極名品既逾于五等春秋將及于八旬不諱之談爾當靜聽而況手殲妖
亂親覩興亡豈宜自爲厲階更尋覆轍老身猶健且作國王之呼嗣子承家但
守藩臣之分臣等鯉庭灑袂鴈序書紳中心藏之敬聞命矣頃以濟陰歸邸梁
苑稱尊所在英雄遞相傚斆互起投龜之詬皆興逐鹿之謀惟臣父王未嘗隨
例從微至著悉蒙天子之絲綸啓土封王自守諸侯之土宇乙酉歲伏蒙莊宗
皇帝遙降玉冊金印恩加曲阜營邸顯自大朝來封小國遂有強名之改補實
無干紀之包藏兼使人徐筠等進貢之時禮儀有失尚蒙赦宥未寘典刑敢不
投杖責躬負荊請罪且爽爲臣之禮誠乖事上之儀夙夜包羞寢食俱廢捧詔
而神魂戰慄拜章而芒刺交并伏以皇帝陛下濬哲文思含宏光大智周萬物
日闢四方既容能改之非許降自新之恕將功補過捨短從長矧茲近代相持
豈足深機遠料且臣本道與淮南雖連疆畛久結仇讎交惡尋盟十翻九覆縱

敵已逾于三紀弭兵纔僅于數年諒非唇齒之邦真謂腹心之疾今奉詔書責問合陳本末端由布在衆多寧煩覼縷彼既人而無禮此亦和而不同近知侵軼荆門乖張專大黨王師之問罪願率衆以齊攻必致先登庶觀後效橫秋鶚鶚衹待指呼躍匣蛟龍誓平罅隙今則訓齊樓櫓淬礪戈鋋決副天威冀明臣節伏以臣父王鏐已于汎海繼有飛章陳父子之丹誠高懸皎日展君臣之大義上指圓穹其將修貢賦于梯航混車書而表率如虧奉職自有陰誅今春已具表章未蒙便賜俞允地遠而經年方達天高而瀝懇難通伏乞聖慈曲行明命凌霜益翠始知松柏之心異日成功方顯忠臣之節臣元瓘等無任感激祈恩戰懼依投之至謹遣急脚間道奉絹表陳乞奏謝以聞明宗嘉之乃降制復授鏐天下兵馬都元帥尚父吳越國王未幾又詔賜上表不名五代會要載長興二年四月詔曰周榮呂望有尚父之稱漢重蕭何有不名之禮錢鏐冠公侯之位統吳越之封宜示異恩俾當縟禮其錢鏐宜賜不名鏐在杭州垂四十年窮奢極貴錢塘江舊日海潮逼州城鏐大庀工徒鑿石填江又平江中羅刹石悉起臺榭廣郡郭周三十里邑屋之繁會江山之雕麗實江南之勝概也鏐

學書好吟詠江東有羅隱者有詩名聞于海內依鏐爲參佐鏐常與隱唱和隱好譏諷嘗戲爲詩言鏐微時騎牛操梃之事鏐亦怡然不怒其通恕也如此鏐雖季年荒恣然自唐朝于梁室莊宗中興已來每來揚帆越海貢奉無闕故中朝亦以此善之鏐以長興三年三月二十八日薨年八十一制曰故天下兵馬都元帥尚父吳越國王錢鏐累朝元老當代勳賢位已極于人臣名素高于簡冊贈典既無其官爵易名宜示其優崇宜令所司定謚以王禮葬仍賜神道碑謚曰武肅鏐初事董昌時年甫壯室性尙剛烈時有儒士謁于主帥已進刺矣見鏐稍怠鏐怒投之羅刹江及典謁者將召鏐詐云客已拂衣去矣及爲帥時有人獻詩云一條江水檻前流鏐不悅以爲譏己尋害之迨于晚歲方愛人下士留心理道數十年閒時甚歸美鏐尤恃崇盛分兩浙爲數鎭其節制署而後奏左右前後皆兒孫甥姪軒陛服飾比于王者兩浙里俗咸曰海龍王梁開平中浙民上言請爲鏐立生祠梁太祖許之令翰林學士李琪撰生祠堂碑以賜之至今蒸黎饗之子孫保之斯亦近代之名王也

元瓘鏐第五子也起家爲鹽鐵發運巡官表授尚書金部郎中賜金紫天復中本州裨校許再思等爲亂構宣州節度使田頵頵領兵奄至鏐擊敗再思與頵通和頵要盟于鏐鏐徧召諸子問之曰誰能爲吾爲田氏之壻者例有難色時元瓘年十六進曰惟大王之命由是就親于宣州唐天祐初承制累遷檢校尚書左僕射內衙都指揮使數年之閒伐叛禦寇大著勳績梁貞明四年夏鏐大舉伐吳以元瓘爲水戰諸軍都指揮使戰棹抵東洲吳人以舟師拒戰元瓘爲火筏順風揚灰以坌之白晝如霧吳師迷方遂敗之擒軍使彭彥章并軍校七十餘人得戰艦四百隻吳人知不可校通好于鏐以功奏授鎭海軍節度副使檢校司徒梁末還清海軍節度使檢校太傅同平章事後唐同光初加檢校太師兼中書令鎭東等軍節度觀察處置等使時鏐自爲天下兵馬都元帥尚父守尚書令吳越國王及鏐爲太師致仕元瓘累貢章疏乞復舊號唐明宗許之鏐既年高欲立嗣召諸子使各論功皆讓于元瓘及鏐病篤召將吏謂之曰余病不起兒皆愚懦恐不能爲爾帥與爾輩決矣帥當自擇將吏號泣言曰大令

公有軍功多賢行仁孝已領兩鎮王何苦言及此鏐曰此渠定堪否曰衆等願奉賢帥卽出符鑰數篚于前謂元瓘曰三軍言爾可奉領取此鏐薨遂襲父位唐長興四年遣將作監李鏻起復元瓘官爵又命戶部侍郎張文寶授兼尚書令清泰初封吳王二年封越王天福元年賜金印三年封吳越國王五年加天下兵馬元帥六年授天下兵馬都元帥其年夏有疾秋府署災焚之一空乃移于他所其燄皆隨而發焉元瓘因驚悸發狂以是歲八月二十四日薨年五十五歲謚曰文穆元瓘初聰敏長于撫馭臨戎十五年決事神速爲軍民所附然奢僭營造甚于其父故有回祿之災焉元瓘有詩千篇編其尤者三百篇命曰錦樓集浙中人士皆傳之子佐爲嗣

佐字元祐元瓘薨遂襲其位晉天福末制授檢校太師兼中書令吳越王仍篆玉爲册以賜之前代玉册册夷王有之僞梁時欲厚于鏐首爲式例故因而不改俄授開府儀同三司守太尉時以建安爲淮寇所攻授東南面兵馬都元帥佐尋遣舟師進討淮人大敗以功加守太師漢高祖入汴佐首獻琛賮表率東

道漢祖嘉之授諸道兵馬都元帥佐居列土凡七年境內豐阜祖父三世皆爲元帥時以爲榮漢初以疾卒于位謚曰忠獻佐幼好書性温恭能爲五七言詩凡官屬遇雪月佳景必同宴賞由此士人歸心其班品亦有丞相已下名籍而祿給甚薄罕能自濟每朝廷降吏則去其僞官或與會則公府助以僕馬處事齷齪多如此類然航海所入歲貢百萬王人一至所遺至廣故朝廷寵之爲羣藩之冠佐有子昱年五歲未任庶務乃以其弟倧襲位

倧性明敏嚴毅未立時常以佐性寬奢而掌兵權者難制及代佐爲帥以禮法繩下宿將舊勳不甚優禮大將胡進思頗不平之乃密與親軍謀去倧漢祖入汴之歲十二月進思率甲士三百大譟突入衙署倧闔戶以拒之左右與之格鬬盡爲進思所殺遂遷倧于別館以甲士送幽于衣錦軍立倧異母弟俶爲帥其年夏四月進思疽發背而卒越人快之以爲陰靈之誅逆也

俶元瓘之子倧之異母弟也倧既爲軍校所幽時俶爲温州刺史衆以無帥遂迎立之時漢乾祐元年正月十五日也其年八月始授檢校太師兼中書令充

鎮海鎮東等軍節度使東南面兵馬都元帥周廣順中累官至守尙書令中書令吳越國王皇朝建隆初復加天下兵馬大元帥其後事具皇朝日歷

五代史補錢鏐封吳越國王後大興府署版築斤斧之聲晝夜不絕士卒怨嗟或有中夜潛用白土大書于門曰沒了期侵晨起抵暮歸鏐一見欣然遽命書吏亦以白土書數字于其側曰沒了期春衣纔罷又冬衣時人以爲神輔自是怨嗟頓息矣 僧昭者通于術數居兩浙大爲錢塘錢鏐所禮謂之國師一旦謁鏐有宮中小兒嬉于側墜下錢數十文鏐見謂之曰速收慮人恐踏破汝錢昭師笑曰汝錢欲踏破須是牛即可鏐喜以爲社稷堅牢之義後至曾孫俶舉族入朝因而國除俶年屬丑爲牛可謂牛踏錢而破矣 錢鏐末年患雙目有醫人不知所從來自云累世醫內外障眼其術皆善于用針無不效者鏐聞召而使人觀之醫人曰可治然大王非常人患殆天與之若醫是違天地也恐無益于壽幸思之鏐曰吾起自行伍跨有方面富貴足矣但得兩眼見物爲鬼不亦快乎既而下手目莫不應手豁然鏐喜所賜動以萬計醫人皆辭不受明年鏐卒 僧契盈閩中人通內外學性尤敏速廣順初游戲錢塘一旦陪吳越王遊碧浪亭時潮水初滿舟楫輻輳望之不見其首尾王喜曰吳國地去京師三千餘里而誰知一水之利有如此耶可謂三千里外一條水十二時中兩度潮時人謂之佳對時江南未通兩浙貢賦自海路而至青州故云三千里也

史臣曰自唐末亂離海內分割荊湖江浙各據一方翼子詒孫多歷年所夫如是者何也蓋值諸夏多艱王風不競故也洎皇宋之撫運也因朗陵之肇亂命王師以遄征一矢不亡二方俱服遂使瑤琨篠簜咸遵作貢之文江漢睢章盡

鼓朝宗之浪夫如是者何也蓋屬大統有歸人寰允洽故也惟錢氏之守杭越逾八十年蓋事大勤王之節與荆楚湖湘不侔矣

舊五代史卷一百三十三

舊五代史卷一百三十三考證

世襲列傳二高季興傳至襄州酒酣謂孔勍曰是行有二錯來朝一錯放回二錯　案歐陽史作季興謂梁震語與是書作孔勍異

高從誨傳乾祐元年冬十一月以疾薨于位　十一月歐陽史作十月

高保勖傳皇朝建隆四年春卒　四年歐陽史作三年十一月

馬殷傳許州鄢陵人也　案通鑑作扶溝人歐陽史從是書

長興二年十一月十日薨于位時年七十八　案歐陽史作長興元年殷卒年七十九

馬希範傳谿州洞蠻彭士愁　士愁原本訛士秋今據歐陽史及通鑑改正

舊五代史卷一百三十三考證

# 舊五代史卷一百三十四

宋門下侍郎參知政事監修國史薛居正等撰

## 僭僞列傳第一

楊行密廬州人少孤貧有膂力日行三百里唐中和之亂天子幸蜀郡將遣行密徒步奏事如期而復（北夢瑣言鄭棨嘗典楊行密爲本州步奏官）光啓初秦宗權擾淮右頻寇廬壽郡將募能致戰擒賊者計級賞之行密以膽力應募往必有獲得補爲隊長行密乃自募百餘人皆虓勇無行者殺都將自權州兵郡將卽以符印付之而去朝廷因正授行密廬州刺史光啓三年揚州節度使高駢失政委任妖人呂用之輩牙將畢師鐸懼爲用之所譖自高郵起兵以襲廣陵爲用之所卻乃乞師于宣州秦彥且言事克之日願以揚州帥之彥先遣將秦稠以兵三千人助師鐸攻陷廣陵高駢署師鐸爲行軍司馬未幾秦彥率大衆并家屬渡江入揚州軍府自稱節度使初揚州未陷呂用之詐爲高駢檄徵兵于廬州及城陷行密以萬人奄至畢師鐸之入廣陵也呂用之出奔于外至是委質于行密行密

攻廣陵營于大明寺秦畢出兵以攻行密之營短兵纔接行密僞遁秦畢之兵爭入其柵以取金帛行密發伏兵以擊之秦畢大敗退走其壁自是不復出戰其年九月秦畢害高駢于幽所少長皆死同坎瘞于道院北垣下行密攻圍彌急城中食盡米斗四十千居人相陷略盡十月城陷秦畢走東塘行密入廣陵輦外寨之粟以食飢民即日米價減至三千十一月蔡賊孫儒以衆萬人自淮西奄至還據外寨行密輜重牛羊軍食未入城者皆爲儒所有時秦畢來自東塘與儒軍合自是西門之外復爲敵境矣初呂用之遇行密于天長紿行密曰用之有白金五十鋌瘞于所居之廡下寇平之日願備將士倡樓一醉之資至是行密閱兵用之在側謂用之曰僕射許此輩銀何負心也遽命斬于三橋之下夷其族行密既有廣陵遣使至大梁陳歸附之意是時梁祖兼領淮南乃遣牙將張廷範使于淮南與行密結盟尋遣行軍司馬李璠權知淮南留後令都將郭言以兵援送行密初則厚禮廷範及聞李璠之行勃然有拒命之意廷範懼易衣夜遁遇梁祖于宋州備言行密不軌之心酌其兵勢未可圖也乃追李

璠等還卽表行密爲淮南留後文德元年正月孫儒殺秦彥畢師鐸于高郵引軍襲廣陵下之儒自稱節度使行密收其衆歸于廬江十一月梁祖遣大將龐師古自穎上渡淮討孫儒之亂師古引兵深入淮甸不利還龍紀元年孫儒出攻宣州行密乘虛襲據揚州北通時溥孫儒引軍復攻行密大順元年行密危蹙率衆夜遁出據宣州儒復入揚州二年乃蒐練兵甲以攻行密屬江淮疾疫師人多死儒亦臥病爲部下所執送于行密殺之行密自宣城長驅入于廣陵盡得孫儒之衆自光啓末高駢失守之後行密與畢師鐸秦彥孫儒遞相窺圖六七年中兵革競起八州之內鞠爲荒榛圜幅數百里人煙斷絕行密既併孫儒乃招合遺散與民休息政事寬簡百姓便之蒐兵練將以圖霸道所得孫儒之衆皆淮南之驍果也選五千人豢養于府第厚其衣食驅之卽戰靡不爭先甲胄皆以黑繒飾之命曰黑雲都乾寧二年行密盡有淮南之地昭宗乃降制授行密淮南節度副大使知節度事管內營田觀察處置等使開府儀同三司檢校太傅同中書門下平章事揚州大都督府長史上柱國宏農郡王食邑三

千戶食實封一百戶四年梁祖平兗鄆朱瑾及沙陀將李承嗣史儼等皆奔淮南行密待之優厚任以爲將瑾與承嗣皆位至方伯是歲行密縱兵侵掠鄰部兩錢浙鏐江西鍾傳鄂州杜洪皆遣使求救于梁梁祖遣朱友恭率部騎萬人渡江取便討伐行密先令都將瞿章據黃州及梁師至即棄郡南渡固守武昌寨行密遣將馬珣以精兵五千助之友恭與杜洪大破其衆遂拔武昌寨擒瞿章幷淮軍三千餘人獲馬五百匹淮人大恐八月梁祖遣葛從周領步騎萬人自霍邱渡淮遣龐師古率大軍營于清口淮人決堰縱水流潦大至又令朱瑾率勁兵以襲汴軍汴軍大敗師古死之葛從周聞師古之敗自濠梁班師至淠河爲淮人所乘諸軍僅得北歸光化二年行密北侵遣張歸厚禦之而退天復三年青州王師範叛乞師于淮南行密遣將王景仁率師二萬以援之攻討密州七月梁祖大破師範及景仁之衆景仁遁還追至輔唐殺數千人進取密州天祐元年十一月淮人攻光州梁祖率軍抵霍邱略地于廬壽之境淮人遁去二年正月進攻壽州淮人閉壁不出大掠而還是月行密攻陷鄂州擒節度使

杜洪戮于揚州市梁之戍兵數千人亦陷焉其後江西鍾傳宣州田頵俱爲行密所併三年行密以疾卒于廣陵及其子渭僭號僞追尊爲太祖武皇帝

渥字奉天行密長子也行密卒渥遂襲僞位自稱吳王委軍政于大將張顥渥性猜忌不能御下天祐五年六月渥爲顥所殺顥將納款于梁遂自稱留後委別將徐溫握兵柄居無何溫復殺顥立行密次子渭爲主及渭僭號僞追尊爲景帝

渭渥之弟也既立政事咸委于徐溫時溫爲鎮海軍節度內外馬步軍都指揮使乃于上元縣置昇州處開幕府自握兵柄于上流其子知訓等于揚州居以秉政凡十餘年溫乃冊渭爲天子國號大吳改唐天祐十六年爲武義元年渭以溫爲大丞相都督中外諸軍事渭僭號凡三年而卒諡爲惠帝

溥行密幼子也初封丹陽王渭卒徐溫乃推溥爲主後僭僞號唐同光元年莊宗平梁還都于洛陽十二月溥遣使章景來朝稱大吳國主致書上大唐皇帝其辭旨卑遜有同箋表明年八月又遣其司農卿盧蘋貢方物及獻貞簡太后

珍玩莊宗命左藏庫使王居敏通事舍人張朗等以名馬報之郭崇韜之平西川也淮人大懼將去僞號稱藩于唐時崇韜欲陳舟師下峽爲平吳之策會崇韜既誅洛城有變淮人聞之比屋相慶明宗纂嗣溥復遣使修好安重誨奏曰楊溥既不稱藩無足與之抗禮來偵國情不如辭絕乃謝其使不受所貢遣之唐天成二年十月徐溫卒追封爲齊王溫之養子李昪代溫佐輔秉政數年位至太尉中書令錄尚書事襲封齊王僞加九錫晉天福二年溥不得已遜位于昪昪還溥于潤州築丹陽宮以處之溥自是服羽衣習辟穀之術年餘以幽死昪又遷其族于海陵吳人謂其居爲永寧宮周顯德中李景聞周師渡淮慮楊氏爲變使人盡殺之自唐大順二年行密始有淮南之地至溥遜位凡四十七年而亡五代史補楊行密嘗命宣州刺史田頵領兵圍錢塘錢鏐危急遣其子元璙修好于行密元璙風神俊邁行密見之甚喜因以其女妻之遣命頵罷兵初頵之圍城也嘗遣使候錢鏐起居鏐厚待之將行復與之小飲時羅隱皮日休在坐意以頵之師無能爲也且欲譏之于是日休爲令取一字四面被圍而不失其本音因曰其字上加艸爲萁菜下加石爲碁子左加玉爲琪玉右加月爲期會羅隱取于字上加雨爲雩雪下加皿爲盂盤左加玉爲玗玉右加邑爲邘地使者取亡字譏錢鏐必亡然亡上加艸爲芒下加心爲忘右加邑爲邙左加心爲忙其令必不通合坐皆嬉笑之使大慚而去未幾頵果班師先

是行密與鏐勢力相敵其爲憤怒雖水火之不若也行密嘗命以大索爲錢貫號曰穿錢眼鏐聞之每歲命以大斧科柳謂之斫楊頭至是以元璙通婚二境漸睦穿眼斫頭之論始止

李昪本海州人僞吳大丞相徐温之養子也温字敦美亦海州人初從淮南節度使楊行密起師于廬州漸至軍校唐末青州王師範爲梁祖所圍乞師于淮南楊行密發兵赴之温時爲小將亦預其行師次青之南鄙師範已敗淮兵大掠而還昪時幼穉爲温所擄温愛其慧黠遂育爲己子名曰知誥天祐初行密卒其子渥嗣會左衛都指揮使張顥殺渥欲歸命于梁温謂顥曰此去梁國往復三千里不月餘事不成軍國未有主無主將亂不如有所立徐圖其事顥然之乃立渥弟渭爲帥温尋殺顥渭授温常州刺史檢校司徒温留廣陵遣昪知州事是歲唐天祐五年也七年丁母憂起復授檢校太尉温州刺史充本州團練觀察使八年宣州叛温與都將柴再用討平之加同中書平章事充淮南行軍司馬內外馬步都指揮使鎮海軍節度浙江西道觀察等使十二年八月温出鎮潤州以其子知訓知政事加温鎮海軍管內水陸馬步軍都軍使兼寧國

軍節度宣歙池等州觀察使時昪爲温屬郡昪州刺史乃大理郡廨温表移其府于金陵僞授昪州大都督府長史充鎮海軍節度副大使知節度事以昪爲鎮海軍節度副使行潤州刺史充本州團練使十五年知訓授淮南行軍副使內外馬步軍都指揮使通判軍府事居無何知訓爲大將朱瑾所殺温以昪代知政事明年温冊楊渭爲天子僭稱大吳改唐天祐十六年爲武義元年十八年渭死温聞之自金陵馳歸揚州夜入廣陵議有所立或有希温旨言及蜀先主遺命諸葛亮之事温厲聲曰若楊氏無男有女當立矣無得異議由是羣心乃定遂迎丹陽王溥于潤州以其年六月十八日卽僞位改元爲順義自是温父子愈盛中外共專其國楊氏主祭而已温累官至竭忠定難建國功臣大丞相都督中外諸軍事諸道都統鎮海寧國等軍節度宣歙池等州管內營田觀察等使開府儀同三司守太師中書令金陵尹東海王食邑一萬戶實封五百戶僞順義七年改乾貞元年卽後唐天成二年其年十月二十三日温卒僞贈大元帥追封齊王謚曰忠武昪前夢温負登山逾年温卒昪乃僞授輔政興邦

功臣知內外左右事開府儀同三司守太尉中書令宣城公昪自平朱瑾之亂遂執吳政天成四年僞吳改太和元年是歲昪出鎮金陵尋封東海王至清泰二年改天祚元年其年以金陵爲齊國封昪爲齊王乃追謚溫爲忠武王廟號太祖昪又進位太尉錄尚書事留鎮金陵以其子景總政于揚州未幾僞加昪九錫建天子旌旗改金陵爲西都以揚州爲東都昪開國依齊梁故事用徐玠爲齊國右丞相宋齊邱爲左丞相以爲謀主僞吳天祚三年楊溥遜位于昪國號大齊改元爲昪元建都于金陵時晉氏天福二年也昪乃冊楊溥爲讓皇其冊文曰受禪老臣知誥謹上冊皇帝爲高尚思元宏古讓皇云仍以其子遙領平盧軍節度使遷于海陵昪自云唐明皇第六子永王璘之裔唐天寶末安祿山連陷兩京明皇幸蜀詔以璘爲山南嶺南黔中江南四道節度採訪等使璘至廣陵大募兵甲有窺圖江左之志後爲官軍所敗死于大庾嶺北故昪指之以爲遠祖因還姓李氏始改名昪國號大唐尊徐溫爲義祖昪僭位凡七年子景立

景本名顥及將臣于周以犯廟諱故改之昪之長子也釣磯立談云烈祖一日晝寢夢一黃龍出殿之西楹矯首內向如窺伺狀烈祖驚起使人偵之顧見元宗方倚楹而立遣人候上動靜於是立嫡之意遂決昪卒乃襲僞位改元爲保大以仲弟遂爲皇太弟季弟達爲齊王仍于父柩前設盟約兄弟相繼景僭號之後屬中原多事北土亂離雄據一方行餘一紀其地東暨衢婺南及五嶺西至湖湘北據長淮凡三十餘州廣袤數千里盡爲其所有近代僭竊之地最爲強盛又嘗遣使私賂契丹俾爲中國之患自固偷安之計南唐書云契丹遣二使來告曰晉少主逆命背約自貽廢黜吾主欲與唐繼先世之好將冊君爲中原主嗣主曰孤守江淮社稷已固與梁宋阻隔若爾主不忘先好惠賜行人受賜多矣其他不敢拜命之辱周顯德二年冬世宗始議南征以宰臣李穀爲前軍都部署是冬周師圍壽春三年春世宗親征淮甸大敗淮寇于正陽遂進攻壽州尋又令上敗何延錫于渦口擒皇甫暉于滁州景聞之大懼遣其臣鍾謨李德明等奉表于世宗乞爲附庸之國仍歲貢百萬之數又進金銀器幣及犒軍牛酒未幾又遣其臣孫晟王崇質等奉表修貢且言景願割濠壽泗楚光海等六州之地隸于大朝乞罷攻討世宗未之許時李德明等見周師急攻壽春慮不能保乃奏云寬

臣等五日之誅容臣等自往江南取本國章表舉江北諸州盡獻于大朝世宗許其行久之德明等不至乃權議回鑾惟留偏師數千圍守壽春而已四年春世宗再駕南征三月大敗江南援軍于紫金山尋下壽州乃命班師是歲冬十月世宗復臨淮甸連下濠泗二郡進攻楚州明年春正月拔之遂移幸揚州駐大軍于迎鑾將議濟江景聞之自謂亡在朝夕乃謀欲傳位其世子使稱藩于周南唐書正月改元交泰遣其臣陳覺奉表陳情且順世宗之旨焉覺至世宗召對于御幄是時江北諸州惟廬舒蘄黃四郡未下世宗因謂覺曰江南國主若能以江北之地盡歸于我則朕亦不至窮兵黷武覺聞命欣然即遣人過江取景表以廬舒蘄黃等四州來上乞畫江爲界仍歲貢地征數十萬世宗許之乃還京自是景始行大朝正朔上章稱唐國主臣景累遣使修貢亦不失外臣之禮焉皇朝建隆二年夏景以疾卒于金陵時年四十六以其子煜襲僞位其後事具皇家日曆五代史補李昪本爲徐溫所養溫殺張顥權出于己自稱大丞相中書令都統及出居金陵以嫡子知訓爲丞相昪爲潤州節度昪始爲宣州忽得潤州甚怏怏將白溫辭之宋齊邱素與昪善因謂昪曰知訓驕倨不可大用殆必有損足焚巢之患宣州去江都遠難爲應潤州方隔一水爾有急則可

以立功慎勿辭也昇聞之釋然遂行至潤州未幾知訓果為朱瑾所殺是夜江都亂火光亘天昇望之曰宋公之言中矣遂引軍渡江盡誅朱瑾之黨後解甲去備以待徐温温至且喜且怒謂昇曰猶幸汝在潤州不然吾家大勢將去矣汝于兄弟中有大功者耶即日用昇爲左僕射知政事以代知訓昇善于撫御内外之心翕然而歸之故徐温卒未幾而江南遂為昇所有先是江南童謠云東海鯉魚飛上天東海即徐之望也鯉者李也蓋言李昇一旦自温家起而爲君爾初昇既蓄異志且欲諷動僚屬雪天大會酒酣出一令須借雪取古人名仍辭理通貫時齊邱徐融在坐昇舉杯爲令曰雪下紛紛便是白起齊邱曰著屐過街必須雍齒融意欲挫昇等遽曰明朝日出爭奈蕭何昇大怒是夜收融投于江自是與謀者惟齊邱而已　宋齊邱豫章人父嘗在鍾傳幕下齊邱素落魄父卒家計蕩盡已在窮悴朝夕不能度時姚洞天爲淮南騎將素好士齊邱欲謁之且囊空無備紙筆之費計無所出但于逆旅杜門而坐如此殆數日鄰房有散樂女倘幼問齊邱曰秀才何以數日不出齊邱以實告女歎曰此事甚小秀才何吝一言相示耶乃惠以數緡齊邱用市紙筆爲詩以投洞天其略曰某學武無成攻文失志歲華蹭蹬身事蹉跎胸中之萬仞青山壓低氣宇頭上之一輪紅日燒盡風雲加以天步陵遲皇綱廢絶四海淵黑中原血紅提飛蒼走黃之辯有出鬼沒神之機洞天怒其言大不即接見齊邱窘急乃更其啓翼日復至其略曰有生不如無生爲人不若爲鬼又云其爲誠懇萬端只爲飢寒兩字洞天始憫之漸加以拯救徐温聞其名召至門下及昇之有江南也齊邱以佐命功遂至將相乃上表以散樂女爲妻以報宿惠許之　韓熙載仕江南官至諸行侍郎晚年不羈女僕百人每延請賓客而先令女僕與之相見或調戲或毆擊或加以爭奪靴笏無不曲盡然後熙載始緩步而出習以爲常復有醫人及燒鍊僧數輩每來無不升堂入室與女僕等雜處僞主知之雖怒以其大臣不欲直指其過因命待詔畫爲圖以賜之使其自愧而熙載視之安然

珍倣宋版印

王審知字信通光州固始人父恁世爲農民唐廣明中黃巢犯闕江淮盜賊蜂起有賊帥王緒者自稱將軍陷固始縣審知兄潮時爲縣佐緒署爲軍正蔡賊秦宗權以緒爲光州刺史尋遣兵攻之緒率衆渡江所在剽掠自南康轉至閩中入臨汀自稱刺史緒多疑忌部將有出己之右者皆誅之潮與豪首數輩共殺緒其衆求帥乃刑牲歃血爲盟植劍于前祝曰拜此劍動者爲將軍至潮拜劍躍于地衆以爲神異卽奉潮爲帥時泉州刺史廖彥若爲政貪暴軍民苦之聞潮爲理整肅耆老乃奉牛酒遮道請留潮因引兵圍彥若歲餘克之又平狼山賊帥薛蘊兵鋒日盛唐光啓二年福建觀察使陳巖表潮爲泉州刺史大順中巖卒子壻范暉自稱留後潮遣審知將兵攻之踰年城中食盡乃斬暉而降由是盡有閩嶺五州之地潮卽表其事昭宗因建威武軍于福州以潮爲節度福建管內觀察使審知爲副審知爲觀察副使有過潮猶加捶撻審知無怨色潮寢疾舍其子延興延虹延豐延休命審知知軍府事十二月丁未潮薨審知以讓其兄審邽審邽以審知有功辭不受審知自稱福建留後表于朝廷唐末

珍倣宋版印

爲威武軍節度福建觀察使累遷檢校太保封琅邪郡王梁朝開國累加中書令封閩王（王審知德政碑云潮付公以戎旅仍具表奏尋加刑部尚書威武軍留後俄授金紫光祿大夫右僕射本軍節度使又改光祿大夫檢校司空轉特進檢校司徒又轉檢校太保琅邪郡王食邑四千戶食實封一百戶）是時楊氏據江淮故閩中與中國隔越審知每歲朝貢汎海至登萊抵岸往復頗有風水之患漂没者十四五後唐莊宗卽位遣使奉貢制加功臣進爵邑審知起自隴畝以至富貴每以節儉自處選任良吏省刑惜費輕徭薄斂與民休息三十年間一境晏然同光元年審知卒子延翰嗣爲弟延鈞所殺

延鈞審知次子後唐長興三年上言吳越國王錢鏐薨乞封爲吳越王不報未幾自稱帝國號大閩改元龍啓然猶稱藩于朝廷清泰元年遇弒子昶嗣

昶嗣僭位朝廷因授昶福建節度使晉天福三年遣使貢奉至闕止稱閩王其子繼恭稱節度使晉祖乃下制封昶爲閩王改元通大後遇弒審知少子延羲嗣

延羲嗣僭位改元永隆在位六年遇弒兄延政自稱帝于福州晉開運三年爲

李景所滅五代史補王潮之來福建也值連帥陳巖卒子壻范暉自稱留後潮攻拔之盡有其地遂爲福建觀察使至其弟審知立雖天下多事猶能修其職貢朝廷嘉之封閩王審知卒子延鈞嗣無識輒改審知制度僭稱大閩改元龍啓其後爲子昶弒昶多行不道閩人殺之立從父延羲改元永隆延羲不恤政事國亂爲其將連重遇所殺王氏之族遂滅先是梁朝有王霸者卽王氏之遠祖爲道士居于福州之怡山時愛二皂莢樹因其下築壇爲朝禮之所其後丹成沖虛而去霸嘗云吾之子孫當有王于此方者乃自爲讖藏之于地晝光啓中爛柯道士徐景元因于壇東北隅取土獲其詩曰樹枯不用伐壇壞不須結不滿一千年自有系孫列又曰後來是三王潮水蕩禍殃巖逢二乍間未免有銷亡子孫依吾道代代封閩疆議者以爲潮蕩禍殃謂王潮除其禍患以開基業也巖逢二乍間謂陳巖逢王潮未幾而亡土地爲其所有也代代封閩疆謂潮與審知也代代蓋兩世之稱明封崇不過潮與審知兩世耳初王潮嘗假道于洪州時鍾傳爲洪州節度使以王潮若得福建境土相接必爲己患陰欲誅之有僧上藍者通于術數動皆先知大爲鍾所重因入謁察傳詞氣驚曰令公何故起惡意是欲一殺王潮否傳不敢隱盡以告之上藍曰老僧視王潮與福建有緣必變彼時作一好世界令公宜加禮厚待若必殺之令公之福去矣于是傳加以援送及審知之嗣位也楊行密方盛常有吞東南之志氣審知居常憂之因其先人嘗爲上藍所知乃使人齎金帛往遺之號曰送供且問國之休咎使回上藍以十字爲報其詞曰不怕羊入屋只怕錢入腹審知得之歎曰羊者楊也腹者福也得非福州之患不在楊行密而在錢氏乎今內外將吏無姓錢者必爲子孫後世之憂矣至延羲爲連重遇所殺諸將爭立江南乘其時命查文徽領兵伐之經年不能下會兩浙救兵至文徽腹背受敵遂大敗自是福州果爲錢氏所有入腹之讖始應蓋國之興衰皆冥數決定矣徐寅登第歸閩中途經大梁因獻太祖遊大梁賦時梁祖與太原武皇爲讎敵武皇眇一目而又出自沙陀部落寅欲曲媚梁祖故詞及之云一眼匈奴望英威而膽落未幾有人得其本示太原者武皇見而大怒及莊宗之滅梁也四方諸侯

以爲唐室復與奉琛爲慶者相繼王審知在閩中亦遣使至遽召其使問曰徐寅在否使不敢隱以無恙對莊宗因慘然曰汝歸語王審知父母之讎不可同天徐寅指斥先帝今聞在彼中何以容之使回具以告審知曰如此則主上欲殺徐寅耳今殺則未敢奉詔但不可以用矣即日戒閽者不得引接徐寅坐是終身止于秘書正字 江爲建州人工于詩乾祐中福州王氏國亂有故人任福州官屬恐禍及一旦亡去將奔江南乃間道謁爲經數日爲且與草投江南表其人未出境遭邊吏所擒仍于囊中得所撰表章于是收爲與奔者俱械而送爲臨刑詞色不撓且曰嵇康之將死也顧日影而彈琴吾今琴則不暇彈賦一篇可矣乃索筆爲詩曰衙鼓侵人急西傾日欲斜黃泉無旅店今夜宿誰家聞者莫不傷之 黃滔在閩中爲王審知推官一旦饋之魚時滔方與徐寅談遂請代爲謝箋寅援筆而成其略曰銜諸斷索纔從羊續懸來列在琱盤便到馮驩食處時人大稱之

史臣曰昔唐祚橫流異方割據行密以高才捷足啓之于前李昪以履霜堅冰得之于後以僞易僞逾六十年洎有周興薄伐之師皇上示懷柔之德而乃走梯杭而入貢奉正朔以來庭如是則長江之險又何足以恃哉審知僻據一隅僅將數世始則可方于吳芮終則竊效于尉佗與夫穴蜂井蛙亦何相遠哉五紀之亡蓋其幸也

舊五代史卷一百三十四

珍做宋版印

# 舊五代史卷一百三十四考證

僭僞列傳一楊行密傳乃追李璠等還　案通鑑作李璠至盱眙行密發兵襲之郭言力戰得免與是書異

瑾與承嗣皆位至方伯　案九國志行密承制授朱瑾泰寧軍節度使李承嗣振武軍節度使此云位至方伯似未明晰附識于此

楊渭傳渭渥之弟也　案渭歐陽史及通鑑皆作隆演惟是書作渭詳見通鑑考異

王審知傳以潮爲節度福建管內觀察使審知爲副　案王審知德政碑作詔授潮節度累加檢校右僕射無審知爲副事

潮薨審知以讓其兄審邽　案王審知德政碑作仲兄審邦此作審邽當以碑爲正

舊五代史卷一百三十四考證

# 舊五代史卷一百三十五

宋門下侍郎參知政事監修國史薛居正等撰

## 僭僞列傳第二

劉守光深州樂壽人也其父仁恭初隨父晟客于范陽晟以軍吏補新興鎮將事節度使李可舉仁恭幼多智機數陳力于軍中李全忠之攻易定也別將于晏圍易州累月不能拔仁恭穴地道以陷之軍中號曰劉窟頭稍遷裨校仁恭志大氣豪自言嘗夢大佛幡出于指端或云年四十九當領旄節此言頗泄燕帥李匡威惡之不欲令典軍改爲府掾出爲景城令屬瀛州軍亂殺郡守仁恭募白丁千人討平之匡威壯其才復使爲帳中爪牙令將兵戍蔚州兵士以過期不代思歸流怨會李匡儔奪兄位戍軍擁仁恭爲帥欲攻幽州比至居庸關爲府兵所敗仁恭挈族奔于太原武皇遇之甚厚賜田宅以處之出爲壽陽鎮將從征吐渾仁恭數進畫于蓋寓言幽州可圖之狀願得步騎萬人即指期可取武皇從之洎仁恭舉兵屢不剋捷唐乾寧元年十一月武皇親征匡儔十二

月破燕軍于威塞進拔嬀州收居庸二十六日匡儔棄城而遁武皇令李存審與仁恭入城撫勞封府庫即以仁恭為幽州節度使留腹心燕留德等十餘人分典軍政武皇乃還二年七月武皇討王行瑜師于渭北上章請授仁恭節鉞九月天子以仁恭為檢校司空幽州盧龍軍節度使三年羅宏信背盟武皇遣李存信攻魏州徵兵于燕仁恭託以契丹入寇俟敵退聽命四年七月武皇聞兗鄆俱陷復徵兵于仁恭數月之間使車結轍仁恭辭旨不遜武皇以書讓之仁恭覽書嫚罵拘其使人晉之戍兵在燕者皆拘之復以厚利誘晉之驍將由是亡命者衆矣八月武皇討仁恭九月五日次安塞軍九日渡水瓜㵎大為燕軍所敗死傷大半既而仁恭告捷于梁祖梁祖聞之喜因表仁恭加平章事仁恭又遣使于武皇自陳邊將擅興之罪武皇以書報之仁恭既絕于晉恆懼討罰募兵練衆常無虛月光化元年三月令其長子守文襲滄州盧彥威委城而遁遂兼有滄景德三郡以守文為留後請節鉞于朝昭宗怒其擅興不時與之會中使至范陽仁恭私之曰旄節吾自有但要長安本色耳何以累章見阻為吾言

珍做宋版印

之其悖戾如此仁恭兵鋒益盛每戰多捷以爲天贊遂有吞噬河朔之志二年正月仁恭率幽滄步騎十萬號三十萬將兼併魏博鎮定師次貝州一鼓而拔無少長皆屠之清水爲之不流羅紹威求援于汴汴將李思安葛從周赴之思安屯內黃仁恭兵圍魏州聞汴軍在內黃戒其子守文曰李思安怯懦汝之智勇比之十倍當先殄此鼠輩次擒紹威守文與單可及率漁陽精甲五萬夾清水而上思安設伏于內黃清水之左袁象先設伏于清水之右思安逆戰于繁陽城僞不勝徐退燕人追躡至于內黃思安步兵成列迴擊之燕人將引退左右伏兵發燕軍大敗臨陣斬單可及守文單騎僅免五萬之衆無生還者時葛從周率邢洛之衆入魏州與賀德倫李暉出擊賊營是夜仁恭燒營遁走汴人長驅追擊自魏至長河數百里殭尸蔽地敗旗折戟纍纍于路鎮人又邀擊于東境燕軍復敗仁恭自是垂翅不振者累年汴人乘勝攻滄州仁恭率師援之營于乾寧軍汴將氏叔琮逆戰燕軍逗撓退保瓦橋乃卑辭厚禮乞師于晉武皇遣兵逼邢洛以應之十月汴人陷瀛鄚二州晉將周德威將兵出飛狐仁恭

復修好于晉天祐三年七月梁祖自將兵攻滄州營于長蘆仁恭師徒屢喪乃酷法盡發部內男子十五已上七十已下各自備兵糧以從軍閭里爲之一空部內男子無貴賤並黥其面文曰定霸都士人黥其臂文曰一心事主繇是燕薊人民例多黥湼或伏竄而免仁恭閱衆得二十萬進至瓦橋汴人深溝高壘以攻滄州內外阻絕仁恭不能合戰城中大飢人相篡啖析骸而爨丸土而食轉死骨立者十之六七自七月至十月仁恭遣使求援于晉前後百餘輩武皇乃徵兵于燕仁恭遣都將李溥夏侯景監軍張居翰書記馬郁等以兵三萬來會十二月合晉師以攻潞州降丁會乃解滄州之圍是時天子播遷中原多故仁恭嘯傲薊門志意盈滿師道士王若訥祈長生羽化之道幽州西有名山曰大安山仁恭乃于其上盛飾館宇僭擬宮掖聚室女豔婦窮極侈麗又招聚緇黃合仙丹講求法要又以墐泥作錢令部內行使盡斂銅錢于大安山巔鑿穴以藏之藏畢即殺匠石以滅其口又禁江表茶商自擷山中草葉爲茶以邀厚利改山名爲大恩山仁恭有嬖妾曰羅氏美姿色其子守光烝之事洩仁恭怒

容守光謫而不齒四年四月汴將李思安以急兵攻幽州營于石子河仁恭在大安山城中無備守光自外帥兵來援登城拒守汴軍既退守光乃自爲幽州節度令其部將李小喜元行欽將兵攻大安山仁恭遣兵拒戰爲小喜所敗乃擄仁恭歸幽州囚于別室仁恭左右迨至婢媵與守光不協者畢誅之其兄守文在滄州聞父被囚聚兵大哭諭之曰哀哀父母生我劬勞自古豈有讎父者吾家生此梟獍吾生不如死即率滄德之師討之守光逆戰于雞蘇爲守文所敗既而守文詐悲單馬立于陣場泣諭于衆曰勿殺吾弟時守光驍將元行欽識之被擒滄兵失帥自潰守光乃縶兄于別室援以叢棘乘勝進攻滄州滄州賓佐孫鶴呂兗已推守文子延祚爲帥守光攜守文于城下攻圍累月城中乏食米斗直三萬人首一級亦直十千軍士食人百姓食墐土驢馬相遇食其鬃尾士人出入多爲強者屠殺久之延祚力窮以城降于守光守文尋亦遇害守光性本庸昧以父兄失勢謂天所助淫虐滋甚每刑人必以鐵籠盛之薪火四逼又爲鐵刷刷剔人面嘗衣赭黃袍顧謂將吏曰當今海內四分五裂吾欲南

面以朝天下諸君以爲何如賓佐有孫鶴者骨鯁方略之士也率先對曰王西有并汾之患北有契丹之虞乘時觀釁專待薄人彼若結黨連衡侵我疆場地形雖險勢不可支甲兵雖多守恐不暇縱能却敵未免生憂王但撫士愛民補兵完賦義聲馳于天下諸侯自然推戴今若恃兵與險未見良圖守光不悅及梁軍據深冀王鎔乞師于守光孫鶴勸守光出援軍以圖霸業守光不從及莊宗有柏鄉之捷守光謀攻易定諷動鎭人欲爲河朔元帥莊宗乃與鎭州節度使王鎔易定節度使王處直昭義節度使李嗣昭振武節度使周德威天德軍節度使宋瑤同遣使奉册推守光爲尚父以稔其惡守光不悟謂藩鎭畏己仍以諸鎭狀送梁祖言臣被晉王等推臣爲尚父堅辭不獲又難推違臣竊料所宜不如陛下與臣河北道都統則并鎭之叛不足平殄矣梁祖知其詐優答之仍命閤門使王瞳供奉官史彥璋等使于燕册守光爲河北道採訪使六月梁使至守光令所司定尚父採訪使儀注所司取唐朝册太尉禮以示之守光曰此儀注中何無郊天改元之事梁使曰尚父雖尊猶是人臣守光怒投于地謂

將吏曰方今天下鼎沸英雄角逐朱公創號于夷門楊渭假名于淮海王建自尊于巴蜀茂貞矯制于岐陽皆因茅土之封自假帝王之制然兵虛力寡疆場多虞我大燕地方二千里帶甲三十萬東有魚鹽之饒北有塞馬之利我南面稱帝誰如我何今爲尙父孰當帝者公等促具帝者之儀予且爲河朔天子燕之將吏竊議以爲不可守光置斧鑕于庭令將佐曰今三方協贊予難重違擇日而帝矣從我者賞橫議者誅孫鶴對曰滄州破敗僕乃罪人大王寬容乃至今日不敢阿旨以誤家國苟聽臣言死且無悔守光大怒推之伏鑕令軍士剸其肉生噉之鶴大呼曰百日之外必有急兵矣守光命窒其口寸斬之有識爲之嗟惋乃悉召部內官吏教習朝儀邊人既非素習舉措失容相顧誚笑八月十三日守光僭號大燕皇帝改年曰應天以梁使王瞳判官齊涉爲宰相史彥璋爲御史大夫僞冊之日契丹陷平州莊宗聞之大笑監軍張承業曰惡不積不足以滅身老氏所謂將欲取之必先與之今守光狂蹶請遣使省問以觀其釁十月莊宗令太原少尹李承勳往使承勳至守光怒不稱臣械之于獄十二

月莊宗遣周德威出飛狐會鎮定之師以討之德威攻圍歷年屬郡皆下守光堅保幽州求援于梁北誘契丹救終不至十年十月守光遣使持幣馬見德威乞降又乘城呼曰予俟晉王至即出城十一月莊宗親征二十三日至幽州單騎臨城召守光曰丈夫成敗須決所向公將何如守光曰某俎上肉耳莊宗愍之折弓爲盟許其保全守光辭以他日莊宗乃令諸軍攻之二十四日四面畢攻莊宗登燕太子臺觀之俄而數騎執仁恭并其孥來獻檀州遊奕將李彥暉于燕樂縣獲守光并妻李氏男繼珣繼方繼祚等來獻初守光城破後攜其妻子將走關內依劉守奇沿路寒瘡足踵經日不食至燕樂縣匿于坑谷令妻祝氏乞食于田父張師造家怪婦人異狀詰之遂俱擒焉莊宗方宴府第引仁恭守光至席父子號泣謝罪莊宗慰撫之曰往事不復言人誰無過改之爲貴乃歸之傳舍是月己卯晉人執守光及仁恭露布表其罪驅以班師十一年正月至晉陽仁恭父子荷校于露布之下父母唾面罵守光曰逆賊破家如是守光俯首不顧自范陽至晉陽涉千餘里所在聚觀呼守光爲劉黑子略無媿色莊

宗以仁恭守光徇于都城即告南宮七廟禮畢守光與李小喜鄭藏斐劉延卿及其二妻皆伏誅李小喜者本晉之小校先奔于燕守光以爲愛將守光雖凶淫出于天性然而稔惡侈毒抑亦小喜贊成守光將敗前一日來降守光將死大呼曰臣之誤計小喜熒惑故也若罪人不死臣必訴于地下莊宗急召小喜至令證辯小喜瞋目叱守光曰因父殺兄烝淫骨肉亦我教耶莊宗怒小喜失禮先斬之守光慟哭曰王將定天下臣精于騎何不且留指使二妻讓之曰皇帝事勢及此生不如死即延頸就戮守光猶哀訴不已既誅命判官司馬揆備轜櫝祭醊瘞于城西三里龍山下令副使盧汝弼李存霸拘送仁恭至代州于武皇靈前刺心血以祭誅于鴈門山下自仁恭乾寧二年春入幽州至天祐十年父子相承十九年而滅

劉陟即劉龑初名陟其先彭城人祖仁安仕唐爲潮州長史因家嶺表父謙素有才識唐咸通中宰相韋宙出鎮南海謙時爲牙校職級甚卑然氣貌殊常宙以猶女妻之妻以非其類堅止之宙曰此人非常流也他日我子孫或可依之

謙後果以軍功拜封州刺史兼賀水鎮使甚有稱譽謙之長子曰隱卽韋氏女所生也幼而奇特及謙卒賀水諸將有無賴者幸變作亂隱定討誅之連帥劉崇龜聞其才署爲右都校復領賀水鎮俄奏兼封州刺史用法清肅威望頗振唐昭宗以嗣薛王知柔石門扈蹕功授清海軍節度使詔下有府之牙將盧琚譚玘謀不稟朝命隱舉部兵誅琚玘以聞知柔至深德之辟爲行軍司馬委以兵賦唐昭宗命宰相徐彥若代知柔復署前職彥若在鎮二年臨薨手表奏隱爲兩使留後昭宗未之許命宰相崔遠爲節度使遠行及江陵聞嶺表多盜懼隱違詔遲留不進會遠復入相乃詔以隱爲留後然久未卽真及梁祖爲元帥隱遣使持重賂以求保薦梁祖卽表其事遂降旄節梁開平初恩寵殊厚遷檢校太尉兼侍中封大彭郡王梁祖郊禋禮畢加檢校太師兼中書令又命兼領安南都護充清海靜海兩軍節度使進封南海王開平四年三月卒陟隱之弟也隱卒代據其位及梁末帝嗣位務行姑息之政乃盡以隱之官爵授陟先是邕州葉廣略容州龐巨源或自擅兵賦數侵廣之西鄙陟舉兵討之邕容皆敗

因附庸于陟又交州土豪曲承美亦專據其地送款于梁因正授旄鉞陟不平之遣將李知順伐之執承美以獻陟自是盡有嶺表之地及聞錢鏐冊封吳越王陟恥稱南海之號乃嘆曰中原多故誰爲真主安能萬里梯航而事僞庭乎梁貞明三年八月陟乃僭號于廣州國號大漢僞改元爲乾亨明年僭行郊禮赦其境內及改名巖陟僭位之後廣聚南海珠璣西通黔蜀得其珍玩窮奢極侈娛僭一方與嶺北諸藩歲時交聘及聞莊宗平梁遣僞宮苑使何詞來聘稱大漢國王致書上大唐皇帝莊宗召見于鄴宮問南海事狀且言本國已發使臣大陳物貢期今秋卽至初陟聞莊宗兵威甚盛故令何詞來視虛實時朝政已紊莊宗亦不能以道制御遠方南海貢亦不至自是與中國遂絕唐同光三年冬白龍見于南海陟僞乾亨元年爲白龍元年陟又改名龔以符龍之瑞也白龍四年春又改大有元年是歲陟僭行耤田之禮陟之季年有梵僧善占算之術謂陟不利名龔他年慮有此姓敗事陟又改名龑龑讀爲儼古文無此字葢妄撰也陟性雖聰辯然好行苛虐至有炮烙刳剔截舌灌鼻之刑一方之民

若據爐炭惟厚自奉養廣務華靡末年起玉堂珠殿飾以金碧翠羽嶺北行商或至其國皆召而示之誇其壯麗每對北人自言家本咸秦恥爲蠻夷之主又呼中國帝王爲洛州刺史其妄自尊大皆此類也晉天福七年夏四月陟以疾卒凡僭號二十六年年五十四僞諡爲天皇大帝廟號高祖陵曰康陵子玢嗣

玢陟長子也初封賓王又封秦王陟卒遂襲位僞號光天玢性庸昧僭位之後大恣荒淫尋爲其弟晟等所弑在位一年僞諡爲殤帝

晟陟第二子也僞封勤王又封晉王玢之立也多行淫虐人皆患之晟因與其弟僞越王昌等同謀弑玢自立爲帝改元爲應乾又改爲乾和晟率性荒暴得志之後專以威刑御下多誅滅舊臣及其昆仲數年之閒宗族殆盡又造生地獄凡湯鑊鐵牀之類無不備焉人有小過咸被其苦及湖南馬氏昆弟尋戈晟因其釁遣兵攻桂林管內諸郡及郴連梧賀等州皆克之自此全有南越之地周顯德五年秋八月晟以疾卒僞諡曰文武光聖明孝皇帝廟號中宗陵曰昭陵是歲晟以六月望夜宴于甘泉宮是夕月有食之測在牛女之度晟自覽占

書旣而投之于地曰自古豈有長存者乎因縱長夜之飲至是而卒

鋹晟長子也僞封衞王晟卒乃襲僞位時年十七改元爲大寶鋹性庸懦不能治其國政事咸委于閹宦復有宮人具冠帶預職官理外事者由是綱紀大壞

先是廣州法性寺有菩提樹一株高一百四十尺大十圍傳云蕭梁時西域僧真諦之所手植蓋四百餘年矣皇朝乾德五年夏爲大風所拔是歲秋鋹之寢室屢爲雷震識者知其必亡皇朝開寶三年夏王師始議南征四年二月五日王師壓廣州鋹盡焚其府庫將赴火而死旣而不能引決尋爲王師所擒舉族遷于京師皇上赦而不誅仍賜爵爲恩赦侯其後事具皇家日歷陟始自梁貞明三年僭號歷三世四主至皇朝開寶四年凡五十五年而亡

劉崇太原人漢高祖之從弟也少無賴好陸博意錢之戲弱冠隸河東軍唐長興中遷虢州軍校漢祖鎮幷汾奏爲河東步軍都指揮使逾年授麟州刺史復爲河東馬步軍都指揮使兼三城巡檢使遙領泗州防禦使漢祖起義于河東以崇爲特進檢校太尉行太原尹是歲五月漢祖南行以崇爲北京留守尋加

同平章事隱帝嗣位加檢校大師兼侍中乾祐二年九月加兼中書令時漢隱帝以幼年在位政在大臣崇亦招募亡命繕完兵甲爲自全之計朝廷命令多不稟行徵斂一方略無虛日人甚苦之三年十一月隱帝遇害朝廷議立崇之子徐州節度使贇爲主會周太祖爲軍衆所推降封贇爲湘陰公崇乃遣牙將李䜭奉書求贇歸藩會贇已死唯以優辭答之周廣順元年正月崇僭號于河東稱漢改名旻仍以乾祐爲年號署其子承鈞爲侍衛親軍都指揮使太原尹以判官鄭珙趙華爲宰相副使李瓌代州刺史張暉爲腹心尋遣承鈞率兵攻晉隰二州不克而退九月崇自領兵由陰地關寇晉州乞師于契丹契丹以五千騎助之合兵以攻平陽又分兵寇昭義周太祖遣樞密使王峻等率大軍以援晉絳崇聞周師至遂焚營而遁是歲晉絳大雪崇駐軍六十餘日邊民走險自固兵無所掠士有飢色比至太原十亡三四二年二月崇遣兵三千餘衆寇府州爲折德扆所破其所部岢嵐軍爲德扆所取崇自僭稱之後以重幣求援于契丹仍稱姪以事之契丹僞冊爲英武皇帝及周世宗嗣位崇復乞師于契

丹以圖入寇契丹遣將楊衮合勢大舉來迫潞州顯德元年三月周世宗親征與崇戰于高平大敗之崇與親騎十數人踰山而遁中夜迷懵不知所適刦村民使爲鄉導誤趨晉州路行百餘里方覺崇怒殺鄉導者得他路而去乃易名號被毛褐張樺笠而行至沁州與從者三五騎止于郊舍寒餒尤甚潛令告僞刺史李廷誨廷誨饋盤飡解衣裘而與之每至屬邑縣吏奉食七箸未舉聞周師至即蒼黃而去崇年老力憊伏于馬上日夜奔竄僅能支持距太原一舍其子承鈞夜以兵百人迎之而入及周師臨城下崇氣懾自固閉壘不出月餘世宗乃旋軍顯德二年十一月崇以病死其子承鈞襲僞位鈞之事跡具皇家日曆

史臣曰守光逆天反道從古所無迨至臨刑尚求免死非唯惡之極也抑亦愚之甚也劉晟據南極以稱雄屬中原之多事洎乎奕世遇我昌朝力憊而亡不泯其嗣亦其幸也劉崇以亡國之餘竊僞王之號多見其不知量也今元惡雖斃遺孽尚存勢蹙民殘不亡何待

舊五代史卷一百三十五考證

僭僞列傳二劉守光傳汴人陷瀛鄚二州　鄚原本訛鄭今據歐陽史改正

書記馬郁　馬郁原本作馬都今據是書列傳改

盡斂銅錢于大安山巔　銅錢原本作錢鎛引用錯謬今據歐陽史改正

卽殺匠石以滅其口　案莊子石乃匠者之名詞家引用泛作工匠解者非乃

紀事之文亦沿其誤殊乖史體今姑仍原文而駁正于此

劉陟傳謙之長子曰隱梁開平初封大彭郡王梁祖郊禋禮畢進封南海王

案東都事略不載隱封南海王宋史不載隱封大彭郡王與是書互有詳略

考五代會要劉隱進封南海王在開平四年

舊五代史卷一百三十五考證

宋門下侍郎參知政事監修國史薛居正等撰

# 僭僞列傳第三

王建，陳州項城人，唐末隸名于忠武軍。秦宗權據蔡州，懸重賞以募之，建始自行閒得補軍候。廣明中，黃巢陷長安，僖宗幸蜀。時梁祖爲巢將，領衆攻襄鄧，宗權遣小校鹿晏宏從監軍楊復光率師攻之，建亦預行。是歲，復光入援京師，明年，破賊，收京城。初，復光以忠武軍八千人立爲八都，晏宏與建各一都校也。復光死，晏宏率八都迎扈行在，至山南，乃攻剽金商諸郡縣，得兵數萬，進逼興元，節度使牛叢棄城而去。晏宏因自爲留後，建等爲屬郡刺史，不令之任，俄而晏宏正授節旄，恐部下謀己，多行忍虐，繇是部衆離心。建與別將韓建友善，晏宏益猜二建，僞待之厚，引入臥內。二建懼，夜登城，尉守陴者，因月下共謀所向，謂韓建曰：「僕射甘言厚德，是疑我也，禍難無日矣，早宜擇利而行。」韓曰：「善。」因率三千人趨行在，僖宗嘉之，賜與巨萬，分其兵爲五都，仍以舊校主之，即晉暉、李師泰張造與二建也因號曰隨駕五都田令孜皆錄爲假子及僖宗還宮建等分典神策軍皆遙領刺史光啓初從僖宗再幸興元令孜懼逼求爲西川監軍楊復恭代爲觀軍容使建等素爲令孜所厚復恭懼不附己乃出五將爲郡守以建爲壁州刺史天子還京復恭以楊守亮鎮興元尤畏建侵己屢召之建不安其郡因招合溪洞豪猾有衆八千寇閬州陷之復攻利州刺史王珙棄城而去建播剽二郡所至殺掠守亮不能制東川節度使顧彥朗初于關輔破賊時與建相聞每使人勞問分貨幣軍食以給之故建不侵梓遂西川節度使陳敬瑄憂其膠固謀于監軍田令孜曰王八吾子也彼無他腸作賊山南實進退無歸故也吾馳咫尺之書可以坐置麾下卽飛書招建建大喜遣使謂彥朗曰監軍阿父遣信見招僕欲詣成都省阿父因依陳太師得一大郡是所願也卽之梓州見彥朗留家寄東川選精甲三千之成都行次鹿頭或謂敬瑄曰建今之劇賊鴟視狼顧專謀人國邑儻其卽至公以何等處之彼建雄心終不居人之下公如以將校遇之是養虎自貽其患也敬瑄懼乃遣人止建遽修城守建怒遂

據漢州領輕兵至成都敬瑄讓之曰彼何爲者而犯吾疆理建軍吏報曰閬州司徒比寄東川而軍容太師使者繼召今復拒絕何也司徒不惜改轅而東而北省太師反爲拒絕慮顧梓州復相嫌間謂我何心故也使我來報且欲寄食漢州公勿復疑時光啓三年居浹旬建盡取東川之衆設梯衝攻成都三日不剋而退復保漢州月餘大剽蜀土進逼彭州百道攻之敬瑄出兵來援建解圍縱兵大掠十一州皆罹其毒民不聊生建軍勢日盛復攻成都敬瑄患之顧彥朗亦懼侵己昭宗卽位彥朗表請雪建擇大臣爲蜀帥移敬瑄他鎮乃詔宰臣韋昭度鎮蜀以代敬瑄敬瑄不受代天子怒命顧彥朗楊守亮討之時昭度以建爲牙內都校董其部兵（鑑戒錄云昭度以部兵置行府）及王師無功建謂昭度曰相公興數萬之衆討賊未效餉運交不相屬近聞洛陽以來藩鎮相噬朝廷姑息不暇與其勞師以事蠻方不如從而赦之且以兵威靖中原是國之本也相公盍歸朝覲與主上畫之昭度持疑未決一日建陰令軍士于行府門外擒昭度親吏欒而食之建徐啓昭度曰蓋軍士乏食以至于是耶昭度大懼遂留符節與建卽

日東還纔出劍門建卽嚴兵守門不納東師月餘建攻西川管內八州所至鄉墊應遂急攻成都田令孜登城謂建曰老夫與八哥相厚太師久以知聞有何嫌恨如是困我之甚耶建曰軍容父子之恩心何敢忘但天子付以兵柄太師孤絶朝廷故也苟太師悉心改圖何福如之又曰吾欲與八哥軍中相款如何曰父子之義何嫌也是夜令孜攜蜀帥符印入建軍授建建泣謝曰太師初心太過致有今日相戾既此推心一切如舊翌日敬瑄啓關迎建以蜀帥讓之建乃自稱留後表陳其事明年春制授檢校太傅成都尹西川節度副大使知節度事管內觀察處置雲南八國招撫等使時龍紀元年也移敬瑄于雅州安置仍以其子爲刺史既行建令人殺之于路令孜仍舊監軍事數月或告令孜通鳳翔書間下獄餓死蜀檮杌云敬瑄廢處雅州以其子爲刺史既行建遣殺建雄于三江令孜仍監其軍復以令孜陰附鳳翔下獄餓死猜多機略意常難測既有蜀土復欲窺伺東川又以彥朗婚姻之舊未果行會彥朗卒弟彥暉代爲梓帥交情稍怠李茂貞乘其有間密搆彥暉因與茂貞連盟關征疆吏之間與蜀人得失大順末建出師攻梓州彥暉求援于鳳翔李茂

貞出師援之建卽圍解自是秦川交惡者累年後建大起蜀軍敗岐梓之兵于利州彥暉懼乞和請與岐人絕許之景福中山南之師寇東川彥暉求援于建建出兵赴之大敗與元之衆洎軍旋建承虛掩襲梓州擄彥暉置于成都遂兼有兩川自此軍鋒益熾天福初李茂貞韓全誨刼遷車駕在鳳翔梁祖攻圍歷年建外修好于汴指茂貞罪狀又陰與茂貞間使往來且言堅壁勿和許以出師赴援因分命諸軍攻取興元比及梁祖解圍茂貞山南諸州皆爲建所有自置守將及茂貞垂翅天子遷洛陽建復攻茂貞之秦隴等州茂貞削弱不能守或勸建因取鳳翔建曰此言失策吾所得已多不俟復增岐下茂貞雖常才然名望宿素與朱公力爭不足守境有餘韓生所謂入爲扞蔽出爲席籍是也適宜援而固之爲吾盾鹵耳及梁祖將謀強禪建與諸藩同謀興復乃令其將康晏率兵三萬會于鳳翔數與汴將王重師戰不利而還趙匡凝之失荆襄也弟匡明以其孥奔蜀建因得虁峽忠萬等州及梁祖開國蜀人請建行劉備故事建自帝于成都改元永平五年改元通正是年冬改元天漢又改元光天在位

十二年年七十二子衍嗣

衍建之幼子也建卒衍襲僞位改元乾德六年十二月改明年爲咸康秋九月衍奉其母徐妃同遊于青城山駐于上清宮時宮人皆衣道服頂金蓮花冠衣畫雲霞望之若神仙及侍宴酒酣皆免冠而退則其髻鬘然又構怡神亭以佞臣韓昭等爲狎客雜以婦人以恣荒宴或自旦至暮繼之以燭僞嘉王宗壽侍宴因以社稷國政爲言言發涕流至于再三同宴佞臣潘在迎等姑奏衍云嘉王好酒悲因翻恣諧謔取笑而罷自是忠正之臣結舌矣時中國多故衍得以自安唐莊宗平梁遣使告捷于蜀蜀人恟懼致禮復命稱大蜀國主致書上大唐皇帝詞理稍抗莊宗不能容遣客省使李嚴報聘且市宮中珍玩蜀人皆禁而不出衍既沖騃軍國之政咸委于人有王宗弼者爲六軍使總外任宋光嗣者爲樞密使總內任洎嚴至蜀光嗣等曲宴因言中國近事嚴亦引近事折之語在嚴傳光嗣等聞嚴辯對畏而奇之及嚴使還奏莊宗曰王衍騃童耳宗弼等總其兵柄但益家財不卹民事君臣上下惟務窮奢其舊勳故老棄而不任

珍倣宋版印

蠻蜑之人痛深瘡痏以臣料之大兵一臨望風瓦解莊宗深然之遂蒐兵括馬有平蜀之心唐師未起時僞東川節度使宋承葆獻計于衍云唐國兵強不早爲謀後將焉救請于嘉州沿江造戰艦五百艘募水軍五千自江下峽臣以東師出襄鄧水陸俱進東北沿邊嚴兵據險南師出江陵利則進取否則退保硤口又選三蜀驍壯三萬急攻岐雍東據河潼北招契丹啗以美利見可則進否則據散關以固吾圉事縱不捷亦攻敵人之心矣衍不從唐同光三年九月十日莊宗下制伐蜀命興聖宮使魏王繼岌爲都統樞密使郭崇韜爲行營都招討其月十八日魏王統闕下諸軍發洛陽十一月二十一日魏王至德陽衍報云比與將校謀歸國僞樞密使宋光嗣景潤澄南北院宣徽使李周輅歐陽晃等四人異謀熒惑臣各已處斬今送納首級是日衍上表曰臣衍先人建久在坤維受先朝寵澤一開土宇將四十年頃以梁孽興災洪圖版盪不可助逆遂乃從權勉徇衆情止王三蜀固非獲已未有所歸臣輒紹鎡基且安生聚臣衍誠惶誠恐伏惟皇帝陛下嗣堯舜之業陳湯武之師廓定寰區削平兇逆梯航

垂集文軌混同臣方議改圖便期納款遽聞王師致討實抱驚危今則將千里
之封疆盡爲王土冀萬家之臣妾皆沐皇恩必當輿櫬乞降負荊請命伏惟皇
帝陛下迴照臨之造施覆幬之仁別示哀矜以安反側儻墳塋而獲祀實存沒
以知歸臣無任望恩虔禱之至己酉年十一月日臣王衍上表其月二十七日
魏王至成都北五里昇仙橋僞百官班于橋下衍乘行輿至素衣白馬牽羊草
索係首面縛銜璧輿櫬于後魏王下馬受其璧崇韜釋其縛及燔其櫬衍率僞
百官東北舞蹈謝恩禮畢拜魏王崇韜李嚴皆答拜二十八日王師入成都自
起師至入蜀城凡七十五日案以下原本殘闕據歐陽史云同光四年衍行至
秦川驛莊宗用伶人景進計遣宦者向延嗣誅其
族天成二年封衍順正公以諸侯葬　五代史補王建在許下時尤不逞嘗坐
事遭徒但無杖痕爾及據蜀得馬涓爲從事涓好詆訐建恐爲所譏因問曰竊
聞外議以吾曾遭徒刑有之乎涓對曰有之建特無杖痕且對衆因袒背以示
涓曰請足下試看有遺杖責而肌肉如是耶涓知其詐乃撫背而嘆曰大奇當
時何處得此好膏藥來賓佐皆失色而涓晏然　王建之僭號也惟翰林學士
最承恩顧侍臣或諫其禮過建曰蓋汝輩未之見也且吾在神策軍時主內門
魚鑰見唐朝諸帝待翰林學士雖交友不若也今我恩顧比當時才有百分之
一爾何謂之過當耶論者多之　杜光庭長安人應九經舉不第時長安有潘
中師者道術甚高僖宗所重光庭素所希慕數遊其門當僖宗之幸蜀也觀蜀
尊道門牢落思得名士以主張之駕回詔潘尊師使于兩街求其可者尊師奏

珍倣宋版印

曰臣觀兩街之衆道聽塗說一時之俊即有之至于掌教之士恐未合應聖旨臣于科場中識九經杜光庭其人性簡而氣清量寬而識遠且困于風塵思欲脫屣名利久矣以臣愚思之非光庭不可僖宗詔而問之一見大悅遂令披戴仍賜紫衣號曰廣成先生即日馳驛遣之及王建據蜀待之愈厚又號爲天師光庭嘗以道德二經注者雖多皆未能演暢其旨因著廣成義八十卷己術稱是識者多之

孟知祥字保胤邢州龍岡人也祖察父道世爲郡校伯父方立終于邢洺節度使從父遷位至澤潞節度使知祥在後唐莊宗同光三年授西川節度副大使知節度事天成中安重誨專權用事以知祥莊宗舊識方據大藩慮久而難制潛欲圖之是時客省使李嚴以嘗使于蜀洞知其利柄因獻謀于重誨請以己爲西川監軍庶效方略以制知祥朝廷可之及嚴至蜀知祥延接甚至徐謂嚴曰都監前因奉使請兵伐蜀遂使東西兩川俱至破滅川中之人其怨已深今既復來人情大駭固奉爲不暇也案此句疑有舛誤即遣人拽下階斬于階前歐陽史云李嚴至境上遣人持書候知祥知祥盛兵見之冀嚴懼而不來嚴聞之自若天成二年正月嚴至成都知祥置酒召嚴因責嚴曰今諸方鎮已罷監軍公何得來鑑誡錄云李嚴于天成初復來臨護孟祖加之禮分從容數其五罪命劍斬之其後朝廷每除劍南牧守皆令提兵而往或千或百分守郡城時董璋作鎮東川已數年矣亦有雄據之意會朝廷以

夏魯奇鎮遂州李仁矩鎮閬州皆領兵數千人赴鎮復授以密旨令制禦兩川董璋覺之乃與知祥通好結爲婚家以固輔車之勢知祥慮唐軍驟至與遂閬兵合則勢不可支吾遂與璋協謀令璋以本部軍先取閬州知祥遣大將軍李仁罕趙廷隱率軍圍遂州長興元年冬唐軍伐蜀至劍門二年以遂閬既陷又糧運不接乃班師三年知祥又破董璋乃自領東西兩川節度使應順元年以劍南東兩川節度使蜀王稱帝于蜀改元明德七月卒年六十一案孟知祥傳永樂大典原闕今采冊府元龜僭僞部以存梗概

昶知祥之第三子也宋朝事實云昶初名仁贊揮麈餘話云昶字保元母李氏本莊宗之嬪御以賜知祥唐天祐十六年歲在己卯十一月十四日生昶于太原及知祥鎮蜀昶與其母從知祥妻瓊華長公主同入于蜀知祥僭號僞冊爲皇太子知祥卒遂襲其僞位時年十六尚稱明德元年及僞明德四年冬僞詔改明年爲廣政元年是歲即晉天福三年也僞廣政十三年僞上尊號爲睿文英武仁聖明孝皇帝皇朝乾德三年春王師平蜀詔昶舉族赴闕賜甲第于京師迨其臣下賜賚甚厚

尋冊封楚王是歲秋卒于東京時年四十七事具皇家自歷自知祥同光二年丙戌歲入蜀父子相繼凡四十年而亡五代史補孟知祥之入蜀視其險固陰有割據之志洎抵成都值晚且憩于郊外有推小車子過者其物皆以袋盛知祥見問曰汝車所勝幾袋答曰盡力不過兩袋知祥惡之其後果兩世而國滅孟知祥與董璋有隙舉兵討之璋素勇悍聞知祥之來也以爲送死諸將兩端李鏻爲知祥判官深憂之及將戰知祥欲示閑暇自書一字以遺董璋無何舉筆輒誤書董爲重字不悅久之鏻在側大喜且引諸將賀于馬前知祥不測曰事未可測何賀耶鏻曰其董字艸下施重今大王去艸書重是董已無頭此必勝之兆也于是三軍欣然一戰而董璋敗

史臣曰昔張孟陽爲劍閣銘云惟蜀之門作固作鎮世濁則逆道清斯順是知自古坤維之地遇亂代則閉之而不通逢興運則取之如俯拾然唐氏之入蜀也兵力雖勝帝道猶昏故數年間得之復失及皇上之平蜀也煦之以堯日和之以舜風故比戶之民悅而從化且夫王衍之遭季世也則赤族于秦川孟昶之遇明代也則受封于楚甸雖俱爲亡國之主何幸與不幸相去之遠也

# 舊五代史卷一百三十六考證

僭僞列傳三王建傳以建爲壁州刺史　案通鑑作出建爲利州刺史蜀檮杌作利州防禦使俱與是書異

孟晏傳十一月十四日生晏于太原　案花蕊夫人宮詞云法雲寺裏中元節又是官家降誕辰是晏以七月十五爲生辰也與是書異

舊五代史卷一百三十六考證

舊五代史卷一百三十七

宋門下侍郎參知政事監修國史薛居正等撰

外國列傳第一

契丹者古匈奴之種也代居遼澤之中潢水南岸南距榆關一千一百里榆關南距幽州七百里本鮮卑之舊地也其風土人物世代君長前史載之詳矣唐咸通末其王曰錫里濟疆土稍大累來朝貢光啓中其王沁丹者乘中原多故北邊無備遂蠶食諸郡達靼奚室韋之屬咸被驅役族帳寖盛有時入寇劉仁恭鎮幽州素知契丹軍情僞選將練兵乘秋深入踰摘星嶺討之霜降秋暮即燔塞下野草以困之馬多饑死即以良馬賂仁恭以市牧地仁恭季年荒恣出居大安山契丹背盟數來寇鈔時劉守光戍平州契丹實里王子率萬騎攻之守光僞與之和張幄幕于城外以享之部族就席伏甲起擒實里王子入城部族聚哭請納馬五千以贖之不許沁丹乞盟納賂以求之自是十餘年不能犯塞及沁丹政衰有别部長耶律安巴堅最推雄勁族帳漸盛遂代沁丹爲主先

是契丹之先大賀氏有勝兵四萬分爲八部每部皆號大人內推一人爲主建旗鼓以尊之每三年第其名以代之及安巴堅爲主乃怙強恃勇不受諸族之代遂自稱國主天祐四年大寇雲中後唐武皇遣使連和因與之面會于雲中東城大具享禮延入帳中約爲兄弟謂之曰唐室爲賊所篡吾欲今冬大舉弟可以精騎二萬同收汴洛安巴堅許之賜與甚厚留馬三千匹以答貺左右咸勸武皇可乘間擒之武皇曰逆賊未殄不可失信于部落自亡之道也乃盡禮遣之及梁祖建號安巴堅亦遣使送名馬女口貂皮等求封冊梁祖與之書曰朕今天下皆平惟有太原未服卿能長驅精甲徑至新莊爲我翦彼仇讎與爾便行封冊莊宗初嗣世亦遣使告哀賂以金繒求騎軍以救潞州答其使曰我與先王爲兄弟兒郎吾兒也寧有父不助子耶許出師會潞平而止劉守光末年苛慘軍士亡叛皆入契丹洎周德威攻圍幽州燕之軍民多爲所寇掠既盡得燕中人士教之文法由是漸盛十三年八月安巴堅率諸部號稱百萬自麟勝陷振武長驅雲朔北邊大擾莊宗赴援于代其衆方退十四年新州大將盧

珍倣宋版印

文進爲衆所迫殺新州團練使李存矩于祁溝關返攻新武周德威以衆擊之文進不利乃奔于契丹引其衆陷新州周德威率兵三萬以討之北騎援新州德威爲其所敗殺傷殆盡契丹乘勝攻幽州是時或言契丹三十萬或言五十萬幽薊之北所在北騎皆滿莊宗遣明宗與李存審閻寶將兵救幽州遂解其圍語在莊宗紀中十八年十月鎮州大將張文禮弒其帥王鎔莊宗討之時定州王處直與文禮合謀遣威塞軍使王郁復引契丹爲援十二月安巴堅傾塞入寇攻圍幽州李紹宏以兵城守契丹長驅陷涿郡執刺史李嗣弼進攻易定至新樂渡沙河王郁遣使告急時莊宗在鎮州行營聞前鋒報契丹渡沙河軍中咸恐議者請權釋鎮州之圍以避之莊宗曰霸王舉事自有天道契丹其如我何國初突厥入寇至于渭北高祖欲棄長安遷都樊鄧太宗曰獫狁孔熾自古有之未聞遷移都邑霍去病漢廷將帥猶且志滅匈奴況帝王應運而欲移都避寇哉文皇雄武不數年俘二突厥爲衛士今吾以數萬之衆安集山東王德明廝養小人安巴堅生長邊地豈有退避之理吾何面視蒼生哉爾曹但駕

馬同行看吾破之莊宗親御鐵騎五千至新城北遇契丹前鋒萬騎莊宗精甲自桑林突出光明照日諸部愕然緩退莊宗分二廣以乘之北騎散退時沙河微冰其馬多陷安巴堅退保望都是夜莊宗次定州翌日出戰遇奚長托諾五千騎莊宗親軍千騎與之鬭爲其所圍外救不及莊宗挺馬奮躍出入數四酣戰不解李嗣昭聞其急也灑泣而往攻破其陣掖莊宗而歸時契丹值大雪野無所掠馬無芻草凍死者相望于路安巴堅召盧文進以手指天謂之曰天未令我到此乃引衆北去莊宗率精兵騎躡其後每經安巴堅野宿之所布秸在地方而環之雖去無一莖亂者莊宗謂左右曰蕃人法令如是豈中國所及莊宗至幽州發二百騎偵之皆爲契丹所獲莊宗乃還天祐末安巴堅乃自稱皇帝署中國官號其俗舊隨畜牧素無邑屋得燕人所教乃爲城郭宮室之制于漠北距幽州三千里名其邑曰西樓邑屋門皆東向如車帳之法城南別作一城以實漢人名曰漢城城中有佛寺三僧尼千人其國人號安巴堅爲天皇王同光中安巴堅深著闢地之志欲收兵大舉慮渤海踵其後三年舉其衆討渤

海之遼東令托諾盧文進據營平等州擾我燕薊明宗初纂嗣遣供奉官姚坤告哀至西樓邑屬安巴堅在渤海又徑至慎州崎嶇萬里既至謁見安巴堅延入穹廬安巴堅身長九尺被錦袍大帶垂後與妻對榻引見坤坤未致命安巴堅先問曰聞爾漢土河南河北各有一天子信乎坤曰河南天子今年四月一日洛陽軍變今凶問至矣河北總管令公比爲魏州軍亂先帝詔令除討既聞內難軍衆離心及京城無主上下堅冊令公請主社稷今已順人望登帝位矣安巴堅號咷聲淚俱發曰我與河東先世約爲兄弟河南天子吾兒也近聞漢地兵亂點得甲馬五萬騎比欲自往洛陽救助我兒又緣渤海未下我兒果致如此寃哉泣下不能已又謂坤曰今漢土天子初聞洛陽有難不急救致令及此坤曰非不急切地遠阻隔不及也又曰我兒既殂當合取我商量安得自便坤曰吾皇將兵二十年位至大總管所部精兵三十萬衆口一心堅相推戴違之則立見禍生非不知稟天皇王意旨無奈人心何其子托雲在側謂坤曰漢使勿多談因引左氏牽牛蹊田之說以折坤坤曰應天順人不同匹夫之義秖

如天皇初領國事豈是強取之耶安巴堅因曰理當如此我漢國兒子致有此難我知之矣聞此兒有宮婢二千樂官千人終日放鷹走狗躭酒嗜色不惜人民任使不肖致得天下皆怒我自聞如斯常憂傾覆一月前已有人來報知我兒有事我便舉家斷酒解放鷹犬休罷樂官我亦有諸部家樂十人非公宴未嘗妄舉我若所爲似我兒亦應不能持久矣自此願以爲戒又曰漢國兒與我雖父子亦曾彼此讎敵俱有惡心與爾今天子無惡足得歡好爾先復命我續將馬萬騎至幽鎮以南與爾家天子面爲盟約我要幽州令漢兒把捉更不復侵入漢界又問漢收得西川信不坤曰去年九月出兵十一月十六日收下東西川得兵馬二十萬金帛無算皇帝初卽位未辦送來續當遣使至矣安巴堅忻然曰聞西有劍閣兵馬從何過得坤曰川路雖險然先朝收復河南有精兵四十萬良馬十萬騎但通人行處便能去得視劍閣如平地耳安巴堅善漢語謂坤曰吾解漢語歷口不敢言懼部人效我令兵士怯弱故也坤至止三日安巴堅病傷寒一夕大星殞于其帳前俄而卒于扶餘城時天成元年七月二十

珍倣宋版印

七日也其妻舒嚕氏自率衆護其喪歸西樓坤亦從行得報而還旣而舒嚕氏立其次子德光爲渠帥以總國事尋遣使告哀明宗爲之輟朝明年正月葬安巴堅于木葉山僞諡曰大聖皇帝安巴堅凡三子長曰人皇王托雲卽東丹王也次曰元帥太子卽德光也幼曰阿敦少君德光本名耀庫濟後慕中華文字遂改焉唐天成初安巴堅死其母令德光權主牙帳令少子阿敦少君往渤海國代托雲托雲將立而德光素爲部族所伏又其母亦常鍾愛故因而立之明宗時德光遣使摩琳等三十餘人來修好又遣使爲父求碑石明年許之賜與甚厚幷賜其母瓔珞錦綵自是山北安靜蕃漢不相侵擾三年德光僞改爲天顯元年是歲定州王都作亂求援于契丹德光陷平州托諾以騎五千援都于中山招討使王晏球破之于曲陽托諾走保賊城其年七月遣特哩袞率七千騎救定州王晏球逆戰于唐河北大破之幽州趙德鈞以生兵接于要路生擒特哩袞等首領五十餘人獻闕下明年王都平擒托諾及餘衆斬之自是契丹大挫數年不敢窺邊嘗遣紐赫美陵來求托諾骸骨明宗怒其詐斬之長興二

年東丹王托雲在闕下其母繼發使申報朝廷亦優容之長興末契丹迫雲州明宗命晉高祖爲河東節度使兼北面蕃漢總管清泰三年晉高祖爲張敬達等攻圍甚急遣指揮使何福賫表乞師願爲臣子德光白其母曰兒昨夢太原石郎發使到國今果至矣事符天意必須赴之德光乃自率五萬騎由雁門至晉陽卽日大破敬達之衆于城下尋册晉高祖爲大晉皇帝約爲父子之國割幽州管內及新武雲應朔州之地以賂之仍每歲許輸帛三十萬時幽州趙德鈞屯兵于團柏谷遣使至幕帳求立己爲帝以石氏世襲太原德光對使指帳前一石曰我已許石郎爲父子之盟石爛可改矣楊光遠等殺張敬達降于契丹德光戲謂光遠等曰爾輩大是惡漢兒不用鹽酪食却一萬匹戰馬光遠等大慙晉高祖南行德光自送至潞州時趙德鈞趙延壽自潞州出降于契丹德光鏁之令隨牙帳晉高祖入洛尋遣宰相趙瑩致謝于契丹天福三年又遣宰相馮道左僕射劉昫等持節册德光及其母氏徽號賫鹵簿儀仗法服車輅于本國行禮德光大悅尋遣使奉晉高祖爲英武明義皇帝是歲契丹改天顯十

一年爲會同元年以趙延壽爲樞密使升幽州爲南京以趙思温爲南京留守既而德光請晉高祖不稱臣不上表來往緘題止用家人禮但云兒皇帝晉祖厚賚金帛以謝之晉祖奉契丹甚至歲時問遺慶弔之禮必令優厚每北使至卽于別殿致敬德光每有邀請小不如意則來譴責晉祖每屈己以奉之終晉祖世略無釁隙及少帝嗣位遣使入契丹德光以少帝不先承稟擅卽尊位所賫文字略去臣禮大怒形于責讓朝廷使去卽加譴辱會契丹迴國使喬榮北歸侍衞親軍都指揮使景延廣謂榮曰先朝是契丹所立嗣君乃中國自冊稱孫可矣稱臣未可中國自有十萬口橫磨劍要戰卽來榮至本國具言其事德光大怒會青州楊光遠叛遣使搆之明年冬德光率諸部南下開運元年春陷祁州直抵大河少帝幸澶州以禦之其年三月德光敗于陽城棄其車帳乘一橐駞奔至幽州因怒其失律自大首領已下各杖數百唯趙延壽免焉是時契丹連歲入寇晉氏疲于奔命邊民被苦幾無寧日晉相桑維翰勸少帝求和于契丹以紓國難少帝許之乃遣使奉表稱臣卑辭首過使迴德光報曰但使桑

維翰景延廣自來並劃定鎮與我則可通和也朝廷知其不可乃止時契丹諸部頻年出征其國君臣稍厭兵革德光母常謂蕃漢臣寮曰南朝漢兒爭得一向臥耶自古及今惟聞漢來和蕃不聞蕃去和漢待伊漢兒的當迴心則我亦不惜通好也三年樂壽監軍王巒繼有密奏苦言瀛鄚可取之狀十月少帝遣杜重威李守貞等率兵經略十一月蕃將高牟翰敗晉師于瀛州之北梁漢璋死之契丹主聞晉旣出師自率諸部由易定抵鎮州杜重威等自瀛州西趨常山至中渡橋敵已至矣兩軍隔滹水而砦焉十二月十日杜重威率諸軍降于契丹語在晉少帝紀中十二日德光入鎮州大犒將士十四日自鎮州南行中渡降軍所釋甲仗百萬計並令于鎮州收貯戰馬數萬匹長驅而北命張彥澤領二千騎先趨東京遣重威部轄降兵取邢相路前進晉少帝遣子延煦延寶奉降表于契丹幷傳國寶一紐至牙帳明年春正月朔日德光至汴北文武百官迎于路是日入宮至昏復出次于赤岡五日宣制降晉少帝爲負義侯于黃龍府安置七日德光復自赤岡入居于大內分命使臣于京城及往諸道括借

珍倣宋版印

錢帛遂命以李崧爲西廳樞密使以馮道爲太傅以左僕射和凝及北來翰林學士承旨張礪爲宰相二月朔日德光服漢法服坐崇元殿受蕃漢朝賀宣制大赦天下改晉國爲大遼國以趙延壽爲大丞相兼政事令充樞密使兼中京留守降東京爲防禦州尋復爲宣武軍十五日漢高祖建號于晉陽德光聞之削奪漢祖官爵是月晉州潞州並歸河東時盜賊所在羣起攻刦州郡斷澶州浮梁契丹大恐沿河諸藩鎮並以腹心鎮之三月朔日德光坐崇元殿行入閤之禮覩漢家儀法之盛大悅以其大將蕭翰爲汴州節度使十七日德光北還發離東京宿于赤岡有大聲如雷起于牙帳之下契丹自黎陽濟河次湯陰縣界有一岡土人謂之愁死岡德光憩于其上謂宣徽使高勳曰我在上國以打圍食肉爲樂自及漢地每每不快我若得歸本土死亦無恨勳退而謂人曰其語偷殆將死矣時賊帥梁暉據相州德光親率諸部以攻之四月四日屠其城而去德光聞河陽軍亂謂蕃漢臣寮曰我有三失殺上國兵士打草穀一失也天下括錢二失也不尋遣節度使歸藩三失也十六日次于欒城縣殺虎林之

側時德光已得寒熱疾數日矣命部人賫酒脯禱于得疾之地十八日晡時有大星落于穹廬之前若迸火而散德光見之西望而唾連呼曰劉知遠滅劉知遠滅是月二十一日卒時年四十六主契丹凡二十二年契丹人破其尸摘去腸胃以鹽沃之載而北去漢人目之爲帝羓焉案以下原本闕佚據五代會要云四月十八日德光卒于欒城

五月宣遺制以永康王襲位永康王者東丹王之長子以其月二十一日領部族歸國改會同十年爲天祿元年自稱天授皇帝漢乾祐三年十一月率騎數萬陷邢州之內邱縣深州之饒陽縣周廣順元年正月太祖命左千牛衛將軍朱憲往修和好永康王亦遣使報命獻良馬四匹太祖復遣尚書左丞田敏供奉官蔣光遂銜命往聘其年四月田敏等迴永康王遣使獻碧玉金鍍銀裹鞍轡幷馬四十匹其月太祖又命左金吾將軍姚漢英左神武將軍華光裔往使其年九月永康王爲部下太寧王所弒德光之子勒所部兵誅太寧王自立稱應歷元年號天順皇帝顯德元年春太原劉崇將圖南寇契丹將楊衮率騎萬餘以助之三月世宗親征與崇戰于潞州高平縣之南原崇軍大敗契丹衆棄甲而遁二年三月命許州節度使王彥超等築壘于李晏口與契丹數千騎戰于安平縣敗之

舊五代史卷一百三十七

珍倣宋版印

舊五代史卷一百三十七考證

外國列傳一契丹傳兒卽吾兒也　案契丹國志作吾定兒也與是書異

遣供奉姚坤　案通鑑考異引莊宗實錄作苗紳

兒昨夢太原石郎發使到國今果至矣　案契丹國志作太宗夢見真武使之救晉與是書微異

錫里濟舊作習爾之今改　沁丹舊作欽德今改　實里舊作舍利今改　安巴堅舊作阿保機今改　托諾舊作禿餒今改　托雲舊作突欲今改　舒嚕舊作述律今改　阿敦舊作安端今改　耀庫濟舊作耀屈之今改　摩琳舊作梅老今改　特哩衮舊作惕隱今改　紐赫美陵舊作捺括梅里今改

舊五代史卷一百三十七考證

# 舊五代史卷一百三十八

宋門下侍郎參知政事監修國史薛居正等撰

## 外國列傳第二

吐蕃本漢西羌之地或云南涼禿髮利鹿孤之後其子孫以禿髮爲國號語訛爲吐蕃國人號其主爲贊普置大論小論以理國事其俗隨畜牧無常居然亦有城郭都城號邏些城不知節候以麥熟爲歲首唐時屢爲邊患初唐分天下爲十道河西隴右三十三州涼州最爲大鎮天寶置八監牧馬三十萬又置都護以控制之安祿山之亂肅宗在靈武悉召河西戍卒收復兩京吐蕃乘虛取河西隴右華人百萬皆陷于吐蕃開成時朝廷嘗遣使至西域見甘涼瓜沙等州城邑如故陷吐蕃之人見唐使者旌節夾道迎呼涕泣曰皇帝猶念陷吐蕃生靈否其人皆天寶中陷吐蕃者子孫其語言小訛而衣服未改至五代時吐蕃已微弱回鶻党項諸羌夷分侵其地而不有其人民值中國衰亂不能撫有惟甘涼瓜沙四州常自通于中國甘州爲回鶻牙帳而涼瓜沙三州將吏猶稱

唐官數來請命自梁太祖時常以靈武節度使兼領河西節度而觀察甘肅威等州然雖有其名而涼州自立守將唐長興四年涼州留後孫超遣大將拓拔承謙及僧道士耆老楊通信等至京師明宗拜孫超節度使清泰元年留後李文謙來請命後數年涼州人逐出文謙靈武馮暉遣牙將吳繼興代文謙爲留後是時天福七年明年晉高祖遣涇州押牙陳延暉賫詔書安撫涼州涼州人共劫留延暉立以爲刺史至漢隱帝時涼州留後折逋嘉施來請命漢卽以爲節度使嘉施土豪也周廣順二年嘉施遣人市馬京師是時樞密使王峻用事峻故人申師厚者少起盜賊爲兗州牙將與峻相友善後峻貴師厚弊衣蓬首日候峻出馬前訴以饑寒峻未有以發而嘉施等來請帥峻卽建言涼州深入夷狄中國未嘗命吏請帥募府率供奉官能往者月餘無應募者乃奏起師厚爲左衞將軍已而拜河西節度使師厚至涼州奏薦押牙副使崔虎心陽妃谷首領沈念般等及中國留人子孫王廷翰溫崇樂劉少英爲將吏又自安國鎮至涼州立三州以控扼諸羌用其酋豪爲刺史然涼州夷夏雜處師厚小人不

能撫有至世宗時師厚留其子而逃歸涼州遂絶于中國獨瓜沙二州終五代常來沙州梁開平中有節度使張奉自號金山白衣天子至唐莊宗時回鶻來朝沙州留後曹義金亦遣使附回鶻以來莊宗拜義金爲歸義軍節度使瓜沙等州觀察處置等使晉天福五年義金卒子元德立至七年沙州曹元忠瓜州曹元深皆遣使來周世宗時又以元忠爲歸義軍節度使元恭爲瓜州團練使其所供硇砂羚羊角波斯錦安西白氎金星礬大鵬砂毦褐玉團皆因其來者以名見而其卒立世次史皆失其紀而吐蕃不見于梁世唐天成三年回鶻王仁裕來朝吐蕃亦遣使附以來自此數至中國明宗常御端明殿見其使者問其牙帳所居曰西去涇州三千里明宗賜以虎皮人一張皆披以拜委身宛轉落其氈帽髮亂如蓬明宗及左右皆大笑至漢隱帝時猶來朝後遂不復至史亦失其君世云

回鶻其先匈奴之種也後魏時號爲鐵勒亦名回紇唐元和四年本國可汗遣使上言改爲回鶻義取回旋搏擊如鶻之迅捷也本牙在天德西北娑陵水上

距京師八千餘里唐天寶中安祿山犯闕有助國討賊之功累朝尚主自號天驕大爲唐朝之患會昌初其國爲黠戛斯所侵部族擾亂乃移帳至天德振武間時爲石雄劉沔所襲破之復爲幽州節度使張仲武所攻餘衆西奔歸于吐蕃吐蕃處之甘州由是族帳微弱其後時通中國世以中國爲舅朝廷每賜書詔亦常以甥呼之梁乾化元年十一月遣都督周易言等入朝進貢太祖御朝元殿引對以易言爲右監門衛大將軍同正以石壽兒石論思並爲右千牛衛將軍同正仍以左監門衛將軍湯沼充押領回鶻還蕃使通事舍人五代會要以易言爲右監門衛大將軍同正弟略麥之石論思並爲左千牛衛將軍同正李屋珠安蠻山並爲右千牛衛將軍同正仍以左監門衛上將軍楊沼爲左驍衛上將軍充押領回鶻還蕃使通事舍人仇元通爲判官厚賜繒帛放令歸國又賜其入朝僧凝盧宜李思宜延籛等紫衣後唐同光二年四月其本國權知可汗仁美遣都督李引釋迦副使鐵林都監楊福安等共六十六人來貢方物并獻善馬九匹莊宗召對于文明殿乃命司農卿鄭續將作少監何延嗣持節冊仁美爲英義可汗至其年十一月仁美卒其弟狄銀嗣立遣都督安千等朝貢狄銀卒歐陽史同光四年狄寧卒阿

咄欲立亦遣使來貢名馬天成三年二月其權知可汗仁裕遣都督李阿山等一百二十人入貢明宗召對于崇元殿賜物有差其年三月命使冊仁裕爲順化可汗四年又遣都督掣撥等五人來朝授掣撥等懷化司戈遣命還蕃長與元年十二月遣使翟未思三十餘人進馬八十匹玉一團四年七月復遣都督李未等三十人來朝進白鶻一聯明宗召對于廣壽殿厚加錫賚仍命解放其鶻清泰二年七月遣都督陳福海已下七十八人進馬三百六十匹玉二十團八月勅回鶻朝貢使密錄都督陳福海可懷化郎將副使達奚相温可懷化司階監使屈密錄阿撥可歸德司戈判官安均可懷化司戈晉天福三年十月遣使都督李萬全等朝貢以萬全爲歸義大將軍監使雷福德爲順化將軍四年三月又遣都督拽里敦來朝兼貢方物其月命衛尉卿邢德昭持節就冊爲奉化可汗（歐陽史晉高祖時又加冊命阿咄欲不知其爲狄銀親疏亦不知其立卒而仁裕訖五代常來朝貢史亦失其紀）五年正月遣都督石海金等來貢良馬百駟并白玉團白玉鞍轡等謝其封冊漢乾祐元年五月遣使李屋等入朝貢馬幷白玉藥物等七月以入朝使李屋爲歸德大將

軍副使安鐵山監使末相温爲歸德將軍判官翟毛哥爲懷化將軍周廣順元年二月遣使並犛尼貢玉團七十有七白氎貂皮氂牛尾藥物等先是晉漢已來回鶻每至京師禁民以私市易其所有寶貨皆鬻之入官民間市易者罪之至是周太祖命除去舊法每回鶻來者聽私下交易官中不得禁詰繇是玉之價直十損七八顯德六年二月又遣使朝貢獻玉並硇砂等物皆不納所入馬量給價錢時世宗以玉雖稱寶無益國用故因而卻之

高麗本扶餘之別種其國都平壤城卽漢樂浪郡之故地在京師東四千餘里東渡海至于新羅西北渡遼水至于營州南渡海至于百濟北至靺鞨東西三千一百里南北二千里其官大者號大對盧比一品總知國事三年一代若稱職者不拘年限對盧已下官總十二級外置州縣六餘大城置傉薩一人比都督小城置道使一人比刺史其下各有僚佐分曹掌事其王以白羅爲冠白皮小帶咸以金飾唐貞觀末太宗伐之不能下至總章初高宗命李勣率軍征之遂拔其城分其地爲郡縣及唐之末年中原多事其國遂自立君長前王姓高

氏唐同光天成中累遣使朝貢周顯德六年高麗遣使貢紫白水晶二千顆

渤海靺鞨其俗呼其王爲可毒夫對面呼聖㦸奏呼基下父曰老王母曰太妃妻曰貴妃長子曰副王諸子曰王子世以大氏爲酋長

黑水靺鞨其俗尚質朴性猛悍無憂戚貴壯而賤老俗無文字兵器有角弓楛矢

新羅其國俗重元日相慶賀每以是月拜日月之神婦人以髮繞頭用綵及珠爲飾髮甚鬒美

党項其俗皆土著居有棟宇織毛罽以覆之尚武其人多壽至百五十六十歲不事生業好爲盜賊党項自同光以後大姓之強者各自來朝貢明宗時詔沿邊置場市馬諸夷皆入市中國有回鶻党項馬最多明宗招懷遠人馬來無駑壯皆集而所售過常直往來館給道路倍費其每至京師明宗爲御殿見之勞以酒食既醉連袂歌呼道其土風以爲樂去又厚以賜賚歲耗百萬計唐大臣皆患之數以爲言乃詔吏就邊場售馬給直止其來朝而党項利其所得來不

可止其在靈慶之間者數犯邊爲盜自河西回鶻朝貢中國道其部落輒邀劫之執其使者賣之他族以易牛馬明宗遣靈武康福邠州藥彥稠等出兵討之福等擊破阿埋韋悉褒勒強賴埋廝骨尾及其大首領連香李八薩王都統悉那埋摩侍御乞埋嵬悉逋等族殺數千人獲其牛羊鉅萬計及其所劫外國寶玉等悉以賜軍士由是党項之患稍息其他諸族散處沿邊界上甚衆然皆無國邑君長故莫得而紀次云

昆明部落其俗椎髻跣足酋長披虎皮下者披氈

于闐其俗好事妖神

占城本地鳥之大者有孔雀

牂牁蠻其國法劫盜者三倍還贓殺人者出牛馬三十頭乃得贖死

舊五代史卷一百三十八考證

外國列傳二吐蕃傳甘州爲回鶻牙帳　案原本脫帳字今據歐陽史增入

回鶻傳來貢方物幷獻善馬九匹　案歐陽史作貢玉馬

舊五代史卷一百三十八考證

# 舊五代史卷一百三十九

宋門下侍郎參知政事監修國史薛居正等撰

## 志第一

### 天文志

案天文志序原本闕佚然其日食星變諸門事蹟具存較歐陽史司天考爲詳備今考五代會要所載星變物異諸門與司天考互有詳略蓋五代典章散佚各記所聞未能畫一也參考諸書當以是書爲得其實焉

#### 日食

梁太祖乾化元年正月丙戌朔日有食之時言事者多引漢高祖末年日食于歲首梁祖甚惡之于是素服避正殿百官各守本司是日有司奏雲初陰晦事同不食百寮奉表稱賀　末帝龍德三年十月辛未朔日有食之

唐莊宗同光三年四月癸亥朔時有司奏日食在卯主歲大旱　明宗天成元年八月乙酉朔日有食之　二年八月己卯朔日有食之　三年二月丁丑朔日食其日陰雲不見百官稱賀　長興元年六月癸巳朔日食其日陰冥不見至夕大雨　二年十一月甲申朔先是司天奏朔日合食二分伏緣所食微少

太陽光影相鑠伏恐不辨虧闕請其日不入閤百官守司從之
晉高祖天福二年正月乙卯先是司天奏正月二日太陽虧食宜避正殿開諸營門蓋藏兵器半月不宜用軍是日太陽虧十分內食三分在尾宿十七度日出東方以帶食三分漸生至卯時復滿　三年正月戊申朔司天先奏其日日食至是日不食內外稱賀　四年七月庚子朔時中書門下奏謹按舊禮日有變天子素服避正殿太史以所司救日于社陳五兵五鼓五麾東戟西矛南弩北楯中央置鼓服從其位百職廢務素服守司重列于庭每等異位向日而立明復而止今所司法物咸不能具去歲正旦日食唯謹藏兵仗皇帝避正殿素食百官守司今且欲依近禮施行從之　七年四月甲寅朔是日百官守司太陽不食上表稱賀　八月戊申朔日有食之　少帝開運元年九月庚午朔日有食之　二年八月甲子朔日有食之　三年三月壬戌朔日有食之
漢隱帝乾祐三年十一月甲子朔日有食之
周太祖廣順二年四月丙戌朔日有食之
珍做宋版印

月食

梁太祖開平四年十二月十四日夜先是司天奏是日月食不宜用兵時王景仁方總大軍北伐追之不及至五年正月二日果爲後唐莊宗大敗于柏鄉

唐莊宗同光三年三月戊申月食九月甲辰月食　明宗天成三年十二月乙卯月食　四年六月癸丑望月食十二月庚戌月食

晉高祖天福二年七月丙寅月食　五年十一月丁丑月食鶉首之分　少帝開運二年三月戊子月食九月丙戌月食

漢高祖天福十二年十二月乙未月食

周世宗顯德三年正月戊申月食　五年十一月辛未月食

月暈

唐明宗天成元年十一月月暈匝火木

彗孛

梁太祖乾化二年四月甲戌夜彗見于靈臺之西

唐明宗天成三年十月庚午夜西南有孛長丈餘東南指在牛五度　末帝清泰三年九月乙丑彗出虛危長尺餘形細微經天壘哭星

晉高祖天福六年九月有彗星長丈餘　八年十月庚戌夜有彗見于東方西指尾長一丈在角九度

周太祖顯德三年正月壬戌夜有星孛于參角其芒指于東南

五星淩犯

梁太祖開平二年正月乙亥歲星犯月　乾化二年五月壬戌熒惑犯心大星去心四度順行占曰心爲帝王之星其年六月五日帝崩

唐莊宗同光二年八月戊子熒惑犯星　三年三月丙申熒惑犯上相四月甲申熒惑犯左執法六月丙寅歲犯右執法九月己亥熒惑在江東犯第一星（案歐陽史九月丙辰太白歲相犯是書不載疑有闕文）　明宗天成元年八月癸卯太白犯心大星辛亥熒惑犯上將九月庚午熒惑犯右執法己卯熒惑犯左執法十月戊子熒惑犯上相十二月熒惑犯氐　二年正月甲戌熒惑歲相犯二月辛卯熒惑犯鍵閉三

月熒惑犯上相六月辛丑熒惑犯房九月壬子歲犯房　三年正月壬申太白熒惑合于奎八月癸卯熒惑犯上相乙卯熒惑犯右執法庚午太白犯左執法九月庚辰鎮歲合于箕辛巳太白熒惑合于軫十二月壬寅熒惑犯房太白歲相犯于斗　四年三月壬辰歲犯牛九月丙子熒惑入哭星　長興元年六月乙卯太白犯天罇十一月壬戌熒惑犯氐十二月丙辰熒惑犯天江　二年正月乙亥太白犯羽林四月甲寅熒惑犯羽林八月辰犯端門十一月丙戌太白犯鍵　三年四月庚辰熒惑犯積尸九月庚寅太白犯哭星十一月己亥太白犯壁壘　四年八月己未五鼓三籌熒惑近天高星歲星近司怪太白近軒轅大星案歐陽史九月辛巳太白犯右執法是書不載　末帝清泰元年六月甲戌太白犯右執法

晉高祖天福元年三月壬子熒惑犯積尸　四年四月辛巳太白犯東井北轅甲申太白犯五諸侯五月丁未太白犯輿鬼中星　六年八月辛卯太白犯軒轅九月己卯熒惑犯上將　八年八月丙子熒惑犯右掖十月丙辰熒惑犯進賢　開運元年二月壬戌太白犯昴己巳熒惑犯天鑰四月丁巳太白犯五諸

侯七月甲申太白犯東井八月甲辰熒惑入南斗十月壬戌熒惑犯哭星案此條歐陽史不載十二月太白犯辰　二年八月甲戌歲犯東井九月甲寅太白犯南斗魁十一月甲午朔太白犯哭星

漢天福十二年十月己丑太白犯亢距星　乾祐元年八月己丑鎮星入太微西垣戊戌歲犯右執法十月丁丑歲犯左執法二年九月壬寅太白犯右執法庚戌太白犯鎮丁卯太白犯歲十一月鎮星始出太微之左掖門自元年八月己丑鎮星入太微垣犯上將左右執法內屏謁者勾已往來凡四百四十三日方出左掖　三年六月乙卯鎮犯左掖七月甲申熒惑犯司怪八月癸卯太白犯房庚戌太白犯心大星十月辛酉太白犯歲

周廣順元年二月丁巳歲犯咸池己未熒惑犯五諸侯三月甲子歲守心己卯熒惑犯鬼壬午熒惑犯天尸四月甲午歲犯鉤鈐　二年七月熒惑犯井鉞八月乙未熒惑犯天罇九月辛酉熒惑犯鬼庚戌熒惑掩右執法十月壬辰太白犯進賢　三年四月乙丑熒惑犯靈臺五月辛巳熒惑犯上將　顯德六年六

月庚子熒惑與心大星合度光芒相射先是熒惑勾已于房心間凡數月至是與心大星合度是夜順行案此條歐陽史不載

星晝見

唐同光三年六月己巳太白晝見　天成元年七月庚申太白晝見　長興二年五月己亥歲星晝見閏五月己巳歲星晝見八月戊子太白晝見　三年十月壬申太白晝見　四年五月癸卯太白晝見　清泰元年五月己未太白晝見

漢天福十三年四月丙子太白晝見　乾祐二年四月壬午太白晝見

周廣順二年二月庚寅太白經天

流星

梁乾化元年十一月甲辰東方有流星如數升器出畢宿口曳光三丈餘有聲如雷

唐長興二年九月丙戌夜二鼓初東北方有小流星入北斗魁滅至五鼓初西

北方次北有流星狀如半升器初小後大速流如奎滅尾迹凝天屈曲似雲而散光明燭地又東北有流星如大桃出下台星西北速流至斗柄第三星旁滅五皷後至明中天及四方有小流星百餘流注交橫　應順元年春二月辛未夜有大星如五升器流于東北有聲如雷　淸泰元年九月辛丑夜五皷初有大星如五斗器而南流尾迹長數丈赤色移時盤屈如龍形蹙縮如二鏵相鬭而散又一星稍小東流有尾迹凝成白氣食頃方散

晉天福三年三月壬申夜四皷後東方有大流星狀如三升器其色白長尺餘屈曲流出河鼓星東三尺流丈餘滅

周顯德元年正月庚寅子夜後東北有大星墜有聲如雷牛馬震駭六街鼓人方寐而驚以爲曉鼓乃齊伐鼓以應之至曙方知之三月高平之役戰之前夕有大流星如日流行數丈墜于賊營之所

雲氣

梁開平二年三月丁丑夜月有蒼白暈又有白氣如人形十餘皆東向出于暈

珍倣宋版印

丙九月乙酉平旦西方有氣如人形甚衆皆若俯伏之狀經刻乃散

唐同光二年日有背氣凡十二三年九月丁未夜遍天陰雲北方有聲如雷四面雜雉皆雊俗謂之天狗落是歲日有背氣凡十三是月司天監奏自七月三日陰雲大雨至九月十八日後方晴三辰行度災祥數日不見閏十二月庚午日有黑氣似日交相錯磨測在室十度　天成二年十二月壬辰西南有赤氣如火燄燄約二千里占者云不出二年其下當有大兵　長興三年六月司天監奏自月初至月終每夜陰雲蔽天不辨星月　應順元年四月九日白虹貫日是時閔帝遇害

晉天福初高祖將建義于太原日旁多有五色雲如蓮芰之狀二年正月丙辰一鼓初北方有赤氣向西至戌亥地東北至丑地已來向北闊三丈餘狀如火光赤氣內見紫微宮共北斗諸星其氣乍明乍暗至三點後後有白氣數條相次西行直至三鼓後散

漢乾祐二年十二月日暈三重上有背氣

周顯德三年十二月庚午白虹貫日氣暈勾環

舊五代史卷一百三十九

舊五代史卷一百三十九考證

志一天文志乾化二年五月壬戌熒惑犯心　案歐陽史作正月丙申熒惑犯房第二星與是書異五代會要與是書同

內屏謁者勾已　勾已原本訛旬已今據歐陽史改正

長興二年五月己亥歲星晝見　案歐陽史作癸亥太白晝見

應順元年春　應順原本訛廣順今據歐陽史改正

舊五代史卷一百三十九考證

舊五代史卷一百四十

宋門下侍郎參知政事監修國史薛居正等撰

志第二

曆志

古先哲王受命而帝天下者必先觀象以垂法治曆以明時使萬物服其風化四海同其正朔然後能允釐下土欽若上穹故虞舜之紹唐堯先齊七政武王之得箕子首敘九疇皇極由是而允興人時以之而不忒曆代已降何莫由斯粵自軒黃肇正天統歲躔辛卯曆法時成故黃帝始用辛卯曆顓頊次用乙卯曆虞用戊午曆夏用丙寅曆商用甲寅曆周用丁巳曆魯用庚子曆秦用乙卯曆漢用太初曆四分曆三統曆凡三本魏用黃初曆景初曆凡二本晉用元始曆合元萬分曆凡二本宋用大明曆元嘉曆凡二本齊用天保曆同章曆正象曆凡三本後魏用興和曆正光曆正元曆凡三本梁用大同曆乾象曆永昌曆凡三本後周用天和曆丙寅曆明元曆凡三本隋用甲子曆開皇曆皇極曆大

業曆凡四本唐用戊寅曆麟德曆神龍曆大衍曆元和觀象曆長慶宣明曆寶應曆正元曆景福崇元曆凡九本洎梁氏之應運也乘唐室陵遲之後黃巢離亂之餘衆職未修三辰孰驗故當時歲曆猶用宣明崇元二法參而成之及晉祖肇位司天監馬重績始造新曆奉表上之云臣聞爲國者正一氣之元宣萬邦之命爰資曆以立章程長慶宣明雖氣朔不渝即星躔罕驗景福崇元縱五曆甚正而年差一日今以宣明氣朔崇元星緯二曆相參方得符合自古諸曆皆以天正十一月爲歲首循太古甲子爲上元積歲彌多差闊至甚臣改法定元創爲新曆一部二十一卷七章上下經二卷算草八卷立成十二卷取唐天寶十四載乙未立爲上元以雨水正月朔爲歲首謹詣閣門上進（玉海調元曆蓋倣曹士蔿小曆之舊唐建中時曹士蔿始變古法以顯慶五年爲上元雨水爲歲首世謂之小曆）晉高祖命司天少監趙仁錡張文皓秋官正徐皓天文參謀趙延乂杜昇杜崇龜等以新曆與宣明崇元考覈得失俾有司奉而行之因賜號調元曆仍命翰林學士承旨和凝撰序其後數載法度寖差至周顯德二年世宗以端明殿學士左散騎常侍王朴明于曆算乃

珍倣宋版印

命朴孜而正之朴奉詔歲餘撰成欽天曆十五卷上之表云臣聞聖人之作也在乎知天人之變者也人情之動則可以言知之天道之動則當以數知之數之爲用也聖人以之觀天道焉歲月日時由斯而成陰陽寒暑由斯而節四方之政由斯而行夫爲國家者履端立極必體其元布政考績必因其歲禮動樂舉必正其朔三農百工必授其時五刑九伐必順其氣庶務有爲必從其日月六籍宗之爲大典百王執之爲要道是以聖人受命必治曆數故得五紀有常度庶徵有常應正朔行之于天下也自唐而下凡歷數朝亂日失天垂將百載天之曆數汩陳而已矣今陛下順孜古道寅畏上天咨詢庶官振舉墜典以臣薄游曲藝常涉舊史遂降述作之命俾究迎推之要雖非能者敢不奉詔乃包萬象以立法齊七政以立元測圭箭以候氣審朓朒以定朔明九道以步月校遲疾以推星孜黄道之斜正辨天勢之升降而交蝕詳焉夫立天之道曰陰與陽陰陽各有數合則化成矣陽之策三十六陰之策二十四奇偶相命兩陽三陰同得七十二同則陰陽之數合七十二者化成之數也化成則謂之五行之

數五行得期之數過者謂之氣盈不及謂之朔虛至于應變分用無所不通所謂包萬象矣故以七十二爲經法經者常也常用之法也法者數之節也隨法進退不失舊位故謂之通法以通法進經法得七千二百謂之統法自元入經先用此法統曆之諸法也以通法進統法得七十二萬氣朔之下收分必盡謂之全率以通法進全率得七千二百萬謂之大率而元紀生焉元者歲日月時皆甲子日月五星合在子正之宿當盈縮先後之中所謂七政齊矣古之植圭于陽城者以其近洛故也蓋尚嫌其中乃在洛之東偏開元十二年遣使天下候影南距林邑國北距横野軍中得浚儀之岳臺應南北弦居地之中皇家建國定都于梁今樹圭置箭測岳臺晷漏以爲中數晷漏正則日之所至氣之所應得之矣日月皆有盈縮日盈月縮則後中而朔月盈日縮則先中而朔自古朓朒之法率皆平行之數入曆既有前次而又衰稍不論皇極舊述則迂迴而難用降及諸曆則疎遠而多失今以月離朓朒隨曆較定日躔朓朒臨用加減所得者入離定日也一日之中分爲九限逐限損益衰稍有倫朓朒之法所謂

珍倣宋版印

審矣赤道者天之弦帶也其勢圓而平紀宿度之常數焉黃道者日軌也其半在赤道內半在赤道外去赤道極遠二十四度當與赤道交則其勢斜當去赤道遠則其勢直當斜則日行宜遲當直則日行宜速故二分前後加其度二至前後減其度九道者月軌也其半在黃道內半在黃道外去黃道極遠六度出黃道謂之正交入黃道謂之中交若正交在秋分之宿中交在春分之宿則比黃道益斜若正交在春分之宿中交在秋分之宿則比黃道反直若正交中交在二至之宿則其勢差斜故較去二至二分遠近以攷斜正乃得加減之數自古雖有九道之說蓋亦知而未詳空有祖述之文全無推步之用今以黃道一周分爲八節一節之中分用九道盡七十二道而復使日月二軌無所隱其斜正之勢焉九道之法所謂明矣星之行也近日而疾遠日而遲去日極遠勢盡而留自古諸曆分段失實隆降無準今日行分尚多次日便留自留而退唯用平行仍以入段行度爲入曆之數皆非本理遂至乖戾今校定逐日行分積逐日行分以爲變段于是自疾漸而遲勢盡而留自留而行亦積微而後多別立

諸段變曆以推變差俾諸段變差際會相合星之遲疾可得而知之矣自古相傳皆謂去交十五度以下則日月有蝕殊不知日月之相掩與闇虛之所射其理有異焉今以日月徑度之大小較去交之遠近以黃道之斜正天勢之升降度仰視旁視之分數則交虧得其實矣乃以一篇步日一篇步月一篇步星案以下脫一篇步發斂五字下云以卦候沒滅爲之下篇者言爲步發斂之下篇歐陽史約其文稱謹以步日步月步星步發斂爲四篇是也以卦候沒滅爲之下篇都四篇爲曆經一卷曆十一卷草三卷顯德三年七政細行曆一卷臣檢討先代圖籍今古曆書皆無蝕神首尾之文蓋天竺胡僧之祆說也近自司天卜祝小術不能舉其大體遂爲等接之法蓋從假用以求徑捷于是乎交有逆行之數後學者不能詳知便言曆者有九道以爲注曆之恆式今並削而去之昔在唐堯欽若昊天陛下親降聖謨攷曆象日月星辰唐堯之道也其曆謹以顯德欽天爲名天道元遠非微臣之所盡知但竭兩端以奉明詔疏略乖謬甘俟罪戾世宗覽之親爲製序仍付司天監行用以來年正旦爲始自前諸曆並廢玉海欽天于朔分之下立小分謂之杪說者謂前代謂曆朔餘未有杪者若可用杪何待求日法以齊朔分也其曆經一卷

今聊紀于後以備太史氏之周覽焉

顯德欽天曆經

演記上元甲子距今顯德三年丙辰積七千二百六十九萬八千四百五十二

欽天統法七千二百　欽天經法七十二

欽天通法一百

欽天步日躔術

歲率二百六十二萬九千七百六十四十

軌率二百六十二萬九千八百四十四八十

朔率二十一萬二千六百二十二十八

歲策三百六十五　一千七百六十四十

軌策三百六十五　一千八百四十四八十

歲中一百八十三　四千四百八十二十

軌中一百八十二　四千五百二十二四十

朔策二十九　三千八百二十二十八

氣策一十五　一千五百七十三三十五

象策七　二千七百五十五七

周紀六十

歲差八十四四十

辰則六百　八刻二十四分

案以上題稱步日躔術及後步月離術步五星術合爲歷經四篇者之三又皆僅列用數而不及推步據歐陽史云舊史亡其步發斂一篇而在者三篇簡略不完然則是書原文固已闕矣

## 欽天步月離術

離率一十九萬八千三百九十三九

交率一十九萬五千九百三十七九十七五十六

離策二十七　三千九百九十三九

交策二十七　一千五百二十七九十七五十六

望策一十四　五千五百一十一十四

交中一十三　四千三百六十三九十八七十八

離朔一　七千二十七一十九

交朔二　二千二百九十二三十四十四

中準一千七百三十六

中限四千七百八十

平離九百六十三

程節八百

欽天步五星術

歲星

周率二百八十七萬一千九百七十六六

變率二十四萬二千二百一十五六十六

曆率二百六十二萬九千七百六十一七十八

周策三百九十八　六千三百七十六六

曆中一百八十二　四千四百八十九八十

| 變段 | 變日 | 變度 | 變曆 |
| --- | --- | --- | --- |
| 晨見 | 一十七 | 三三十七 | 二二十四 |
| 順遲 | 二十五 | 二九 | 一二十九 |
| 退遲 | 一十四 | 一一十二 | 空二十八 |
| 退疾 | 二十七 | 四三十八 | 一三十七 |
| 後留 | 二十六三十二 | | |
| 順疾 | 九十 | 一十六六十三 | 一十一一十三 |
| 順疾 | 九十 | 一十六六十三 | 一十一一十三 |
| 前留 | 二十六三十二 | | |
| 退疾 | 二十七 | 四三十八 | 一三十七 |

| | | | |
|---|---|---|---|
| 退遲 | 一十四 | 一一十二 | 空二十八 |
| 順遲 | 二十五 | 二九 | 一二十九 |
| 夕伏 | 一十七 | 三三十七 | 二二十四 |

熒惑

周率五百六十一萬五千四百二十二一十一

變率二百九十八萬五千六百六十一七十一

曆率二百六十二萬九千七百六十

周策七百七十九　六千六百二十二一十一

曆中百八十二　四千四百八十

| 變段 | 變日 | 變度 | 變曆 |
|---|---|---|---|
| 晨見 | 七十三 | 五十三六十八 | 五十五十八 |
| 順疾 | 七十三 | 五十一一 | 四十八三 |
| 次疾 | 七十一 | 四十六六十九 | 四十四一十七 |

| | | | |
|---|---|---|---|
| 次遲 | 七十一 | 四十五三十三 | 四十二五十八 |
| 順遲 | 六十二 | 一十九二十九 | 一十八二十 |
| 前留 | 八六十九 | | |
| 退遲 | 一十 | 一五十八 | 空四十四 |
| 退疾 | 二十一 | 七四十六 | 二四十 |
| 退疾 | 二十一 | 七四十六 | 二四十 |
| 退遲 | 一十 | 一五十八 | 空四十四 |
| 後留 | 八六十九 | | |
| 順遲 | 六十二 | 一十九二十九 | 一十八二十 |
| 次遲 | 七十一 | 四十五三十三 | 四十二五十八 |
| 次疾 | 七十一 | 四十六六十九 | 四十四一十七 |
| 順疾 | 七十三 | 五十一一 | 四十八三 |
| 夕伏 | 七十三 | 五十三六十八 | 五十五十八 |

鎮星

周率二百七十二萬二千一百七十六九十

變率九萬二千四百一十六五十

曆率二百六十二萬九千七百五十九八十

周策三百七十八　五百七十六九十

曆中一百八十二　四千四百七十九九十

| 變段 | 變日 | 變度 | 變曆 |
| --- | --- | --- | --- |
| 晨見 | 一十九 | 二七 | 一一十四 |
| 順疾 | 六十五 | 六三十八 | 三五十一 |
| 順遲 | 一十九 | 空六十三 | 空三十五 |
| 前留 | 三十七三 | | |
| 退遲 | 一十六 | 空四十三 | 空一十四 |
| 退疾 | 三十三 | 二三十五 | 空六十 |

| | 變日 | 變度 | 變曆 |
|---|---|---|---|
| 退疾 | 三十三 | 二三十五 | 空六十 |
| 退遲 | 一十六 | 空四十三 | 空一十四 |
| 後留 | 三十七三 | | |
| 順遲 | 一十九 | 空六十三 | 空三十五 |
| 順疾 | 六十五 | 六三十八 | 三五十一 |
| 夕伏 | 一十九 | 二七 | 一一十四 |

太白

周率四百二十萬四千一百四十三九十六

變率四百二十萬四千一百四十三九十六

曆率二百六十二萬九千七百五十五十六

周策五百八十三　六千五百四十三九十六

曆中一百八十二　四千四百七十五二十八

| 變段 | 變日 | 變度 | 變曆 |
|---|---|---|---|

| | | | |
|---|---|---|---|
| 夕見 | 四十二 | 五十三 四十 | 五十一 一十七 |
| 順疾 | 九十六 | 一百二十一 五十七 | 一百一十六 三十九 |
| 次疾 | 七十三 | 八十 三十七 | 七十七 一 |
| 次遲 | 三十三 | 三十四 一 | 三十二 四十 |
| 順遲 | 二十四 | 一十一 六十 | 一十一 四 |
| 前留 | 六 六十九 | | |
| 退遲 | 四 | 一 二十二 | 空 三十一 |
| 退疾 | 六 | 三 六十五 | 一 二十二 |
| 夕伏 | 七 | 四 四十 | 一 三十七 |
| 晨見 | 七 | 四 四十 | 一 三十七 |
| 退疾 | 六 | 三 六十五 | 一 二十二 |
| 退遲 | 四 | 一 二十二 | 空 三十一 |
| 後留 | 六 六十九 | | |

| | | | |
|---|---|---|---|
| 順遲 | 二十四 | 一十一六十一 | 一十一二十四 |
| 次遲 | 三十三 | 三十四一 | 二十二四十 |
| 次疾 | 七十三 | 八十三三十七 | 七十七一 |
| 順疾 | 九十六 | 一百二十一五十七 | 一百一十六三十九 |
| 晨伏 | 四十二 | 五十三四十 | 五十一一十七 |

辰星

周率八十三萬四千三百三十五五十二

變率八十三萬四千三百三十五五十二

曆率二百六十二萬九千七百六十四四十四

周策一百一十五　六千三百三十五五十二

曆中一百八十二　四千四百八十二十二

| 變段 | 變日 | 變度 | 變曆 |
|---|---|---|---|
| 夕見 | 一十七 | 三十四一 | 二十九五十四 |

| | | | |
|---|---|---|---|
| 順疾 | 一十一 | 一十八 二十四 | 一十六 四 |
| 順遲 | 一十六 | 一十一 四十三 | 一十 十一 |
| 前留 | 二 六十八 | | |
| 夕伏 | 一十一 | 六 | 二 |
| 晨見 | 一十一 | 六 | 二 |
| 後留 | 二 六十八 | | |
| 順遲 | 一十六 | 一十一 四十三 | 一十 十一 |
| 順疾 | 一十一 | 一十八 二十四 | 一十六 四 |
| 晨伏 | 一十七 | 三十四 一 | 二十九 五十四 |

舊五代史卷一百四十

舊五代史卷一百四十考證

志二曆志正元曆　案玉海作正統五代會要作正元

創爲新曆一部二十一卷　案玉海引崇文總目作二十卷

五行得期之數　五行原本訛五之今據五代會要改正

法者數之節也　法原本訛百今據五代會要改正

以通法進統法得七十二萬　案七十二萬原本作七千二百萬考下文以通法進全率得七千二百萬謂之大率則此當云以通法進統法得七十二萬謂之全率原本全率之數併作大率之數蓋傳寫之訛今據歐陽史改正

欽天步月離術離策二十七　二十七原本訛作一十七案以統法除離率得二十七日及餘分今據歐陽史改正

交中一十三四千三百六十三　四千三百原本訛作四千四百案交策半之爲交中當從歐陽史作四千三百今改正

欽天步五星術歲星曆率二百六十二萬九千七百六十一七十八　案七百六

十一歐陽史作九百六十六非也據曆率半之爲曆中彼此互訂此條當以
是書爲正
曆中一百八十二四千四百八十八十九　案小分八十九原本作九十六非也
據曆中倍之爲曆率倍八十九適得大分一小分七十八此條當以歐陽史
爲正今據改
太白周策五百八十三　案原本作周策五百八十三萬考周率滿統法得周
策五百八十三日及餘分萬字係衍文歐陽史亦無萬字今刪去
曆中一百八十二　案原本作曆中一百八十二萬考曆率半之滿統法得曆
中一百八十二日萬字係衍文歐陽史亦無萬字今刪去

舊五代史卷一百四十考證

珍倣宋版印

# 舊五代史卷一百四十一

宋門下侍郎參知政事監修國史薛居正等撰

## 志第三

### 五行志

昔武王克商以箕子歸作洪範其九疇之序一曰五行所以紀休咎之徵窮天人之際故後之修史者咸有其說焉蓋欲使後代帝王見災變而自省責躬修德崇仁補過則禍消而福至此大略也今故按五代之簡編記五行之災沴追爲此志以示將來其于京房之舊說劉向之緒言則前史敘之詳矣此不復引以爲證焉

水淹風雨

梁開平四年十月梁宋輝亳水詔令本州開倉賑貸十一月大風下詔曰自朔至今異風未息宜命祈禱

唐同光二年七月汴州雍邱縣大雨風拔樹傷稼曹州大水平地三尺八月大

雨河水溢漫流入鄆州界十一月中書門下奏今年秋天下州府多有水災百姓所納秋稅請特放加耗從之　三年六月至九月大雨江河崩決壞民田七月洛水泛漲壞天津橋漂近河廬舍艤舟爲渡覆沒者日有之鄴都奏御河漲于石灰窯口開故河道以分水勢鞏縣河堤破壞厥倉八月勅如聞天津橋未通往來百官以舟船濟渡因茲傾覆兼踣泥塗自今文武百官三日一趨朝宰臣每日中書視事　四年正月勅自京以來（案此句疑有脫誤）幅圓千里水潦爲沴流亡漸多宜自今月三日後避正殿減常膳撤樂省費以答天譴應去年經水災處鄉村有不給及逃移人戶夏秋兩稅及諸折科委逐處長吏切加點檢並與放免仍一年內不得雜差遣應在京及諸縣有停貯斛㪷並令減價出糶以濟公私如不遵守仰具聞奏　長興元年夏鄜州上言大水入城居人溺死　二年四月棣州上言水壞其城是月己巳鄆州上言黃河水溢岸闊三十里東流五月丁亥申州奏大水平地深七尺是月戊申襄州上言漢水溢入城壞民廬舍又壞均州郛郭水深三丈居民登山避水仍畫圖以進是月甲子洛水溢壞

民廬舍六月壬戌汴州上言大雨雷震文宣王廟講堂十一月壬子鄆州上言黃河暴漲漂溺四千餘戶　三年七月諸州大水宋亳潁尤甚宰臣奏曰今秋宋州管界水災最盛人戶流亡粟價暴貴臣等商量請于本州倉出斛㪷依時出糶以救貧民從之是月秦州大水溺死窯谷內居民三十六人夔州赤甲山崩大水漂溺居人　清泰元年九月連雨害稼詔曰久雨不止禮有祈禳禜都城門三日不止乃祈山川告宗廟社稷宜令太子賓客李延範等禜諸城門太常卿李懌等告宗廟社稷

晉天福初高祖將建義于太原城中數處井泉暴溢　四年七月西京大水伊洛瀍澗皆溢壞天津橋八月河決博平甘陵大水　六年九月河決于滑州一概東流居民登邱冢爲水所隔詔所在發舟檝以救之兗州濮州界皆爲水所漂溺命鴻臚少卿魏玭將作少監郭廷讓右領軍衛將軍安濬右驍衛將軍田峻于滑濮澶鄆四州檢河水所害稼并撫問遭水百姓兗州又奏河水東流闊七十里至七年三月命宋州節度使安彥威率丁夫塞之河平建碑立廟于河

決之所　開運元年六月黃河洛河泛溢堤堰鄭州原武滎澤縣界河決

周廣順二年七月暴風雨京師水深二尺壞牆屋不可勝計諸州皆奏大雨所

在河渠泛溢害稼　三年六月諸州大水襄州漢江漲溢入城城內水深五尺

倉庫漂盡居人溺者甚衆

地震

唐同光二年十一月鎮州地震　三年十一月二十五日夜魏博徐宿地大震

天成三年七月鄆地震　長興二年六月太原地震自二十五日子時至二

十七日申時二十餘度左補闕李詳上疏曰臣聞天地之道以簡易示人鬼神

之情以禍福爲務王者祥瑞至而不喜災異見而輒驚罔不寅畏上穹思答天

譴臣聞北京地震日數稍多臣曾覽國書伏見高宗時晉州地震上謂羣臣曰

豈朕政教之不明使晉州地震耶侍中張行成奏曰天陽也地陰也天陽君象

地陰臣象君宜轉動臣宜安靜今晉州地震彌旬不休將恐女謁使事臣下陰

謀且晉州是陛下本封今地震焉尤彰其應伏願深思遠慮以杜未萌又開元

珍倣宋版印

中秦州地震尋差官宣慰兼降使致祭山川所損之家委量事安置奏聞伏惟陛下中興唐祚起自晉陽地數震于帝鄉理合思于天誡況聖明御宇于今六年歲稔時康人安俗阜臣慮天意恐陛下忘創業艱難之時有功成矜滿之意伏望特委親信兼選勳賢且往北京慰安密令巡問黎民之疾苦嚴山川之祭祀然後鑒前朝得喪之本採歷代聖哲之規崇不諱之風罷不急之務明宗深嘉之錫以三品章服十一月雄武軍士上言洛陽地震　三年八月秦州地大震

漢乾祐二年四月丁丑幽定滄營深貝等州地震幽定尤甚

周廣順三年十月魏邢洛等州地震數日凡十餘度魏州尤甚

蟲魚禽獸

梁龍德末許州進綠毛龜宮中造室以畜之命之曰龜堂識者以爲不祥之言

唐天祐十八年二月張文禮叛于鎮州時野水變其色如血游魚多死浮于水上識者知其必敗　十九年定州王處直卒先是處直自爲德政碑建樓于衙

城內言有龍見或覩之其狀乃黃幺蜥蜴也處直以爲神異造龍牀以安之又城東麥田中有羣鵲數百平地爲巢處直以爲己德所感識者竊論曰蟲蛇陰物比藏山澤今據屋室人不得而有也南方爲火火主禮禮之壞則羽蟲失性以文推之上失其道不安于位之兆也果爲其子都所廢　應順元年閏正月丙寅辰時唐閔帝幸至德宮初出興教門有飛鳶自空而落死于御前是日大風晦冥　清泰元年十月辛未巳時有雉金色自南飛入中書止于政事堂之上吏驅之不去良久又北飛是日民家得之　二年鄴西李固鎮有大鼠與蛇鬬于橋下鬬及日之中蛇不勝而死　三年三月戊午有蛇鼠鬬于洛陽師子門外而鼠殺蛇夏四月戊子熊入市形如人搏人又一熊自老君廟南走向城會車駕幸近郊從官射之而斃

漢乾祐三年正月有狐出明德樓獲之比常狐毛長腹別有二足

周廣順三年六月河北諸州旬日內無烏旣而聚澤潞之間山谷中集于林木壓樹枝皆折是年人疾疫死者甚衆至顯德元年河東劉崇爲周師所敗伏尸

流血故先萌其兆　顯德元年三月潞州高平縣有鵲巢于縣郭之南平地巢中七八雛

蝗

梁開平元年六月許陳汝蔡潁五州蝝生有野禽羣飛蔽空食之皆盡

唐同光三年九月鎮州奏飛蝗害稼

晉天福四年七月山東河南關西諸郡蝗害稼至八年四月天下諸州飛蝗害田食草木葉皆盡詔州縣長吏捕蝗華州節度使楊彥詢雍州節度使趙瑩命百姓捕蝗一斗以祿粟一斗賞之時蝗旱相繼人民流移飢者盈路關西餓殍尤甚死者十七八朝廷以軍食不充分命使臣諸道括粟麥晉祚自茲衰矣

漢乾祐元年七月青鄆兗齊濮沂密邢曹皆言蝝生開封府奏陽武雍邱襄邑等縣蝗開封尹侯益遣人以酒肴致祭尋爲鸜鵒食之皆盡敕禁羅弋鸜鵒以其有吞蝗之異也　二年五月博州奏有蝝生化爲蝶飛去宋州奏蝗一夕抱草而死差官祭之

火

唐天成四年十一月汝州火燒羽林軍營五百餘間先是司天奏熒惑入羽林飭京師爲火備至是果應　長興二年四月辛丑汴州封禪寺門扉上欻然火起延燒近舍是月魏州奏歷陽火先是下詔于諸道令爲火備至是驗之　三年十二月壬戌懷州軍營內三處火光自起人至卽滅並不焚燒舍宇明宗謂侍臣曰火妖乎侍臣曰恐妖人造作宜審詰之

晉天福三年十一月襄州奏火燒居民千餘家　九年春左龍武統軍皇甫遇從少帝禦契丹于鄆州北將戰之夕有火光熒熒然生于牙竿之上

周顯德五年四月吳越王錢俶奏十日夜杭州火焚燒府署殆盡世宗命中使賫詔撫問

草木石冰

梁開平三年春正月潞州軍前李思安進壺關縣庶穰鄉村人因伐樹倒自分爲兩片內有六字皆如左書曰天十四載石進乃圖其狀以進梁祖異之命示

百官莫有詳其義者及晉高祖卽位人以爲雖有圖姓計其甲子則二十有九年矣識者曰天字取四字中兩畫加之于傍則丙字也四字去中間兩畫加十字則申字也晉祖卽位之年乃丙申也

唐天祐五年長柳巷田家有僵桃樹經年舊坎猶在其仆木一朝屹然而起行數十步復于舊坎其家駭異倉皇散走議者以漢昭帝時上林仆木起生枝時蟲蠹成文而宣帝興今木理成文仆而重起乃莊宗中興之兆也　同光元年冬十二月辛卯亳州太清宮道士上言聖祖殿前枯檜年久再生一枝畫圖以進　清泰末年末帝先人墳側古佛刹中石像忽然搖動不已觀者咸訝焉

晉開運元年七月一日少帝御明德門宣赦改元是日遇大雷雨門內有井亭亭有石盆有走水槽槽有龍首其夕悉飄行數十步而龍首斷焉識者曰石國姓也此兆非祥石氏其還乎其絕乎　二年正月汴州封邱門外壕水東北隅水上有文若大樹花葉芬敷之狀相連數十株宛若圖畫傾都觀之識者云唐景福中盧彥威浮陽壕水有樹文亦如此時有高尾辭郡人曰此地當有兵難

至光化中其郡果爲燕帥劉仁恭所陷　三年九月大水太原葭蘆茂盛最上一葉如旗狀皆南指十二月己丑雨木冰是月戊戌霜霧大降草木皆如冰

漢乾祐元年八月李守貞叛于河中境內蘆葉皆若旗旒之狀

周廣順三年春樞密使王峻遙鎮青州有司制旄節以備迎授前夕其節有聲主者曰昔後唐長興中安重誨授河中其節亦有聲斯亦木之妖也

舊五代史卷一百四十一

珍倣宋版印

舊五代史卷一百四十一考證

志三五行志夔州赤甲山崩　赤甲原本訛求甲今據五代會要改正

華州節度使楊彥詢　彥詢原本作彥珣今從列傳改正

舊五代史卷一百四十一考證

舊五代史卷一百四十二

宋門下侍郎參知政事監修國史薛居正等撰

志第四

禮志上案禮志序原本闕佚

梁開平元年夏四月太祖初受禪乃立四廟于西京從近古之制也

唐同光二年六月太常禮院奏國家興建之初已于北都置廟今克復天下遷都洛陽却復本朝宗廟按禮無二廟之文其北都宗廟請廢乃下尚書省集議禮部尚書王正言等奏議曰伏以都邑之制宗廟爲先今卜洛居尊開基御宇事當師古神必依人北都先置宗廟不宜竝設況每年朝享禮有常規時日既同神何所據竊聞近例亦有從權如神主已修迎之藏于夾室若廟宇已崇虛之以爲恆制若齊桓公之廟二主禮無明文古者師行亦無遷于廟主昔天后之崇鞏洛禮謂非宜漢皇之戀豐滕事無所法況本朝故事禮院具明洛邑舊都嵩高正位豈宜遠宮闕之居建祖宗之廟事非可久理在從長其北都宗廟

請準太常禮院申奏停廢從之　天成元年中書舍人馬縞奏曰伏見漢晉已來諸侯王宗室承襲帝統除七廟之外皆別追尊親廟漢光武皇帝立先四代于南陽其後桓帝已下亦皆上考前修追崇先代乞依兩漢故事別立親廟詔下尚書省集百官定議禮部尚書蕭頃等議曰伏見方冊所載聖概所存將達蘋藻之誠宜有粢梲之制臣等集議其追尊位號及建廟都邑乞特降制命依馬縞所議　二年中書門下又上奏曰伏以兩漢以諸侯王入繼帝統則必易名上謚廣孝稱皇載于諸王故事孝德皇孝仁皇孝元皇是也伏乞聖慈俯從人願許取皇而薦號兼上謚以尊名改置園陵仍增兵衞遂詔太常禮院定其儀制焉太常博士王丕等引漢桓帝入嗣尊其祖河間孝王曰孝穆皇帝蠡吾侯曰孝崇皇帝爲例請付太常卿定謚刑部侍郎權判太常卿馬縞復議曰伏準兩漢故事以諸侯王宗室入承帝統則必追尊父祖修樹園陵西漢宣帝東漢光武孝饗之道故事具存自安帝入嗣遂有皇太后令別崇謚法追曰某皇所謂孝德孝穆之類是也前代惟孫皓自烏程侯繼嗣追父和爲文皇帝事出

非常不堪垂訓今據禮院狀漢安帝以下若據本紀又不見帝字伏以謚法德象天地曰帝伏緣禮院已曾奏聞難將兩漢故事便述尊名請詔百官集議時右僕射李琪等議曰伏覩歷代已來宗廟成制繼襲無異沿革或殊馬縞所奏禮有按據乞下制命令馬縞虔依典冊以述尊名時明宗意欲兼加帝字乃下詔曰朕聞國承家得以制禮作樂故三皇不相襲五帝不相沿隨代創規于理無爽矧或情關祖禰事繫烝嘗且追謚追尊稱皇與帝既有減增之字合陳褒貶之詞大約二名俱爲尊稱若三皇之代故不可加帝五帝之代不可言皇爰自秦朝便兼二號至若聖祖老君事隔千祀宗追一源猶顯冊于鴻名豈須遵于漢典況朕居九五之位爲億兆之尊不可總二名于眇躬惜一字于先代苟隨執議何表孝誠可委宰臣與百官詳定集兩班于中書逐班各陳所見惟李琪等請于祖禰二室先加帝字宰臣合衆議奏曰恭以朝廷之重宗廟爲先事繫承祧義符致美且聖朝追尊之日卽引漢氏舊儀在漢氏封崇之時復依何代故事理關凝滯未協聖謨道合變通方爲民則且王者功成治定制禮作樂

正朔服色尙有改更尊祖奉先何妨沿革若應州必立別廟卽地遠上都今據開元中追尊臯陶爲德明皇帝涼武昭王爲興聖皇帝皆立廟于京都臣等商量所議追尊四廟望依御札並加皇帝之號兼請于洛京立廟勅宜于應州舊宅立廟餘依所奏案文獻通考後唐之所謂七廟者以沙陀之獻祖國昌太祖克用莊宗存勗而上繼唐之高祖太宗懿宗昭宗此所謂四廟者又明宗代北之高曾祖父也 其年八月太常禮院奏莊宗神主以此月十日祔廟七室之內合有祧遷中書門下奏議請祧懿祖一室後下百寮集議禮部尙書蕭頃等奏請從中書所奏從之 應順元年正月中書門下奏太常以大行山陵畢祔廟今太廟見饗七室高祖太宗懿宗昭宗獻祖太祖莊宗大行升祔禮合祧遷獻祖請下尙書省集議太子少傅盧質等議曰臣等以親盡從祧垂于舊典疑事無質素有明文頃莊宗皇帝再造寰區復隆宗廟追三祖于先遠復四室于本朝式遇祧遷旋成沿革及莊宗升祔以懿祖從祧蓋非嗣立之君所以先遷其室光武滅新之後始有追尊之儀比祇在于南陽元不歸于太廟引事且踈于故實此時須稟于所規將來升祔先朝次合祧遷獻祖既協隨時之義又

珍倣宋版印

符變體之文從之時議以懿祖賜姓于懿宗以支庶繫太宗例宜以懿爲始祖次昭宗可也不必祖神堯而宗太宗若依漢光武則宜于代州立獻祖而下親廟其唐廟依舊禮行之可也而議謚者忘咸通之懿宗又稱懿祖父子俱懿于理可乎將朱耶三世與唐室四廟連敘昭穆非禮之甚也議祧者不知受氏于唐懿宗而祧之今又及獻祖以禮論之始祧昭宗次祧獻祖可也而懿祖如唐景皇帝豈可祧乎

晉天福二年正月中書門下奏皇帝到京未立宗廟望令所司速具制度典禮以聞從之二月太常博士段顒議曰夫宗廟之制歷代爲難須考禮經以求故事謹按尚書舜典曰正月上日受終于文祖此是堯之廟也猶未載其數又按郊祀錄曰夏立五廟商立六廟周立七廟漢初立祖宗廟于郡國共計一百六十七所後漢光武中興後別立六廟魏明帝初立親廟四後重議依周法立七廟晉武帝受禪初立六廟後復立七廟宋武帝初立六廟齊朝亦立六廟隋文帝受命初立親廟四至大業元年煬帝欲遵周法議立七廟次屬傳禪于唐武

德元年六月四日始立四廟于長安至貞觀九年命有司詳議廟制遂立七廟
至開元十一年後創立九廟又按禮記喪服小記曰王者禘其祖之所自出以
其祖配之而立四廟鄭氏注云高祖已下至禰四世卽親盡也更立始祖爲不
遷之廟共五廟也又按禮記祭法及王制孔子家語春秋穀梁傳並云天子七
廟諸侯五廟大夫三廟士一廟此是降殺以兩之義又按尙書咸有一德曰七
世之廟可以觀德又按疑義云天子立七廟或四廟蓋有其義也如四廟者從
禰至高祖已下親盡故有四廟之理又立七廟者緣自古聖王祖有功宗有德
更封立始祖卽于四親廟之外或祖功宗德不拘定數所以有五六廟或七廟
九廟欲後代子孫觀其功德故尙書云七世之廟可以觀德矣又按周捨論云
自江左已來晉宋齊梁相承多立七廟今臣等參詳唯立七廟卽並通其理伏
緣宗廟事大不敢執以一理定之故檢七廟四廟二件之文俱得其宜他所論
者並皆勿取請下三省集百官詳議敕旨宜依左僕射劉昫等議曰臣等今月
八日伏奉敕命于尙書省集議太常博士段顒所議宗廟事伏以將敷至化以

珍倣宋版印

達萬方克致平和必先宗廟故禮記王制云天子七廟諸侯五廟大夫三廟疏云周制之七者太祖廟及文王武王之祧與親廟四太祖后稷也商六廟契及湯與二昭二穆夏則五廟太祖禹與二昭二穆而已自夏及周少不減五多不過七又云天子七廟皆據周也有其人則七無其人則五若諸侯廟制雖有其人則不過五此則天子諸侯七五之異明矣至于三代已後魏晉宋齊隋及唐初多立六廟或四廟蓋于建國之始不盈七廟之數也今欲請立自高祖已下四親廟其始祖一廟未敢輕議伏俟聖裁御史中丞張昭遠奏議曰臣前月中預都省集議宗廟事伏見議狀于親廟之外請別立始祖一廟近奉中書門下牒再令百官于都省議定聞奏者臣讀十四代史書見二千年故事觀諸家宗廟都無始祖之稱唯商周二代以稷契爲太祖禮記曰天子七廟三昭三穆與太祖之廟而七鄭氏注此周制也七者太祖后稷及文王武王與四親廟又曰商人六廟契及成湯與二昭二穆也夏后氏立五廟不立太祖惟禹與二昭二穆而已據王制鄭氏所釋即商周以稷契爲太祖夏后無太祖亦無追諡之廟

自商周已來時更十代皆于親廟之中以有功者爲太祖無追崇始祖之例具引今古卽恐詞繁事要證明須陳梗概漢以高祖父太上皇執嘉無社稷功不立廟號高帝自爲高祖魏以曹公相漢垂三十年始封于魏故爲太祖晉以宣王輔魏有功立爲高祖以景帝始封晉故爲太祖宋氏先世官閥卑微雖追崇帝號劉裕自爲高祖南齊高帝之父位至右將軍生無封爵不得爲太祖高帝自爲太祖梁武帝父順之佐佑齊室封侯位至領軍丹陽尹雖不受封于梁亦爲太祖陳武帝父文讚生無名位以武帝功梁室贈侍中封義與公及武帝卽位亦追爲太祖周閔帝以父泰相西魏經營王業始封于周故爲太祖隋文帝輔周室有大功始封于隋故爲太祖唐高祖神堯祖父虎爲周八柱國隋代追封唐公故爲太祖唐末梁室朱氏有帝位亦立四廟朱公先世無名位雖追冊四廟不立太祖朱公自爲太祖此則前代追冊太祖不出親廟之成例也王者祖有功而宗有德漢魏之制非有功德不得立爲祖宗商周受命以稷契有大功于唐虞之際故追尊爲太祖自秦漢之後其禮不然雖祖有功仍須親廟今

亦粗言往例以取證明秦稱造父之後不以造父爲始祖漢稱唐堯劉累之後不以堯累爲始祖魏稱曹參之後不以參爲始祖晉稱趙將司馬卬之後不以卬爲始祖宋稱漢楚元王之後不以元王爲始祖齊梁皆稱蕭何之後不以蕭何爲始祖陳稱太邱長陳寔之後不以寔爲始祖元魏稱李陵之後不以陵爲始祖後周稱神農之後不以神農爲始祖隋稱楊震之後不以楊震爲始祖唐稱皐陶老子之後不以皐陶老子爲始祖唯唐高宗則天武后臨朝革唐稱周又立七廟仍追册周文王姬昌爲始祖此蓋當時附麗之徒不諳故實武立姬廟乖越已甚曲臺之人到今嗤誚臣遠觀秦漢下至周隋禮樂衣冠聲明文物未有如唐室之盛武德議廟之初英才間出如温魏顏虞通今古封蕭薛杜達禮儀制度憲章必有師法夫追先王先母之儀起于周代據史記及禮經云武王纘太王王季文王之緒一戎衣而有天下尊爲天子宗廟饗之周公成文武之德追王太王王季祀先公以天子之禮又曰郊祀后稷以配天據此言之周武雖祀七世追爲王號者但四世而已故自東漢以來有國之初多崇四廟從

周制也況商因夏禮漢習秦儀無勞博訪之文宜約已成之制請依隋唐有國之初創立四廟推四世之中名位高者爲太祖謹議以聞敕宜令尚書省集百官將前議狀與張昭遠所陳連定奪聞奏左僕射劉昫等再議奏曰臣等今月十三日再于尚書省集百官詳議夫王者祖武宗文郊天祀地故有追崇之典以申配饗之儀初詳太常禮院議狀唯立七廟四廟卽並通其理其他所論並皆勿取七廟者按禮記王制曰天子七廟三昭三穆與太祖之廟而七鄭氏注云此周制也詳其禮經卽是周家七廟之定數四廟者謂高曾祖禰四世也按周本紀及禮記大傳皆曰武王卽位追王太王王季文王以后稷爲堯稷官故追尊爲太祖此卽周武王初有天下追尊四廟之明文也故自漢魏已降迄于周隋創業之君追謚不過四世約周制也此禮行之已久事在不疑今參詳都省前議狀請立四廟外別引始祖取裁未爲定議續準敕據御史中丞張昭遠奏請創立四廟之外無別封始祖之文況國家禮樂刑名皆依唐典宗廟之制須約舊章請依唐朝追尊獻祖宣皇帝懿祖光皇帝太祖景皇帝代祖元皇帝

珍倣宋版印

故事追尊四廟爲定從之　七年七月太常禮院奏國朝見饗四廟靖祖肅祖睿祖憲祖今大行皇帝將行升祔按會要唐武德元年立四廟于長安貞觀九年高祖神堯皇帝崩命有司詳議廟制議以高祖神主幷舊四室祔廟今先帝神主請同唐高祖升祔從之

漢天福十三年閏七月時漢高祖已即位尚仍天福之號太常博士段顒奏議曰伏以宗廟之制歷代爲難須按禮經旁求故實又緣禮貴隨時損益不定今參詳歷代故事立高曾祖禰四廟更上追遠祖光武皇帝爲始祖百代不遷之廟居東向之位共爲五廟庶符往例又合禮經詔尚書省集百官議吏部尚書竇貞固等議云按禮記王制云天子七廟諸侯五廟大夫三廟疏云周制之七廟者太祖及文王武王之祧與親廟四太祖后稷也又云天子七廟皆據周也有其人則七無其人則五至于光武中興及歷代多立六廟或四廟蓋建國之始未盈七廟之數又按郊祀錄王肅云德厚者流澤廣天子可以事六代之義也今欲請立高祖已下四親廟又自古聖王祖有功宗有德即于四親廟之外

祖功宗德不拘定數今除四親廟外更請上追高皇帝光武皇帝更立六廟從之文獻通攷莊宗明宗既捨其祖而祖唐之祖矣及敬瑭知遠崛起而登帝位俱欲以華冑自詭故于四親之外必求所謂始祖而祖之張昭遠之言議正而詞偉矣至漢初則段顒寶貞固之徒曲爲詔附乃至上祖高光以爲六廟云

周廣順元年正月中書門下奏太常禮院議合立太廟室數若守文繼體則魏晉有七廟之文若創業開基則隋唐有四廟之議聖朝請依近禮追謚四廟伏恐所議未同請下百官集議太子太傅和凝等議請據禮官議立四親廟從之五代會要和凝議曰恭以肇啓洪圖惟新黃屋左宗廟而右社稷率由舊章崇祖禰而辨尊卑載于前史雖質文互變義趣各殊或覩損益之規咸繫興隆之始陛下體元立極本義祖仁開變家成國之基遵奉先思孝之道據禮官議立四親廟以叶前文從之　其年四月中書門下奏太常禮院申七月一日皇帝御崇元殿命使奉冊四廟準舊儀服袞冕卽座太尉引冊案入皇帝降座引立于御座前南向中書令奉冊案進皇帝搢珪捧授冊使跪受轉授舁冊官其進寶授寶儀如冊案臣等參詳至時請皇帝降階授冊從之　三年九月將有事于南郊議于東京别建太廟時太常禮院言準洛京廟室一十五間分爲四室東西各有夾室四神門每方屋一間各三門戟二

珍倣宋版印

十四別有齋宮神廚屋宇準禮左宗廟右社稷在國城內請下所司修奉從之

其月太常禮院奏迎太廟社稷神主到京其日未審皇帝親出郊外迎奉否檢討故事元無禮例伏請召三省官集議敕宜令尚書省四品已上中書門下五品已上同參議司徒竇貞固司空蘇禹珪等議按吳主孫休即位迎祖父神主于吳郡入祔太廟前一日出城野次明日常服奉迎此其例也遂署狀言車駕出城奉迎爲是請下禮儀使草定儀注至十月禮儀使奏太廟神主將至前一日儀仗出城掌次于西御莊東北設神主行廟幄幕面南其日放朝羣臣早出西門皇帝常服出城詣行宮羣臣起居畢就次神主將至羣臣班定皇帝立于班前神主至太常卿請皇帝再拜羣臣俱拜神主就行廟幄幕坐設常饌羣臣班于神幄前侍中就次請皇帝謁神主既至羣臣再拜皇帝進酒畢再拜羣臣俱拜皇帝還幄羣臣先赴太廟門外立班俟皇帝至起居俟神主至羣臣班于廟門外皇帝立于班前太常卿請皇帝再拜羣臣俱拜皇帝還幄羣臣就次宮闈令安神主于本室訖羣臣班于廟庭太常卿請皇帝于四室奠饗逐室皇

帝再拜羣臣俱拜四室祔饗畢皇帝還宮前件儀注望付中書門下宣下從之

顯德六年七月詔以大行皇帝山陵有期神主將祔廟其廟殿室宇合添修否國子司業兼太常博士聶崇義奏議曰奉敕爲大行皇帝山陵有期神主祔廟恐殿室間數少合重添修今詣廟中相度若是添修廟殿一間至兩間並須移動諸神門及角樓宮牆仗舍及堂殿正面檐栿階道亦須東省牲立班位直至齋宮漸近迫窄今重拆廟殿續更添修不唯重勞兼恐未便竊見廟殿見虛東西二夾室況未有祧遷之主欲請不拆廟殿更添間數卽便將夾室重安排六室位次所有動移神主若準舊禮于殿庭權設行廟幕殿卽恐雨水猶多難于陳設伏請權于太廟齋宮內奉安神主至修奉畢日庶爲宜稱又按禮記云廟成則于中屋刲羊以釁之夾室則用雞又大戴禮及通典亦有夾室祭文觀義乃是備廟之制況新主祔廟諸經有遷易之文考古沿今庶合通理伏請遞遷諸室奉安大行皇帝神主以符禮意敕依典禮



珍倣宋版印

舊五代史卷一百四十二考證

志四禮志上蠡吾侯　蠡吾原本訛蠡愚今據後漢書改正

周捨論　周捨原本訛周拾今據新唐書禮志改正

漢稱唐堯劉累之後　劉累原本訛劉里今據漢書改正

懿祖光皇帝　懿祖原本作義祖今從新唐書改正

舊五代史卷一百四十二考證

珍倣宋版印

# 舊五代史卷一百四十三

宋門下侍郎參知政事監修國史薛居正等撰

## 志第五

### 禮志下

後唐長興元年九月，太常禮院奏：來年四月孟夏禘饗于太廟。謹按禮經，三年一祫，以孟冬；五年一禘，以孟夏。已毀未毀之主，並合食于太祖之廟，逐廟功臣配饗于本廟之庭。本朝寶應元年定禮，奉景皇帝、高祖、太宗爲始封之祖，既廟號太祖，百代不遷，每遇禘祫，位居東向之尊。自代祖元皇帝、高祖、太宗已下，列聖子孫各序昭穆，南北相向，合食于前。聖朝中興，重修宗廟，今太廟見饗高祖、太宗、懿宗、昭宗、獻祖、太祖、莊宗七廟，太祖景皇帝在祧廟之數，不列廟饗。將來禘禮，若奉高祖居東向之尊，則禘饗不及于太祖、代祖；若以祧廟太祖居東向之位，則又違于禮意。今所司修奉祧廟神主及諸色法物已備，合預請參詳事須具狀申奏。勅下尚書省集百官詳議。戶部尚書韓彥惲等奏議曰：伏以本朝尊受命之祖景皇帝爲始封之君百代不遷長居廟食自貞觀至于天祐無所改更聖祖神孫左昭右穆自中興國祚再議宗祊以太祖景皇帝在祧廟之數不列祖宗欲尊太祖之位將行東向之儀爰命羣臣同議可否伏詳本朝列聖之舊典明皇定禮之新規開元十年特立九廟子孫遵守歷代無虧今旣行定禮之規又以祧太祖之室昔德宗朝將行禘祫之禮顏真卿議請奉獻祖居東向之位景皇帝暫居昭穆之列考之于貞元則以爲誤行之于今日正得其禮今欲請每遇禘祫之歲暫奉景皇帝居東向之尊自元皇帝以下敘列昭穆從之

周廣順三年冬十月禮儀使奏郊廟祝文禮例云古者文字皆書于册而有長短之差魏晉郊廟祝文書于册唐初悉用祝版唯陵廟用玉册明皇親祭郊廟用玉爲册德宗朝博士陸淳議準禮用祝版祭已燔之可其議貞元六年親祭又用竹册當司準開元禮並用祝版梁朝依禮行之至明宗郊天又用竹册今詳酌禮例允以祝版爲宜詔從之　其年九月南郊禮儀使奏郊祀所用珪璧

制度準禮祀上帝以蒼璧祀地祇以黃琮祀五帝以珪璋琥璜其玉各依本方正色祀日月以珪璋祀神州以兩珪有邸其用幣天以蒼色地以黃色配帝以白色日月五帝各從本方之色皆長一丈八尺其珪璧之狀璧圓而琮八方珪上銳而下方半珪曰璋琥爲虎形半璧曰璜其珪璧琮璜皆長一尺二寸四珪有邸邸本也珪著于璧而整肅也日月星辰以珪璧五寸前件珪璧雖有圖樣而長短之說或殊按唐開元中明皇詔曰祀神以玉取其精潔比來用珉不可行也如或以玉難辦寧小其制度以取其真今郊廟所修珪璧量玉大小不必皆從古制請下所司修制從之　顯德四年夏四月禮官博士等準詔議祭器祭玉制度以聞時國子祭酒尹拙引崔靈恩三禮義宗云蒼璧所以祀天其長十有二寸蓋法天之十二時又引江都集白虎通等諸書所說云璧皆外圓內方又云黃琮所以祀地其長十寸以法地之數其琮外方內圓八角而有好國子博士聶崇義以爲璧內外皆圓其徑九寸又按阮氏鄭氏圖皆云九寸周禮玉人職又有九寸之璧及引爾雅云肉倍好謂之璧好倍肉謂之瑗肉好若一

謂之環郭璞注云好孔也肉邊也而不載尺寸之數崇義又引冬官玉人云璧好三寸爾雅云肉倍好謂之璧兩邊肉各三寸通好共九寸則其璧九寸明矣崇義又云黃琮八方以象地每角各剡出一寸六分共長八寸厚一寸按周禮疏及阮氏圖並無好又引冬官玉人云琮八角而無好崇義又云琮璜珪璧俱是祀天地之器而爾雅唯言璧環瑗三者有好其餘黃琮諸器並不言之則黃琮八角而無好明矣太常卿田敏以下議以爲尹拙所說雖有所據而崇義援周禮正文其理稍優請從之其諸祭器制度亦多以崇義所議爲定　顯德二年秋八月兵部尚書張昭上言今月十二日伏蒙宸慈召對面奉聖旨每年祀祭多用太牢念其耕稼之勞更備犧牲之用比諸豢養特可愍傷令臣等討故事可以他牲代否臣仰稟綸言退尋禮籍其三牲八簋之制五禮六樂之文著在典彝迭相沿襲累經朝代無所改更臣聞古者燔黍捭豚尚多質略近則梁武麪牲竹脯不可宗師雖好生之德則然于奉先之儀太劣蓋禮主于信孝本因心黍稷非馨鬼神饗德不必牲牢之巨細籩豆之方圓苟血祀長保于宗祧

而牲俎何須于繭栗但以國之大事儒者久行易以他牢恐未爲便以臣愚見其南北郊宗廟社稷朝日夕月等大祠如皇帝親行事備三牲如有司攝行事則用少牢已下雖非舊典貴減牲牛是時太常卿田敏又奏云臣奉聖旨爲祭用犢事今太僕寺供犢一年四季都用犢二十二頭唐會要武德九年十月詔祭祀之意本以爲民窮民事神有乖正直殺牛不如礿祭明德即是馨香望古推今民神一揆其祭圜丘方澤宗廟已外並可止用少牢用少牢者用特牲代時和年豐然後克修常禮又按會要天寶六載正月十三日赦文祭祀之典犧牲所備將有達于虔誠蓋不資于廣殺自今後每大祭祀應用騂犢宜令所司量減其數仍永爲恆式其年起請以舊料每年用犢二百一十二頭今請減一百七十三頭止用三十九頭餘祠饗並停用犢至上元二年九月二十一日赦文國之大事郊祀爲先貴其至誠不美多品黍稷雖設猶或非馨牲牢空多未爲能饗圜丘方澤任依恆式宗廟諸祠臨時獻熟用懷明德之馨庶合西隣之祭其年起請昊天上帝太廟各太牢一餘祭並隨事市供若據天寶六載自二

百一十二頭減用三十九頭據武德九年每年用犢十頭圜丘方澤一宗廟五據上元二年起請祇昊天上帝太廟又無方澤則九頭矣今國家用牛比開元天寶則不多比武德上元則過其大半案會要太僕寺有牧監掌孳課之事乞今後太僕寺養孳課牛其犢遇祭昊天前三月養之滌宮取其蕩滌清潔餘祭則不養滌宮若臨時買牛恐非典故奉勅祭祀尚誠祝史貴信非誠與信何以事神礿祭重于殺牛黍稷輕于明德犧牲之數具載典經前代以來或有增損宜採酌中之禮且從貴少之文起今後祭圜丘方澤社稷並依舊用犢其太廟及諸祠宜準上元二年九月二十一日制並不用犢如皇帝親行事則依常式後唐同光二年三月十日祠部奏本朝舊儀太微宮每年五薦獻其南郊壇每年四祠祭吏部申奏請差中書門下攝太尉行事其太廟及諸郊壇並吏部差三品已上攝太尉行事從之至其年七月中書門下奏據尚書祠部狀每年太微宮五薦獻南郊壇四祠祭並宰相攝太尉行事惟太廟時祭獨遣庶僚雖爲舊規慮成闕禮臣等商量今後太廟祠祭亦望差宰臣行事從之　三年十一

月禮儀使奏伏準禮經喪三年不祭天地社稷爲越紼行事此古制也爰自漢文益尊神器務徇公絶私之義行以日易月之制事久相沿禮從順變今園陵已畢祥練既除宗廟不可以乏享神祇不可以廢祀宜遵禮意式展孝思伏請自貞簡太后升祔禮畢應宗廟儀樂及羣祀並準舊施行從之　天成四年九月太常寺奏伏見大祠則差宰臣行事中祠則差諸寺卿監行事小祠則委太祝奉禮今後凡小祠請差五品官行事從之　其年十月中書門下奏太微宮太廟南郊壇宰臣行事宿齋百官皆入白事伏以奉命行事精誠齋宿儻徧見于朝官涉不虔于祠祭今後宰臣行事文武兩班望令並不得到宿齋處者奉勅宜依　其年十二月中書門下奏今後宰臣致齋內請不押班不知印不起居或遇國忌應行事官受誓戒並不赴行香並不奏覆刑殺公事及大祠致齋內請不開宴從之　長興二年五月尚書左丞崔儉奏大祠差官行事皇帝雖不預祭其日亦不視朝伏見車駕其日或出于理不便今後請每遇大祠中祠車駕不出從之　四年二月太常博士路航奏比來小祠已上公卿皆著祭服

行事近日唯郊廟太微宮具祭服五郊迎氣日月諸祠並秪常服行事兼本司執事人等皆著隨事衣裝狼籍鞋履便隨公卿升降于壇墠按祠部令中祠已上應齋郎等升壇行事者並給潔服事畢收納今後中祠已上公卿請具祭服執事升壇人並著具緋衣幘子又臣檢禮閣新儀太微宮使卯時行事近年依諸郊廟例五更初便行事今後請依舊以卯時從之　清泰元年五月中書門下奏據太常禮院申明宗聖德和武欽孝皇帝今月二十日祔廟太尉合差宰臣攝行緣馮道在假李愚十八日私忌在致齋內今劉昫又奏見判三司事煩請免祀事今與禮官參酌諸私忌日遇大朝會入閤宣召尚赴朝參今祔饗事大忌屬私齋日請比大朝會宣召例差李愚行事從之

晉開運三年六月西京留司監祭使奏以祠祭所定行事官臨日或遇疾病或奉詔赴闕留司吏部郎中一人主判有闕便依次第定名庶無闕事從之

唐天成三年十一月太常寺定議唐少帝諡廟號景宗博士呂朋龜奏謹按禮經臣不誄君稱天以諡之是以本朝故事命太尉率百僚奉諡冊告天于圜丘

迴讀于靈座前並在七月之內謚册入陵若追尊定謚命太尉讀謚册于太廟藏册于本廟伏以景宗皇帝頃負沈冤歲月深遠園陵已修不祔于廟則景宗皇帝親在七廟之外今聖朝申冤追尊定謚重新帝號須撰禮儀又禮云君不逾年不入宗廟且漢之殤冲質君臣已成晉之惠懷愍俱負艱難皆不列廟食止祀于園寢臣等切詳故實欲請立景宗皇帝廟于園所命使奉册書寶綬上謚于廟便奉太牢祀之其四時委守奉薦請下尚書省集三省官詳議施行右散騎常侍蕭希甫等議請依禮院所奏奉勅宜令本州城內選地起廟乃于曹州立廟　四年五月中書門下奏先據太常寺定少帝謚昭宣光烈孝皇帝號景宗者伏以景宗生曾爲帝饗乃承祧既號景宗合入宗廟如不入宗廟難以言宗于理而論祧一遠廟安少帝神主于太廟卽昭穆序而宗祀正今或且居別廟卽請不言景宗但云昭宣光烈孝皇帝兼册文內有基字是明皇廟諱雖尋常詔勅皆不迴避少帝是繼世之孫不欲斥烈聖之諱今改基爲宗字從之

五代會要風俗通陳孔璋云尊卑有敘喪祭哀敬各有攸終欲令言著而可遵事施而不犯禮云卒哭之後宰執木鐸徇于宮曰捨故而諱新故謂毀廟之主

也恩遠屬絕名不可諱今昭宣上去明皇十四世奏改冊文非典故也　八月戊申明宗服袞冕御文明殿追冊昭宣光烈孝皇帝禮畢冊使兵部尚書盧質押冊出應天門登車鹵簿鼓吹前導入都亭驛翌日登車赴曹州時議者以追尊則可立之爲宗不入太廟深爲失禮夫言宗者功業纂于祖禰德澤被于生民發號申令可也且輝王纂嗣之日國命出于賊臣君父銜寃母后塗炭遭罹放逐鼎祚覆亡追諡易名當循故實如漢之沖質晉之閔懷但尊稱而無廟號前代亡國者周赧漢獻魏陳留亦不稱宗中興之追諡者孺子嬰光武竟無追宗之典設如自我作古酌于人情則謂之爲景宣光烈深不稱也古之周景漢景周宣漢宣皆中興再造之主至如國朝太祖曰景皇帝以受命而有唐室宣宗皇帝以隔代承運皇綱復振故也今輝王亡國墜業謂之宣景得無謬乎先是太常既奏下尚書省集議雖有智者依違不言至是既立爲景宗陵號温陵乃于曹州置廟以時告享仍以本州刺史以下爲三獻官後宰臣知其非奏去廟號

晉天福四年十一月太常禮院奏議立唐朝帝廟引武德年故事祀隋三帝今

珍倣宋版印

請立近朝莊宗明宗閔帝三廟庶合前規詔曰德莫盛于繼絕禮莫重于奉先莊宗立興復之功明宗垂光大之業逮乎閔帝實繼本枝然則丕緒洪源皆尊唐室繼周者須崇后稷嗣漢者必奉高皇將啓嚴祠當崇茂典宜立唐高祖太宗及莊宗明宗閔帝五廟　其月太常禮院又奏唐廟制度請以至德宮正殿隔爲五室三分之南去地四尺以石爲埳中容二主廟之南一屋三門門戟二十有四東西一屋一門門無棨戟四仲之祭一羊一豕如其中祠幣帛牲牢之類光祿主之祠祝之文不進不署神廚之具鴻臚督之五帝五后凡十主未遷者六未立者四未謚者三高祖太宗與其后暨莊宗明宗其主在清化里之寢宮祭前二日以殿中繖扇二十迎置新廟以享祀閔皇帝莊宗明宗二后及魯國孔夫人神主四座請修制祔廟及三后請定謚法從之

周廣順元年二月太常禮院上言準敕遷漢廟入昇平宮其唐晉兩朝皆止五廟遷移今漢七廟未審總移爲復秪移五廟敕宜準前敕並移于昇平宮其法物神廚齋院祭服祭器饌料皆依中祠例用少牢光祿等寺給其讀文太祝及

舊五代史卷一百四十三考證

志五禮志下寶應元年　寶應原本訛寶寧考新唐書寶應係代宗年號無所

謂寶寧者今改正

並著具緋衣幘子　緋衣原本作絳衣今據五代會要改正

唐天成三年十一月太常寺定議唐少帝諡廟號景宗四年八月戊申明宗服

衮冕御文明殿追册昭宣光烈孝皇帝　歐陽史作四年五月乙酉追諡與

是志定諡册廟月日俱不符

舊五代史卷一百四十三考證

舊五代史卷一百四十四

宋門下侍郎參知政事監修國史薛居正等撰

志第六

樂志上

古之王者理定制禮功成作樂所以昭事天地統和人神歷代已來舊章斯在洎唐季之亂咸鎬爲墟梁運雖興英莖掃地莊宗起于朔野經始霸圖其所存者不過邊部鄭聲而已先王雅樂殆將泯絕當同光天成之際或有事清廟或祈祀泰壇雖簨簴猶施而宮商孰辨遂使磬襄鼗武入河漢而不歸湯濩舜韶混陵谷而俱失洎晉高祖奄登大寶思迪前規爰詔有司重輿二舞旋屬烽火爲亂明法罔修漢祚幾何無暇制作周顯德五年冬將立歲仗有司以崇牙樹羽宿設于殿庭世宗因親臨樂懸試其聲奏見鐘磬之類有設而不擊者訊于工師皆不能對世宗惻然乃命翰林學士判太常寺事竇儼參詳其制又命樞密使王朴考正其聲朴乃用古累黍之法以審其度造成律準其狀如琴而巨

凡設十三絃以定六律六呂旋相爲宫之義世宗善之申命百官議而行之今亦備紀于後以志五代雅樂沿革之由焉

梁開平初太祖受禪始建宗廟凡四室每室有登歌酌獻之舞

肅祖宣元皇帝室曰大合之舞

敬祖光憲皇帝室曰象功之舞

憲祖昭武皇帝室曰來儀之舞

烈祖文穆皇帝室曰昭德之舞

登歌樂章各一首 五代會要云太常少卿楊煥撰

二年春梁祖將議郊禋有司撰進樂名舞名

樂曰慶和之樂

舞曰崇德之舞

皇帝行奏慶順

奠玉帛登歌奏慶平

珍做宋版印

迎俎奏慶肅

酌獻奏慶熙

飲福酒奏慶隆

送文舞迎武舞奏慶融

亞獻奏慶和

終獻奏慶休

樂章各一首

太廟迎神舞名開平

皇帝行盥手登歌飲福酒徹豆送神皆奏樂

樂章各一首

唐莊宗光聖神閔孝皇帝廟室酌獻舞武成之舞

登歌樂章一首 五代會要云尚書兵部侍郎崔居儉撰

明宗聖德和武欽孝皇帝廟室酌獻舞雍熙之舞

登歌樂章一首五代會要云太常卿盧文紀撰

晉高祖聖文章武明德孝皇帝廟室酌獻舞咸和之舞

登歌樂章一首五代會要云太子賓客判太常寺事趙光輔撰

漢文祖明元皇帝廟室酌獻舞靈長之舞

德祖恭僖皇帝廟室酌獻舞積善之舞

翼祖昭獻皇帝廟室酌獻舞顯仁之舞

顯祖章聖皇帝廟室酌獻舞章慶之舞

登歌樂章各一首五代會要云太常卿張昭撰

高祖睿文聖武昭肅孝皇帝廟室酌獻舞觀德之舞

登歌樂章一首

周信祖睿和皇帝廟室酌獻舞肅雍之舞

僖祖明憲皇帝廟室酌獻舞章德之舞

義祖翼順皇帝廟室酌獻舞善慶之舞

珍倣宋版印

慶祖章肅皇帝廟室酌獻舞觀成之舞

登歌樂章各一首

太祖聖神恭肅文武孝皇帝廟室酌獻舞明德之舞

世宗睿武孝文皇帝廟室酌獻舞定功之舞

登歌樂章各一首五代會要云太祖廟室樂章太常卿田敏撰世宗廟室樂章翰林學士判太常寺事竇儼撰樂章

詞多不錄

右樂章

晉天福四年十二月禮官奏來歲正旦王公上壽皇帝舉酒請奏元同之樂再舉酒奏文同之樂從之五年始議重興二舞詔曰正冬二節朝會舊儀廢于離亂之時興自和平之代將期備物全繫用心須議擇人同爲定制其正冬朝會禮節樂章二舞行列等事宜差太常卿崔棁御史中丞竇貞固刑部侍郎呂琦禮部侍郎張允與太常寺官一一詳定禮從新意道在舊章庶知治世之和漸見移風之善其年秋棁等具述制度上奏云案禮云天子以德爲車以樂爲御

大樂與天地同和大禮與天地同節又曰安上治民莫善于禮移風易俗莫善于樂故樂書議舞云夫樂在耳曰聲在目曰容聲應乎耳可以聽知容藏于心難以貌覩故聖人假干戚羽旄以表其容發揚蹈厲以見其意聲容和合大樂備矣又案義鏡問鼓吹十二案合于何所答云周禮鼓人掌六鼓四金漢朝乃有黃門鼓吹崔豹古今注云因張騫使西域得摩訶兜勒一曲李延年增之分爲二十八曲梁置鼓吹清商令二人唐又有掆鼓金鉦大鼓長鳴歌簫笳笛合爲鼓吹十二案大享會則設于懸外此乃是設二舞及鼓吹十二案之由也今議一從令式排列教習文舞郎六十四人分爲八佾每佾八人左手執籥禮云葦籥伊耆氏之樂也周禮有籥師教國子爾雅曰籥如笛三孔而短大者七孔謂之籥歷代已來文舞所用凡用籥六十有四右手執翟周禮所謂羽舞也書云舞干羽于兩階翟山雉也以雉羽分析連攢而爲之二人執纛前引數于舞人之外舞人冠進賢冠服黃紗中單皂領褾白練䙏襠白布大口袴革帶烏皮履白皮襪武舞郎六十四人分爲八佾左手執干干楯今之旁牌所以翳身也

其色赤中畫獸形故謂之朱干周禮所謂兵舞取武象用楯六十有四右手執戚斧也上飾以玉故謂之玉戚二人執旌前引旌似旗而小絳色畫升龍二人執鼗鼓二人執鐸周禮有四金之奏其三曰金鐸以通鼓形如大鈴仰而振之金錞二每錞二人轝之一人奏之周禮四金之奏一曰金錞以和鼓銅鑄爲之其色黑其形圓若椎上大下小高三尺六寸有六分圍二尺四寸上有伏虎之狀旁有耳獸形銜鐶二人執鐃以次之周禮四金之奏二曰金鐃以止鼓如鈴無舌搖柄以鳴之二人掌相在左禮云治亂以相制如小鼓用皮爲表實之以糠撫之以節樂二人掌雅在右禮云訊疾以雅以木爲之狀如漆筩而弇口大二尺圍長五尺六寸以羖皮鞔之旁有二紐髹畫賓醉而出以器築地明行不失節武舞人服弁平巾幘金支緋絲大袖緋絲布裲襠甲金飾白練𧞤襠錦騰蛇起梁帶豹文大口布袴烏皮靴工人二十數于舞人之外武弁朱褠革帶烏皮履白練𧞤襠白皮襪殿庭仍加鼓吹十二案義鏡云帝設氈案以氈爲牀也今請制大牀十二牀容九人振作歌樂其狀爲熊羆貙豹騰倚之狀以承之象

百獸率舞之意分置于建鼓之外各三案每案羽葆鼓一大鼓一金錞一歌二人簫二人笳二人十二案樂工百有八人舞郎一百三十有二人取年十五已上弱冠已下容止端正者其歌曲名號樂章詞句中書條奏差官修撰從之歐陽史崔棁傳高祖詔太常復文武二舞詳定正冬朝會禮及樂章自唐末之亂禮樂制度亡失已久棁與御史中丞竇貞固刑部侍郎呂琦禮部侍郎張允等草定之其年冬至高祖會朝崇元殿庭設宮懸二舞在北登歌在上文舞郎八佾六十有四人冠進賢黃紗袍白中單白練裲襠白布大口袴革帶履左執籥右秉翟執纛引者二人武舞郎八佾六十有四人服平巾幘緋絲布大袖繡襠甲金飾白練裲襠錦螣蛇起梁帶豹文大口袴烏靴左執干右執戚執旌引者二人加鼓吹十二案負以熊豹以象百獸率舞案設羽葆鼓一大鼓一金錞一歌簫笳各二人王公上壽天子舉爵奏元同二舉登歌奏文同三舉食文舞昭德武舞成功之曲禮畢高祖大悅賜棁金帛羣臣左右覩者皆贊歎之然禮樂廢久而制作簡繆又繼以龜茲部霓裳法曲參亂雅音其樂工舞郎多教坊伶人百工商賈州縣避役之人又無老師良工教習明年正旦復奏于庭而登歌發聲悲離煩慝如薤露虞殯之音舞者行列進退皆不應節聞者皆悲憤開運二年太常少卿陶穀奏廢二舞

漢高祖受命之年秋九月權太常卿張昭上疏奏改一代樂名其略曰昔周公相成王制禮作樂殿庭偏奏六代舞所謂雲門大咸大韶大夏大濩大武也周室既衰王綱不振諸樂多廢惟大韶大武二曲存焉秦漢已來名爲二舞文舞

韶也武舞武也漢時改爲文始五行之舞歷代因而不改貞觀作樂之時祖孝孫改隋文舞爲治康之舞武舞爲凱安之舞貞觀中有秦王破陣樂功成慶善樂二舞樂府又用爲二舞是舞有四焉前朝行用年深不可遽廢俟國家偃伯靈臺卽別召工師更其節奏今改其名具書如左祖孝孫所定二舞名文舞曰治康之舞請改治安之舞武舞曰凱安之舞請改爲振德之舞貞觀中二舞名文舞功成慶善樂前朝名九功舞請改爲觀象之舞秦王破陣樂前朝名爲七德舞請改爲講功之舞其治安振德二舞請依舊郊廟行用以文舞降神武舞送神其觀象講功二舞請依舊宴會行用又請改十二和樂云昔周朝奏六代之樂卽今二舞之類是也其賓祭常用別有九夏之樂卽肆夏皇夏等是也梁武帝善音樂改九夏爲十二雅前朝祖孝孫改雅爲和示不相沿也臣今改和爲成取韶樂九成之義也十二成樂曲名祭天神奏豫和之樂請改爲禋成祭地祇奏順和請改爲順成祭宗廟奏永和請改爲裕成祭天地宗廟登歌奏肅和請改爲肅成皇帝臨軒奏太和請改爲政成王公出入奏舒和請改爲弼成

皇帝食舉及飲宴奏休和請改爲德成皇帝受朝皇后入宮奏正和請改爲扆成皇太子軒懸出入奏承和請改爲允成元日冬至皇帝禮會登歌奏昭和請改爲慶成郊廟俎入奏雍和請改爲騂成皇帝祭享酌獻讀祝文及飲福受胙奏壽和請改爲壽成祖孝孫元定十二和曲開元朝又奏三和遂有十五和之名凡制作禮法動依典故梁置十二雅蓋取十二天之成數契八音十二律之變輒益三和有乖稽古又緣祠祭所用不可盡去臣取其一焉祭孔宣父齊太公廟降神奏宣和請爲師雅之樂三公升殿會訖下階履行奏祴和請廢同用弼成享先農耕耤奏豐和請廢同用順成已上四舞十二成雅樂等曲今具錄合用處所及樂章首數一一條例在下其歌詞文不錄

舊五代史卷一百四十四

舊五代史卷一百四十四考證

志六樂志上廟室酌獻舞武成之舞　原本脫成字今據五代會要增入

以雉羽分析連攢而爲之　連攢原本訛運攢今據五代會要改正

朱褠革帶　褠原本訛搆今據五代會要改正

舊五代史卷一百四十四考證

# 舊五代史卷一百四十五

宋門下侍郎參知政事監修國史薛居正等撰

## 志第七

### 樂志下

周廣順元年太祖初即大位惟新庶政時太常卿邊蔚上疏請改舞名其略云前朝改祖孝孫所定十二和之名文舞曰治安之舞武舞曰振德之舞今請改治安爲政和之舞振德爲善勝之舞前朝改貞觀中二舞名文舞曰觀象之舞武舞曰講功之舞今請改觀象爲崇德之舞講功爲象成之舞又議改十二成今改爲順十二順樂曲名祭天神奏禋成請改爲昭順之樂祭地祇奏順成請改爲寧順之樂祭宗廟奏裕成請改爲肅順之樂祭天地宗廟登歌奏肅成今請改爲感順之樂皇帝臨軒奏政成請改爲治順之樂王公出入奏弼成請改爲忠順之樂皇帝食舉奏德成請改爲康順之樂皇帝受朝皇后入宮奏扆成請改爲雍順之樂皇太子軒懸出入奏允成請改爲溫順之樂元日冬至皇帝

禮會登歌奏慶成請改爲禮順之樂郊廟俎入奏辭成請改爲禋順之樂皇帝祭享酌獻讀祝及飲福受胙奏壽成請改爲福順之樂梁武帝改九夏爲十二雅以協陽律陰呂十二管旋宮之義祖孝孫改爲十二和開元中乃益三和前朝去二和改一雅今去雅只用十二順之曲祭孔宣父齊太公廟降神奏師雅請同用禮順之樂三公升殿下階履行同用弼成今請同用忠順之樂享耤田同用寧順之樂曲詞文多不載五代會要邊蔚請添召樂師令在寺習樂勅太常寺見管兩京雅樂節級樂工共四十人外更添六十人內三十八人宜抽教坊貼部樂官兼充餘二十二人宜令本寺照名充填仍令三司定支春冬衣糧月報聞奏其舊管四十人亦量添請

世宗顯德元年即位有司上太祖廟室酌獻奏明德之舞五年六月命中書舍人竇儼參詳太常雅樂十一月翰林學士竇儼上疏論禮樂刑政之源其一曰請依唐會要所分門類上自五帝迄于聖朝凡所施爲悉命編次凡關禮樂無有闕漏名之曰大周通禮俾禮院掌之其三曰伏請命博通之士上自五帝迄于聖朝凡樂章沿革總次編錄繫于歷代樂錄之後永爲定式名之曰大周正樂俾樂寺掌之依文教習務在齊肅詔曰竇儼所上封章備陳政要舉當今之

急務疾近世之因循器識可嘉辭理甚當故能立事無愧莅官所請編集大周通禮大周正樂宜依仍令于內外職官前資前名中選擇文學之士同其編集具名以聞委儼總領其事所須紙筆下有司供給六年春正月樞密使王朴奏詔詳定雅樂十二律旋相爲宮之法幷造律準上之其奏疏略曰夫樂作于人心成聲于物聲氣既和反感于人心者也所假之物大小有數九者成數也是以黃帝吹九寸之管得黃鍾之聲爲樂之端也半之清聲也倍之緩聲也三分其一以損益之相生之聲也十二變而復黃鍾之總數也乃命之曰十二律旋迭爲均均有七調合八十四調播之于八音著之于歌頌宗周而上率由斯道自秦而下旋宮聲廢洎東漢雖有太子丞鮑鄴興之人亡而政息無嗣續之者漢至隋垂十代凡數百年所存者黃鍾之宮一調而已十二律中惟用七聲其餘五律謂之啞鍾蓋不用故也唐太宗復古道乃用祖孝孫張文收考正雅樂而旋宮八十四調復見于時在懸之器方無啞者安史之亂京都爲墟器之與工十不存一所用歌奏漸多紕繆逮乎黃巢之餘工器都盡購募不獲文記亦

亡集官詳酌終不知其制度時有太常博士商盈孫案周官考工記之文鑄鎛鐘十二編鐘二百四十處士蕭承訓校定石磬今之在懸者是也雖有樂器之狀殊無相應之和逮乎朱梁後唐歷晉與漢皆享國不遠未暇及于禮樂以至于十二鎛鐘不問聲律宮商但循環而擊編鐘編磬徒懸而已絲竹匏土僅有七聲作黃鍾之宮一調亦不和備其餘八十三調于是乎泯絕樂之缺壞無甚于今陛下天縱文武奄宅中區思復三代之風臨視樂懸親自考聽知其亡失深動上心乃命中書舍人竇儼參詳太常樂事不踰月調品八音粗加和會以臣嘗學律歷宣示古今樂錄令臣討論臣雖不敏敢不奉詔遂以周法以秬黍校定尺度長九寸虛徑三分為黃鍾之管與見在黃鍾之聲相應以上下相生之法推之得十二律管以為衆管互吹用聲不便乃作律準十三絃宣聲長九尺張絃各如黃鍾之聲以第八絃六尺設柱為林鍾第三絃八尺設柱為太蔟第十絃五尺三寸四分設柱為南呂第五絃七尺一寸三分設柱為姑洗第十二絃四尺七寸五分設柱為應鍾第七絃六尺三寸三分設柱為蕤賓第二絃

珍倣宋版印

八尺四寸四分設柱爲大呂第九絃五尺六寸三分設柱爲夷則第四絃七尺五寸一分設柱爲夾鍾第十一絃五尺一分設柱爲無射第六絃六尺六寸八分設柱爲中呂第十三絃四尺五寸設柱爲黃鍾之清聲十二律中旋用七聲爲均爲均之主者宮也徵商羽角變宮變徵次焉發其均主之聲歸乎本音之律七聲迭應而不亂乃成其調均有七調聲有十二均合八十四調歌奏之曲由之出焉伏以旋宮之聲久絕一日而補出臣獨見恐未詳悉望集百官及內外知音者校其得失然後依調制曲八十四調曲有數百見存者九曲而已皆謂之黃鍾之宮今詳其音數內三曲卽是黃鍾宮聲其餘六曲錯雜諸調蓋傳習之誤也唐初雖有旋宮之樂至于用曲多與禮文相違既不敢用唐爲則臣又懵學獨力未能備究古今亦望集多聞知禮文者上本古曲下順常道定其義理于何月行何禮合用何調何曲聲數長短幾變幾成議定而制曲方可久長行用所補雅樂旋宮八十四調幷所定尺所吹黃鍾管所作律準謹同上進世宗善之詔尚書省集百官詳議兵部尚書張昭等議曰昔帝鴻氏之制樂也

將以範圍天地協和人神候八節之風聲測四時之正氣器之清濁不可以筆授聲之善否不可以口傳故鳧氏鑄金伶倫截竹爲律呂相生之算宮商正和之音乃播之于管絃宣之于鐘石然後覆載之情訢合陰陽之氣和同八風從律而不奸五色成文而不亂空桑孤竹之韻足以禮神雲門大夏之容無虧觀德然月律有旋宮之法備于太師之職經秦滅學雅道陵夷漢初制氏所調惟存鼓舞旋宮十二均更用之法世莫得聞漢元帝時京房善易別音探求古義以周官均法每月更用五音乃立準調旋相爲宮成六十調又以日法析爲三百六十傳于樂府而編懸復舊律呂無差遭漢中微雅音淪缺京房準法屢有言者事終不成錢褱空記其名沈重但條其說六十律法寂寥不傳梁武帝素精音律自造四通十二笛以鼓八音又引古五正二變之音旋相爲宮得八十四調與律準所調音同數異侯景之亂其音又絶隋朝初定雅樂羣黨沮議歷載不成而沛公鄭譯因龜茲琵琶七音以應月律五正二變七調克諧旋相爲宮復爲八十四調工人萬寶常又減其絲數稍全古淡隋高祖不重雅樂令儒

官集議博士何妥駁奏其鄭萬所奏八十四調並廢隋氏郊廟所奏惟黃鍾一均與五郊迎氣雜用蕤賓但七調而已其餘五鍾懸而不作三朝宴樂用縵樂九部迄于革命未能改更唐太宗受命舊工祖孝孫張文收整比鄭譯萬寶常所均七音八十四調方得絲管並施鍾石俱奏七始之音復振四廟之韻皆調自安史亂離咸秦盪覆崇牙樹羽之器掃地無餘戛擊搏拊之工窮年不嗣郊廟所奏何異南箕波蕩不還知音始絕臣等竊以音之所起出自人心夔曠不能常泰人亡則音息世亂則樂崩若不深知禮樂之情安能明制作之本陛下心苞萬化學富三雍觀兵耀武之功已光鴻業尊祖禮神之致尤軫皇情乃睠奉常痛淪樂職親閱四懸之器思復九奏之音爰命廷臣重調鍾律樞密使王朴採京房之準法練梁武之通音考鄭譯寶常之七均校孝孫文收之九變積累黍以審其度聽聲詩以測其情依權衡嘉量之前文得備數和聲之大旨施于鐘虡足洽簫韶臣等今月十九日于太常寺集命大樂令賈峻奏王朴新法黃鍾調七均音律和諧不相凌越其餘十一管諸調望依新法教習以備禮寺

視用其五郊天地宗廟社稷三朝大禮合用十二管諸調並載唐史開元禮近代常行廣順中太常卿邊蔚奉勅定前件祠祭朝會舞名樂曲歌詞寺司合有簿籍伏恐所定與新法曲調聲韻不協請下太常寺檢詳校試如或乖舛請本寺依新法聲調別撰樂章舞曲令歌者誦習永爲一代之法以光六樂之書世宗覽奏善之乃下詔曰禮樂之重國家所先近朝已來雅音廢墜雖時運之多故亦官守之因循遂使擊拊之音空留梗概旋相之法莫究指歸樞密使王朴博識古今懸通律呂討尋舊典撰集新聲定六代之正音成一朝之盛事其王朴所奏旋宮之法宜依張昭等議狀行仍令有司依調制曲其間或有疑滯更委王朴裁酌施行自是雅樂之作稍克諧矣

右雅樂制作

舊五代史卷一百四十五

舊五代史卷一百四十五考證

志七樂志下太子丞鮑鄴　鮑鄴原本訛鮑節今據五代會要及文獻通考改正

十二鎛鍾　鎛鍾原本訛鍾鎛考隋書樂志宮懸各設十二鎛鍾于其辰位則知鍾鎛之爲鎛鍾也今改正

漢初制氏所調　制氏原本訛知氏今據漢書改正

舊五代史卷一百四十五考證

# 舊五代史卷一百四十六

宋門下侍郎參知政事監修國史薛居正等撰

## 志第八

### 食貨志

案食貨志序原本闕佚卷中惟鹽法載之較詳其田賦雜稅諸門僅存大略疑明初是書已有殘闕也今無可採補姑存其舊

梁祖之開國也屬黃巢大亂之後以夷門一鎮外嚴烽堠內辟汙萊厲以耕桑薄以租賦士雖苦戰民則樂輸二紀之間俄成霸業及末帝與莊宗對壘于河上河南之民雖困于輦運亦未至流亡其義無他蓋賦斂輕而田園可戀故也及莊宗平定梁室任吏人孔謙為租庸使峻法以剝下厚斂以奉上民產雖竭軍食尚虧加之以兵革因之以饑饉不三四年以致顛隕其義無他蓋賦役重而寰區失望故也案以上見容齋三筆所引薛史繹其文義當係食貨志序今錄于卷首

唐同光三年二月勑魏府小菉豆稅每畝減放三升城內店肆園圃比來無稅頃因偽命遂有配徵後來以所徵物色添助軍裝衣賜將令通濟宜示矜蠲今據緊慢去處于見輸稅絲上每兩作三等酌量納錢收市軍裝衣賜其絲仍與

除放其年閏十二月吏部尚書李琪上言請賦稅不以折納爲事一切以本色輸官又不以紐配爲名止以正稅加納勅曰本朝徵科惟配有兩稅至于折納當不施爲宜依李琪所論應逐稅合納錢物斛斗鹽錢等宜令租庸司指揮並準元徵本色輸納不得改更若合有移改卽須具事由聞奏　天成元年四月勅應納夏秋稅先有省耗每斗一升今後止納正稅數不量省耗　四年五月戸部奏三京鄴都諸道州府逐年所徵夏秋稅租兼鹽麴折徵諸般錢穀起徵各視其地節候早晚分立期限其月勅百姓今年夏苗委人戸自通供手狀具頃畝多少五家爲保委無隱漏攢連狀本州具狀送省州縣不得迭差人檢括如人戸隱欺許令陳告其田倍令并徵　長興二年六月勅委諸道觀察使屬縣于每村定有力人戸充村長與村人議有力人戸出剩田苗補貧下不迨肯者卽具狀徵收有詞者卽排段檢括自今年起爲定額有經災沴及逐年逋處不在此限　三年十二月三司奏請諸道上供稅物充兵士衣賜不足其天下所納斛斗及錢除支贍外請依時折納綾羅絹帛從之

晉天福四年正月勑應諸道節度刺史不得擅加賦役及于縣邑別立監徵所納田租委人戶自量自槩

周顯德三年十月宣三司指揮諸道州府今後夏稅以六月一日起徵秋稅至十月一日起徵永爲定制　五年七月賜諸道均田圖十月命左散騎常侍艾穎等三十四人下諸州檢定民租　六年春諸道使臣回總計檢到戶二百三十萬九千八百一十二

唐同光二年度支奏請牓示府州縣鎭軍民商旅凡有買賣並須使八十陌錢二月詔曰錢者古之泉布蓋取其流行天下布散人間無積滯則交易通多貯藏則士農困故西漢興改幣之制立告緡之條所以權蓄買而防大姦也宜令所司散下州府常須檢察不得令富室分外收貯見錢又工人銷鑄爲銅器兼沿邊州鎭設法鈐轄勿令商人般載出境三月知唐州晏駢安奏市肆間點檢錢帛內有錫鑞小錢揀得不少皆是江南綱商挾帶而來詔曰帛布之幣雜以鉛錫惟是江湖之外盜鑄尤多市肆之間公行無畏因是綱商挾帶舟檝往

來換易好錢藏貯富室實爲蠹弊須有條流宜令京城諸道于坊市行使錢內點檢雜惡鉛錫錢並宜禁斷沿江州縣每有舟船到岸嚴加覺察不許將雜鉛錫惡錢往來換易好錢如有私載並行收納　天成元年八月中書門下奏訪聞近日諸道州府所賣器價貴多是銷鎔見錢以邀厚利乃下詔曰宜令遍行曉告如原舊係銅器及碎銅即許鑄造仍令生銅器物每斤價定二百文熟銅器物每斤四百文如違省價買賣之人依盜鑄錢律文科斷　清泰二年十二月詔御史臺曉告中外禁用鉛錢如違犯準條流處分

晉天福二年詔禁一切銅器其銅鏡今後官鑄造于東京置場貨賣許人收買于諸處興販去

周廣順元年三月勅銅法今後官中更不禁斷一任興販所在一色即不得瀉破爲銅器貨賣如有犯者有人糺告捉獲所犯人不計多少斤兩並處死其地分所由節級決脊杖十七放鄰保人決臀杖十七放其告事人給與賞錢一百貫文

一珍倣宋版印

江南因唐舊制饒州置永平監歲鑄錢池州永寧監建永豐監並歲鑄錢杭州置保興監鑄錢

唐同光二年二月詔曰會計之重鹹鹾居先矧彼兩池實有豐利頃自兵戈擾攘民庶流離既場務以隳殘致程課之虧失重茲葺理須仗規模將立事以成功在從長而就便宜令河中節度使冀王李繼麟兼充制置安邑解縣兩池榷鹽使仍委便制一一條貫五代會要同光三年二月勅魏府每年所徵隨絲鹽錢每兩與減放五文逐年俵賣蠶鹽食鹽大鹽甜次冷鹽每斗與減五十欒鹽與減三十天成元年四月勅諸州府百姓合散蠶鹽今後每年秖二月內一度俵散依夏稅限納錢長興四年五月七日諸道鹽鐵轉運使奏諸道州府鹽法條流元未一槩定奪謹具如後應食顆鹽州府省司各置榷糶折博場院應是鄉村並通私商興販所有折博並每年人戶蠶鹽並不許將帶一斤一兩入城侵奪榷糶課利如違犯者一兩已上至一斤買賣人各杖六十一斤已上至三斤買賣人各杖七十三斤已上至五斤買賣人各杖八十五斤已上至十斤買賣人各徒二年十斤已上不計多少買賣人各決脊杖二十處死所有犯鹽人隨行錢物驢畜等並納入官所有元本家業莊田如是全家逃走者即行點納仍許般載脚戶經過店主並脚下人力等糾告等第支與優給如知情不告與賣鹽人同罪其犯鹽人經過處地分門司廂界巡檢節級所由并諸色關連人等不專覺察委本州臨時斷訖報省如是門司關津口鋪捉獲私鹽依下項等第一半賞錢十斤已上至五十斤支賞錢二十千五十斤已上至一百斤支賞錢三十千一百斤已上支賞錢五十千應食末鹽地界州府縣鎮並有榷糶場院久來內外禁法即未一概條流應刮鹻煎鹽

不計多少斤兩並處極法兼許四鄰及諸色人等陳告等第支給賞錢欲指揮此後犯一兩已上至一斤買賣人各杖六十一斤已上至二斤買賣人各杖七十二斤已上至三斤買賣人各徒一年三斤已上至五斤買賣人各徒二年五斤已上買賣人各決脊杖二十處死如是收到鹻土鹽水即委本處煎煉鹽數準條科斷或有已曾違犯不至死刑經斷後公然不懼條流再犯者不計斤兩多少所犯人並處極法其有權糶場院員寮節級人力煎鹽池客竈戶般鹽船綱押綱軍將衙官梢工等具知鹽法如有公然偷盜官鹽或將貨買其買賣人及窩盤主人知情不告並依前項刮鹻例五斤已上處死其諸色關連人等並合支賞錢即準洛京諸鎮條流事例指揮顆末青白等鹽元不許一界分參雜其顆鹽先許通商之時指揮不得將帶入末鹽地界如有違犯一斤一兩並處極法所有隨行物色除鹽外一半納官一半與捉事人充賞其餘鹽色未有畫一條流其洛京并鎮定邢州管內多北京末鹽入界捉獲並依洛京條流科斷欲指揮此後但是顆末青白諸色鹽侵界參雜捉獲並準洛京條流施行一應諸道今後若捉獲犯私鹽麴人罪犯分明正該條法便仰斷遣訖奏若稍涉疑誤秖須申奏取裁

晉天福中河南河北諸州除俵散蠶鹽徵錢外每年末鹽界分場務約糶一十七萬貫有餘言事者稱雖得此錢百姓多犯鹽法請將上件食鹽錢于諸道州府計戶每戶一貫至二百爲五等配之然徒任人逐便與販既不虧官又益百姓朝廷行之諸處場務亦且仍舊俄而鹽貨頓賤去出鹽遠處州縣每斤不過二十文近處不過一十文掌事者又難驟改其法奏請重制鹽場稅蓋欲絕其

珍倣宋版印

興販歸利于小官也七年十二月宣旨下三司應有往來鹽貨悉稅之過稅每斤七文住稅每斤十文其諸道州府應有屬州鹽務並令省司差人勾當既而糶鹽雖多而人戶鹽錢又不放免至今民甚苦之五代會要晉天福元年十一月赦節文洛京管內逐年所配人戶食鹽起來年每斗減放十文

周廣順元年九月詔改鹽法凡犯五斤已上者處死煎鹻鹽犯一斤已上者處死先是漢法不記斤兩多少並處極刑至是始革之三年三月詔曰青白池務素有定規祇自近年頗乖循守比來青鹽一石抽稅錢八百文足陌鹽一斗白鹽一石抽稅錢五百文鹽五升其後青鹽一石抽錢一千鹽一斗訪聞更改已來不便商販蕃人漢戶求利艱難宜與優饒庶令存濟今後每青鹽一石依舊抽稅錢八百文以八十五爲陌鹽一斗白鹽一石抽稅錢五百鹽五升此外更不得別有邀求訪聞邊上鎮鋪于蕃漢戶市易糶糴衷私有抽稅今後一切止絕五代會要周廣順二年九月十八日勅條流禁私鹽麴法如後一諸色犯鹽麴所犯一斤已下至一兩杖八十配役五斤已下一斤已上徒三年配役五斤已上並決重杖一頓處死　一應所犯鹽麴關津門司廂巡門保如有透漏並行勘斷　一刮鹻煎煉私鹽所犯一斤已下徒三年配役一斤已上並決

重杖一頓處死犯私鹽若捉到鹻水秖煎成鹽秤盤定罪逐處凡有鹻鹵之地所在官吏節級所由常須巡檢村坊鄰保遞相覺察若有所犯處彰露並行勘斷 一所犯私鹽捉事告事人各支賞錢以係省錢充至死刑者賞錢五十千不及死刑者三十千 一顆末鹽各有界分若將本地分鹽侵越疆界同諸色犯鹽例科斷 一鄉村人戶所請蠶鹽秖得將歸裹鹽供食不得別將博易貨賣投託與人如違並同諸色犯鹽例科斷若是所請蠶鹽道路津濟須經過州府縣鎮委三司明行指揮 一凡買鹽麴並須于官場務內買若吏私投託與販其買賣人並同諸色犯鹽麴例 一諸官場官務如有羨餘出剩鹽麴並許盡底報官如吏私貨賣者買賣人並同諸色犯鹽麴科斷若鹽鋪酒店戶及諸色人與場院吏私貨賣者並同罪科斷 一所犯私鹽麴有同情共犯者若是骨肉卑幼奴婢同犯秖罪家長主首不知情秖罪造意者餘減等科斷 若是他人同犯並同罪斷若與他人同犯據逐人腳下所犯斤兩依輕重斷遣 一州城縣鎮郭下人戶係屋稅合請鹽者若是州府並于城內請給若是外縣鎮郭下人戶亦許將鹽歸家供食仰本縣預取逐戶合請鹽數目攢定文帳部領人戶請拔勒本處官吏及所在場務同點檢入城若 縣鎮郭下人戶城外別有莊田亦仰本縣預先分擘開坐勿令一處分給供使 三年十二月敕諸州府幷外縣鎮城內其居人屋稅鹽今後不俵其鹽錢亦不徵納所有鄉村人戶合請蠶鹽所在州城縣鎮嚴切檢校不得放入城門 顯德元年十二月上謂侍臣曰朕覽食末鹽州郡犯私鹽多于顆鹽界分葢卑濕之地易爲刮鹻煎造豈惟違我榷法兼又污我好鹽況末鹽煎煉般運費用倍于顆鹽今宜分割十餘州令食顆鹽不惟輦運省力兼且少人犯禁自是曹宋已西十餘州皆盡食顆鹽 五代會要顯德二年八月二十四日宣頭節文改立鹽法如後 一贍國軍堂場務邢洺州鹽務應有見垛貯鹽貨處幷煎鹽

場竈及應是鹻地並須四面修置牆塹如是地里遙遠難爲修置牆塹卽作壕籬爲規隔內偷盜夾帶官鹽兼于壕籬外煎造鹽貨便仰收捉及許諸色人陳告所犯不計多少斤兩並決重杖一頓處死其經歷地分及門司節級人員並當量罪勘斷所有捉事告事人賞錢二十千一斤已上至十斤賞錢三十千一十斤已上賞錢五十千應有不係官中煎鹽處鹻地並須標識委本州府差公幹職員與巡檢節級村保地主鄰人同共巡檢若諸色人偷刮鹵地便仰收捉及許人陳告若勘逐不虛捉事人每獲一人賞絹一十匹獲二人賞絹二十匹獲三人已上不計人數賞絹五十匹刮鹻煎鹽人弃知情人所犯不計多少斤兩並決重杖一頓處死其刮鹻處地分並刮鹻人住處巡檢節級所由村保等各徒二年半令衆一月依舊勾當刮鹻處地主不切檢校徒二年令衆一月　一顆鹽地分界內有人刮鹻煎煉鹽貨所犯並依前法　一今緣改價賣鹽慮有別界分鹽貨遞相侵犯及諸鹽入城諸色犯鹽人令下三司依下項條流科斷其犯鹽人隨行物色給與本家其鹽沒納入官所經歷地分節級人員並行勘斷一兩至一斤決臀杖十五令衆半月捉事告事人賞錢五千一斤已上至一十斤徒一年半令衆一月捉事人賞錢七千十斤已上不計多少徒二年配發運務役一年捉事告事人賞錢十千　一諸州府人戶所請蠶鹽不得于鄉村衷私貨賣及信團頭脚戶縣司請鹽節級所由等尅折糶賣如有犯者依諸色犯鹽例科斷　一如有人于河東界將鹽過來及自家界內有人往彼興販鹽貨所犯者並處斬其犯鹽人隨行驢畜資財並與捉事人充賞慶州青白榷稅院元有透稅條流所有隨行驢畜物色一半支與捉事人充賞其餘一半并鹽並納入官欲並且依舊一斗已上至三斗杖七十三斗已上至五斗徒一年五斗已上處死　並安邑解縣兩池榷鹽院河中節度兼判之時申到畫一事件條流等準勑牒兩池所出鹽舊日苦無文榜如擅將一斤一兩準元勑條並處極法其犯鹽人應有錢物並與捉事充賞者切以兩池禁棘峻阻不通人行四面各置場門弓射分擘鹽池分居住並在棘圍裏面更不別有差遣祗令巡護鹽池如此後有人偷盜官鹽一斤一兩出池其犯鹽人並準元勑條流處

分應有隨行錢物並納入官其捉事人依下項定支優給若是巡檢弓射池場門子自不專切巡察致有透漏到棘圍外被別人捉獲及有糾告兼同行反告官中更不坐罪陳告人亦依捉事人支賞應有知情偷盜官鹽之人亦依犯鹽人一例處斷其不知情關連人臨時酌情定罪所有透漏地分弓射及池場門子如是透漏出鹽二十斤已下徒一年半一十斤已上至二十斤支賞錢一十千二十斤已上至五十斤支賞錢二十千五十斤已上至一百斤支賞錢三十千一百斤已上支賞錢五十千前項所定奪到鹽法條流其應屬州府捉獲抵犯之人便委本州府檢條流科斷訖申奏別報省司其屬省院捉到犯鹽之人干死刑者即勘情罪申上候省司指揮不至極刑者便委務司準條流決放訖申報從之

三年十月勅漳河已北州府界元是官場糶鹽今後除城郭草市內仍舊禁法其鄉村並許鹽貨通商逐處有鹻鹵之地一任人戶煎煉與販則不得踰越漳河入不通商地界

文獻通考五年既取江北諸州唐主奉表入貢因白帝以江南無鹵田願得海陵鹽監南屬以贍軍帝曰海陵在江北難以交居當別有處分乃詔歲支鹽三十萬斛以給江南士卒稍稍歸之

周顯德二年正月世宗謂侍臣曰轉輸之物向來皆給斗耗自晉漢已來不與支破食廩所納新物尙除省耗況水路所般豈無損折起今後每石宜與耗一斗

唐天成三年七月詔曰應三京鄴都及諸道州府鄉村人戶自今年七月後于

珍倣宋版印

是秋田苗上每畝納麴錢五文足陌一任百姓自造私麴醖酒供家其錢隨夏秋徵納其京都及諸道州府縣鎮坊界內應逐年買官麴酒戶便許自造麴醖酒貨賣仍取天成二年正月至年終一年逐戶計算都買麴錢數內十分只納二分以充榷酒錢便從今年七月後管數徵納榷酒戶外其餘諸色人亦許私造酒麴供家即不得衷私賣酒如有故違便即糾察勒依中等酒戶納榷其坊村一任沽賣不在納榷之限時孔循以麴法殺一家于洛陽或獻此以爲愛其人便于國故行之　長興元年二月赦書節文諸道州府人戶每秋苗一畝上元徵麴錢五文今後特放二文只徵三文二年詔曰酒醴所重麴蘖是須緣賣價太高禁條頗峻士庶因斯而抵犯刑名由是以滋彰爰行改革之文庶息煩苛之政各隨苗量定稅錢訪聞數年已來雖犯法者稀而傷民則甚蓋以亂離日久貧下戶多纔遇昇平便勤稼穡各務耕田鑿井孰能枕麴藉糟旣隨例以均攤遂抱虛而輪納漸成凋弊深可憫傷況欲置豐財必除時病有利之事方切施行無名之求尤宜廢罷但得日新之理何辭夕改之嫌應在京諸道苗畝

上所徵麴錢等便從今年夏並放其麴官中自造委逐州減舊價一半于在城

撲斷貨買除在城居人不得私造外鄉村人戶或要供家一任私造勑下之日

人甚悅之

周顯德四年七月詔曰諸道州府麴務今後一依往例官中禁法賣麴逐處先

置都務候勑到日並仰停罷據見在麴數準備貨買兼據年計合使麴數依時

踊造候人戶將到價錢據數計麴不得賒賣抑配與人

舊五代史卷一百四十六

珍倣宋版印

舊五代史卷一百四十六考證

志八食貨志至于折納　折納原本訛折約今據文改正

委人戶自量自槩　槩原本訛槩今據五代會要改正

置場貨賣　置場原本訛置常今據五代會要改正

舊五代史卷一百四十六考證

# 舊五代史卷一百四十七

宋門下侍郎參知政事監修國史薛居正等撰

## 志第九

### 刑法志（案刑法志序原本闕佚）

梁太祖開平三年十一月，詔太常卿李燕、御史蕭頃、中書舍人張衮、戶部侍郎崔沂、大理卿王鄯、刑部郎中崔誥共刪定律令格式。四年十二月，宰臣薛貽矩奏太常卿李燕等重刊定律令三十卷、式二十卷、格一十卷、目錄一十三卷、律疏三十卷，凡五部一十帙，共一百三卷，勅中書舍人李仁儉詣閤門奉進，伏請目爲大梁新定格式律令，仍頒下施行，從之。（原注：是時大理卿李保殷進所撰刑律總要十二卷）

唐莊宗同光元年十二月，御史臺奏：「當司刑部、大理寺本朝法書，自朱溫僭逆，刪改事條，或重貨財，輕入人命，或自徇枉過，濫加刑罰。今見在三司收貯刑書，並是僞廷刪改者，兼僞廷先下諸道追取本朝法書焚燬，或經兵火所遺，皆無舊本節目。只定州勅庫有本朝法書具在，請勅定州節度使速寫副本進納，庶

刑法令式並合本朝舊制從之未幾定州王都進納唐朝格式律令凡二百八十六卷二年二月刑部尚書盧價奏纂集同光刑律統類凡一十三卷上之

周太祖廣順元年六月勅侍御史盧億刑部員外郎曹匪躬大理正段濤同議定重寫法書一百四十八卷先是漢隱帝末因兵亂法書亡失至是大理奏重寫律令格式統類編勅凡改點畫及義理之誤字二百一十有四以晉漢及國初事關刑法勅條凡二十六件分爲二卷附于編勅目爲大周續編勅命省寺行用焉宋史盧億周初爲侍御史漢末兵亂法書亡失至是大理奏重寫律令格式統類編勅乃詔億與刑部員外曹匪躬大理正段濤同加議定舊本以京兆府改同五府開封大名府改同河南府長安萬年改爲次赤縣開封浚儀大名元城改爲赤縣又定東京諸門薫風等爲京城門明德等爲皇城門啟運等爲宮城門昇龍等爲宮門崇元等爲殿門廟諱書不成字凡改點畫及義理之誤字二百一十有四又以晉漢及周初事關刑法敕條者分爲二卷附編勅目爲大周續編勅詔行之 二年二月中書門下奏準元年正月五日赦書凡今後應犯竊盜贓及和姦者並依晉天福元年已前條制施行諸處犯罪人等除反逆罪外其餘罪並不籍沒家產誅及骨肉一依格令處分者請再下明勅頒示天下乃下詔曰赦書節文明有釐革切慮邊城遠郡未得審詳宜更申明免至差誤

其盜賊若是強盜並準自來格條斷遣其犯竊盜者計贓絹滿三匹已上者並集衆決殺其絹以本處上估價爲定不滿三匹者等第決斷應有夫婦人被強姦者男子坐殺婦人不坐其犯和姦者並準律科斷罪不至死其餘姦私罪犯準格律處分應諸色罪人除謀反大逆外其餘並不得誅殺骨肉籍沒家產先是晉天福中勑凡和姦者男子婦人並處極法至是始改從律文焉　世宗顯德四年五月中書門下奏準宣法書行用多時文意古質條目繁細使人難會兼前後勑格互換重疊亦難詳定宜令中書門下並重删定務從節要所貴天下易爲詳究者伏以刑法者御人之銜勒救弊之斧斤故鞭扑不可一日弛之于家刑法不可一日廢之于國雖堯舜淳古之代亦不能舍此而致理矣今奉制旨删定律令有以見聖君欽恤明罰勑法之意也竊以律令之書政理之本經聖賢之損益爲古今之章程歷代以來謂之彝典今朝廷之所行用者一十二卷律疏三十卷式二十卷令三十卷開成格一十卷大中統類一十二卷後唐以來至漢末編勑三十二卷及皇朝制勑等折獄定刑無出于此律令則文

辯古質看覽者難以詳明格勑則條目繁多檢閲者或有疑誤加之邊遠之地貪猾之徒緣此爲姦寖以成弊方屬盛明之運宜申畫一之規所冀民不陷刑吏知所守臣等商量望準聖旨施行仍差侍御史知雜事張湜太子右庶子劇可久殿中侍御史帥汀職方郎中鄧守中倉部郎中王瑩司封員外郎賈玭太常博士趙礪國子博士李光贊大理正蘇曉太子中允王伸等一十人編集新格勑成部帙律令之有難解者就文訓釋格勑之有繁雜者隨事刪除止要諧理省文兼且直書易會其中有輕重未當便于古而不便于今矛盾相違可于此而不可于彼盡宜改正無或牽拘候編集畢日委御史臺尚書省四品以上及兩省五品以上官參詳可否送中書門下議定奏取進止詔從之自是湜等于都省集議刪定仍令大官供膳五年七月中書門下奏侍御史知雜事張湜等九人奉詔編集刑書悉有條貫兵部尚書張昭等一十人參詳旨要更加損益臣質臣溥據文評議備見精審其所編集者用律爲正辭旨之有難解者釋以疏意義理之有易了者略其疏文式令之有附近者次之格勑之有廢置者

又次之事有不便與該說未盡者別立新條于本條之下其有文理深古慮人疑惑者別以朱字訓釋至于朝廷之禁令州縣之常科各以類分悉令編附所冀發函展卷綱目無遺究本討原刑政咸在其所編集勒成一部別有目錄凡二十一卷刑名之要盡統于茲目之爲大周刑統欲請頒行天下與律疏令式通行其刑法統類開成格編敕等採掇既盡不在法司行使之限自來有宣命指揮公事及三司臨時條法州縣見今施行不在編集之數應該京百司公事逐司各有見行條件望令本司删集送中書門下詳議聞奏敕宜依仍頒行天下乃賜侍御史知雜事張湜等九人各銀器二十兩雜綵三十匹賞刪定刑統之勞也案以下疑原本有闕佚

唐同光二年六月己巳敕應御史臺河南府行臺馬步司左右軍巡院見禁囚徒據罪輕重限十日內並須決遣申奏仍委四京諸道州府見禁囚徒速宜疏決不得淹停兼恐內外形勢官員私事寄禁切要止絕俾無寃滯　三年五月己未敕三京諸道州府所禁罪人如無大過速令疏決不得淹滯六月甲寅敕

刑以秋冬雖關惻隱罪多連累翻慮滯淹若或十人之中止爲一夫抵死豈可以輕附重禁錮逾時言念哀矜又難全廢其諸司囚徒罪無輕重並宜各委本司據罪詳斷申奏輕者即時疏理重者候過立春至秋分然後行法如是事繫軍機須行嚴令或謀惡逆或畜奸邪或行刦殺人難于留滯並不在此限　天成元年十一月庚申勅應天下州使繫囚除大辟罪以上委所在長吏速推勘決斷不得傍追證對經過食宿之地除當死刑外並仰釋放兼不許徵治　二年春左拾遺李同上言天下繫囚請委長吏逐旬親自引問質其罪狀真虛然後論之以法庶無枉濫從之六月大理少卿王鬱上言凡決極刑合三覆奏近年以來全不守此伏乞今後前一日令各一覆奏奉勅宜依八月西京奏奉近勅在京犯極刑者令決前一日各一覆奏緣當府地遠此後凡有極刑不審準條疏覆奏奉勅旨昨六月二十日所降勅文秖爲應在洛京有犯極刑者覆奏其諸道已降旨命準舊例施行今詳西京所奏尚未明近勅兼慮諸道有此疑惑故令曉諭十月辛丑德音爲政之要切在無私聽訟之方惟期不濫天下諸

珍倣宋版印

州官員如有善推疑獄及曾雪冤濫兼有異政者當具姓名聞奏別加甄獎

長興元年二月制曰欲通和氣必在伸冤將設公方實資獎善州縣官僚能雪冤獄活人生命者許非時選仍加階超資注官與轉服色已著緋者與轉兼官

二年二月辛亥勅朕猥以眇躬薦承鴻業念彼疲瘵勞于寐興或慮官不得人因成紊亂或慮刑非其罪遂至怨嗟王化所興獄訟爲本苟無訓勵必有滯淹近日諸道百姓或諸多違犯或小可鬭爭官吏曲縱胥徒巧求瑕釁初則滋張節目作法拘囚終則誅剝貨財市恩出拔外憑公道內徇私情無理者轉務遷延有理者却思退縮積成訛弊漸失紀綱自今後切委逐處官吏州牧縣宰等深體余懷各舉爾職凡關推究速與剸裁如敢苟縱依違遂成枉濫或經臺訴屈或投匭伸冤勘問不虛其元推官典並當責罰其逐處觀察使刺史別議朝典宜令諸道州府各依此處分所管屬郡委本道嚴切指揮八月丁卯勅三京諸道州府刑獄近日訪聞依前禁繫人多不旋決諸道宜令所在各委長吏專切推窮不得復有滯淹四月前濮州錄事參軍崔琮上言諸道獄囚恐不依

法拷掠或不勝苦致斃翻以病聞請置病因院兼加醫藥中書覆云有罪當刑
仰天無恨無病致斃沒地銜寃燃死灰而必在至仁照覆盆而須資異鑑書著
欽哉之旨禮標侀也之文因彰善于泣辜更推恩于扇暍所謂置病因院望依
仍各委長吏專切經心或有病囚當時遣醫人診候治療後據所犯輕重決斷
如敢故違致病囚負屈身亡本處官吏並加嚴斷兼每及官至五日一度差人
洗刷枷匣　應順元年二月戊午詔應三京諸道州府繫囚據罪輕重疾速斷
遣比來停滯須奏取裁不便區分故爲留滯今後凡有刑獄據理斷遣如有勅
推按理合奏聞不在此限　清泰元年五月丁丑詔在京諸獄及天下州府見
繫罪人正當暑毒之時未免拘囚之苦誠知負罪特軫予懷恐法吏生情滯于
決斷詔至所在長吏親自慮問據輕重疾速斷遣無淹滯
晉天福二年八月勅下刑部大理寺御史臺及三京諸道州府今後或有繫囚
染疾者並令逐處軍醫看候于公廨錢內量支藥價或事輕者仍許家人看候
四年九月相州節度使桑維翰奏管內所獲賊人從來籍沒財產云是鄴都

舊例格律未見明文敕今後凡有賊人準格定罪不得沒納家貲天下諸州準此處分　其月庚午詳定院奏前守洪洞縣主簿盧㸑進策云伏以刑獄至重朝廷所難尙書省分職六司天下謂之會府且諸道決獄若關人命卽刑部不合不知欲請州府凡斷大辟罪人訖逐季具有無申報刑部仍具錄案款事節並本判官馬步都虞候司法參軍法直官馬步司判官名銜申聞所貴或有案內情曲不圓刑部可行覆勘如此則天下遵守法律不敢輕易刑書非惟免有銜冤抑亦勸其立政者臣等參詳伏以人命至重國法須精雖載舊章更宜條理誠爲允當望賜施行從之十月詔曰刑獄之難古今所重但關人命實動天心或有冤魂則傷和氣應諸道州府凡有囚徒據推勘到案款一一盡理子細檢律令格敕其或有疑者準令文讞問大理寺亦疑申尙書省省寺明有指歸州府然後決遣　五年三月丙子詔曰自大中六年已來務耳稱冤決杖流配訴雖有理不在申明今後據其所陳與爲勘斷務耳之罪準律別科　六年秋七月庚辰詔曰政教所切獄訟惟先推窮須察于事情斷遣必遵于條法用宏

欽恤以致和平應三京鄴都及諸道州府見禁諸色人等宜令逐處長吏常切提撕疾速決遣每務公當勿使復有滯淹　八年四月壬申勅朕自臨寰宇思致和平以四海爲家慮有一物失所每念犴牢之內或多枉撓之人屬此炎蒸倍宜軫憫冀絶滯淹之歎用資欽恤之人應三京鄴都及諸道州府見禁罪人等宜令逐處長吏嚴切指揮本推司及委本所判官疾速結絶斷遣不得淹延及致冤濫仍付所司　開運二年五月壬戌殿中丞桑簡能上封事曰伏以天地育萬物廣博厚之恩帝王牧黎元行寬大之令是知恤刑緩獄乃爲政之先布德行惠實愛民之本今盛夏之月農事方殷是雷風長養之時乃動植蕃蕪之際宜順時令以宏至仁竊以諸道州府都郡縣應見禁罪人或有久在囹圄稍滯區分胥吏舞文枝蔓乃衆捶楚之下或陷無辜縲絏之中莫能自理苟一人拘繫則數人營財物用既殫工業亦罷若此之類實繁有徒切恐官吏因循寖成斯弊伏乞降詔旨令所在刑獄委長吏親自録問量罪疾速斷遣務絶冤濫勿得淹留庶免虛禁平人妨奪農力冀召和氣以慶明時勅曰囹圄之中縲

珍倣宋版印

紲之苦奸吏苟窮于枝蔓平人用費于貨財由茲滯淹兼致屈塞桑簡能體茲軫憫專有敷陳請長吏躬親免獄官抑逼深爲允當宜再頒行宜依十月甲子祕書省著作郎邊玕上封事曰臣聞從諫如流人君之令範極言無隱臣子之常規蓋欲表大國之任人致萬邦之無事前文備載可舉而行伏以皇帝陛下德合上穹運膺下武旰食宵衣而軫念好生惡殺以推仁凡措典刑固無寃枉然以照臨之內州郡尤多若不再具舉明伏恐漸成奸弊臣竊見諸道刑獄前朝曾降敕文凡是禁繫罪人五日一度錄問但以年月稍遠漸致因循或長吏事煩不暇躬親點檢或胥徒啟倖妄要追領證明慮有涉于淫刑即恐傷于和氣伏乞特降詔敕自今後諸道並委長吏五日一度當面同共錄問所冀處法者無倖銜寃者獲伸俾令四海九州咸歌聖德五風十雨永致昌期敕曰人之命無以復生國之刑不可濫舉雖一成之典務在公平而三覆其詞所宜詳審凡居法吏合究獄情邊阡近陟周行俄陳讜議更彰欽恤宜允申明　三年十一月丁未左拾遺竇儼上疏曰臣伏覩名例律疏云死刑者古先哲王則天垂

象本欲生之義期止殺絞斬之坐皆刑之極也又準天成三年閏八月二十三日勅行極法日宜不舉樂減常膳又刑部式決重杖一頓處死以代極法斯皆人君哀矜不捨之道也竊以蚩尤爲五虐之科尚行鞭扑漢祖約三章之法止有死刑絞者筋骨相連斬者頭頸異處大辟之目不出兩端淫刑所興近聞數等蓋緣外地不守通規肆率情性或以長釘貫簽人手足或以短刀臠劊人肌膚乃至累朝半生半死俾冤聲而上達致和氣以有傷將宏守位之仁在峻推行之令欲乞特下明勅嚴加禁斷者勅曰文物方興刑罰須當有罪宜從于正法去邪漸契于古風竇儼所貢奏章實裨理道宜依所奏準律令施行

漢乾祐二年正月勅政貴寬易刑尚哀矜慮滋蔓之生奸實軫傷而是念今屬三元改候四序履端將冀和平無如獄訟應三京鄴都諸道州府見繫罪人委逐處長吏躬親慮問其于決斷務在公平俱見其情卽爲具獄勿令率引遂致淹停無縱舞文有傷和氣四月甲午勅曰月居正陽候當小暑乃挺重出輕之日是恤刑議獄之辰有罪者速就勘窮薄罰者晝時疏決用符時令勿縱滯淹

三京鄴都諸道州府在獄見繫罪人宜令所司疾速斷遣無致淹滯枉濫五月辛未勅政化所先獄訟攸切不惟枉撓兼慮滯淹適當長養之時正屬熇蒸之候累行條貫俾速施行靡不丁寧未曾奏報再頒告諭無或因循應三京鄴都諸道州府詔至宜具疏放已行未行申奏無致逗留

周廣順三年四月乙亥勅朕以時當化育氣屬炎蒸乃思縲絏之人是軫哀矜之念慮其非所案鞫淹延或枉濫窮屈而未得申宣或饑渴疾病而無所控告以罪常刑者惟彼自召法不可移非理受苦者爲上不明安得無慮欽恤之道夙宵靡寧應諸道州府見繫罪人宜令官吏疾速推鞫據輕斷遣不得淹滯仍令獄吏洒掃牢獄當令虛歇洗滌枷械無令蚤虱供給水漿無令饑渴如有疾患令其家人看承囚人無主官差醫工診候勿致病亡循典法之成規順長贏之時令俾無淹滯以致治平又賜諸州詔曰朕以敷政之勤惟刑是重既未能化人于無罪則不可爲上而失刑況時當長贏事貴清適念囹圄之閉固復桎梏之拘縻處于炎蒸何異焚灼在州及所屬刑獄見繫罪人卿可躬親錄問省

略區分于八務不行者令侯務開繫有理須申者速期疎決俾皆平允無至滯
淹又以獄吏逞任情之奸因人被非法之苦宜加檢察勿縱侵欺常令滌掃獄
房洗刷枷匣知其饑渴供與水漿有病者聽骨肉看承無主者遣醫工救療勿
令非理致斃以致和氣有傷卿忠幹分憂仁明莅事必能奉詔體我用心睠委
于茲興寐無已餘從勅命處分　顯德元年十一月帝謂侍臣曰天下所奏獄
訟多追引證甚致淹延有及百餘日而未決者其中有徒黨反告者劫主陳訴
者及妄遭牽引者慮獄吏作倖遲留致生人休廢活業朕每念此彌切疚懷此
後宜條貫所在藩郡令選明幹寮吏當其訴訟如獄不滯留人無枉撓明具聞
奏量與甄奬

內外官當贖之法梁唐皆無定制多示優容或因時分輕重晉天福六年五月
尚書刑部員外郎李象請今後凡是散官不計高低若犯罪不得當贖亦不得
上請詳定院覆奏應內外文武官有品官者自從品官法無品官有散試官者
應內外帶職廷臣賓從有功將校等並請同九品官例其京都運巡使及諸道

州府衙前職員內外雜任鎮將等並請準律不得上請當贖其巡司馬步雖有曾歷品者亦請同流外職準律杖罪以下決罰例徒罪以上仍依當贖法至周顯德五年七月新定刑統今後定罪諸道行軍司馬節度副使副留守準從五品官例諸道兩使判官防禦團練副使準從六品官例節度掌書記團判官兩蕃營田等使判官準從七品官例諸道推巡及軍事判官準從八品官例諸軍將校內諸司使使副供奉殿直臨時奏聽勅旨由是內外品官當贖之法始有定制焉

舊五代史卷一百四十七

舊五代史卷一百四十七考證

志九刑法志統類編敕　統類原本訛統數今據文獻通考改正

倉部郎中　倉部原本訛臧部今據新唐書百官志改正

前濮州錄事參軍崔琮　崔琮原本作崔瑽今據册府元龜改正

相州節度使桑維翰　相州原本訛松州今據通鑑改正

團判官　團判官疑當作團練判官考五代會要亦作團判官蓋當時案牘之文官名各從簡省今姑仍其舊

舊五代史卷一百四十七考證

舊五代史卷一百四十八

宋門下侍郎參知政事監修國史薛居正等撰

志第十

選舉志

按唐典凡選授之制天官卿掌之所以正權衡而進賢能也凡舉貢之政春官卿掌之所以覈文行而第儁秀也洎梁氏已降皆奉而行之縱或小有釐革亦不出其軌轍今採其事備紀于後以志五代審官取士之方也

梁開平元年七月勅近年舉人當秋薦之時不親試者號爲拔解今後宜止絕

四月兵部尚書權知貢舉姚洎奏近代設文科選胄子所以綱維名教崇樹邦本也今任公卿親屬將相子孫有文行可取者請許所在州府薦送以廣疏材之路從之文獻通考唐時知貢舉皆用禮部侍郎梁開平中始命兵部侍郎楊涉權知貢舉

唐同光二年十月中書奏請停舉選一年勅舉選二門國朝之重事但要精確難議權停宜準常例處分　天成元年八月勅應三京諸道今年貢舉人可依

常年取解仍命隨處量事津送赴闕　五年二月九日勅近年文士輕視格條就試時踈于帖經登第後恥于赴選宜絶躁求之路別開奬勸之門其進士科已及第者計選數年滿日許令就中書陳狀于都堂前各試本業詩賦判文其中文藝灼然可取者便與除官如或事業不甚精者自許準添選

晉天福三年三月翰林學士承旨兵部侍郎權知貢舉崔棁奏臣謬蒙眷渥叨掌文衡實憂庸懦之材不副搜羅之旨敢不揣摩頑鈍杜絶阿私上則顯陛下求賢次則使平人得路但以今年就舉比常歲倍多科目之中兇豪甚衆每駮牓出後則時有喧張不自省循但言屈塞互相朋扇各出言詞或云主司不公或云試官受賂實慮上達聖聽微臣無以自明晝省夜思臨深履薄今臣欲請令舉人落第之後或不甘心任自投狀披陳却請所試與疏義對證兼令其日一甲同共校量若獨委試官恐未息詞理儻是實負抑屈則所司固難逭憲章如其妄有陳論則舉人乞痛加懲斷冀此際免虛遭謗議亦將來可久遠施行儻蒙聖造允俞伏乞降勅處分從之　五年三月詔及第舉人與主司選勝筵

珍倣宋版印

宴及中書舍人靸鞋接見舉人兼兵部禮部引人過堂之日幕次酒食會客悉宜廢之四月禮部侍郎張允奏曰明君側席雖切旁求貢士觀光豈宜濫進竊覩前代未設諸科始以明經俾昇高第自有九經五經之後及三禮三傳已來孝廉之科遂因循而不廢搢紳之士亦緘默而無言以至相承未能改作每歲明經一科少至五百以上多及一千有餘舉人如是繁多試官豈能精當況此等多不究義惟攻帖書文理既不甚通名第豈可妄與且常年登科者不少相次赴選者甚多州縣之間必無遺闕輦轂之下須有稽留怨嗟自此而興謗讟因茲而起但今廣場大啓諸科並存明經者悉包于九經五經之中無出于三禮三傳之內若無釐革恐未便宜其明經一科伏請停廢又奏國家懸科待士貴務搜揚責實求才須除訛濫童子每當就試止在念書背經則雖似精詳對卷則不能讀誦及名成貢部身返故鄉但剋日以取官更無心而習業濫觴猶役虛占官名其童子一科亦請停廢勅明經童子宏詞拔萃明算道舉百篇等科並停　七年五月勅應諸色進策人等皆抱材能方來投獻宜加明試俾盡

减謀起今後應進策條中書奏覆勑下其進策人委門下省試策三道仍定上中下三等如是元進策內有施行者其所試策或上或中者委門下省給與減選或出身優牒合格參選日其試策上者委銓司超壹資注擬其試策中者委銓司依資注擬如是所試策或上或中元進策條並不施行所試策下元進策條內有施行者其本官並仰量與恩賜發遣若或所試策下所進策條並不施行便仰曉示發遣不得再有投進餘並準前後勑文處分。開運元年八月詔曰明經童子之科前代所設蓋期取士良謂通規爰自近年暫從停廢損益之機未見牢籠之義全虧將闡斯文宜依舊貫庶臻至理用廣旁求其明經童子二科今後復置十一月工部尚書權知貢舉竇貞固奏進士考試雜文及與諸科舉人入策歷代已來皆以三條燭盡爲限長與二年改令晝試伏以懸科取士有國常規沿革之道雖殊公共之情難失若使就試兩廊之下揮毫短景之中視晷刻而惟畏稽遲演詞藻而難求妍麗未見觀光之美但同款答之由既非師古之規恐失取人之道今欲考試之時準舊例以三條燭爲限其進士并

試色舉貢人等有懷藏書冊入院者舊例扶出不令就試近年以來雖見懷藏多是容縱今欲振舉弛紊明辦藏否冀在必行庶爲定式

漢乾祐二年刑部侍郎邊歸讜上言臣竊見每年貢舉人數甚衆動引五舉六舉多至二千三千既事業不精卽人文何取請勅三京鄴都諸道州府長官合發諸色貢舉人文解者並須精加考校事業精研卽得解送不得濫有舉送冀塞濫進之門闢與能之路勅從之其閒條奏未盡處下貢院錄天福五年四月二十七日勅文告諭天下依元勅條件施行如有固違其隨處考試官員當準勅條處分

周廣順二年二月禮部侍郎趙上交奏貢院諸科今欲不試汎義其口義五十道改試墨義十道從之　三年正月趙上交奏進士元試詩賦各一首帖經二十帖對義五通今欲罷帖經對義別試雜文二首試策一道從之其年八月兵部侍郎權知貢舉徐台符奏請別試雜文外其帖經墨義仍依元格從之　顯德二年三月禮部侍郎竇儀奏請諸科舉人若合解不解不合解而解者監試

官爲首罪勒停見任舉送長官奏聞取裁監官如受賂及今後進士如有倩人
述作文字應舉者許人言告送本處色役永不進仕
唐同光四年三月中書門下奏議左拾遺王松吏部員外郎李慎儀上疏以諸
道州縣皆是攝官誅剝生靈漸不存濟比者郭崇韜在中書日未詳本朝故事
妄被閑人獻疑點檢選曹曲生異議或告赤欠少一事闕違保內一人不來五
保卽須並廢文書一紙有誤數任皆不勘詳其年選人及行事官一千二百五
十餘員得官者才及數十皆以渝濫爲名盡被焚毀棄遂或斃踣于旅店或號
哭于道途以至二年已來選人不敢赴集銓曹無人可注中書無人可除去年
闕近二千授官不及六十伏請特降勅文宣布遐邇明往年制置不自于宸衷
此日焦勞特頒于睿澤望以中書條件及王松等所論事節委銓司點檢務在
酌中以爲定制從之時議者以銓注之弊非止一朝搢紳之家自無甄別或有
伯叔告赤鬻于同姓之家隨賂改更因亂昭穆至有季父伯舅反拜姪甥者郭
崇韜疾惡太深奏請釐革豆盧革韋說偲俛贊成或有親舊訊其事端者韋說

曰此郭漢子之意也及崇韜誅韋說卽教門人王松上疏奏論故有此奏識者非之　天成四年冬十月丙申詔曰本朝一統之時除嶺南黔中去京地遠三年一降選補使號爲南選外其餘諸道及京百司諸色選人每年動及數千分爲三選尙爲繁重近代選人每年不過數百何必以一司公事作三處官方況有格條各依資考兼又明行勅命務絕阿私宜新公共之規俾愼官常之要其諸道選人宜令三銓官員都在省署子細磨勘無違礙後卽據格同商量注擬連署申奏仍不得踵前于私第注官如此則人吏易可整齊公事亦無遲滯長興元年三月勅凡是選人皆有資考每至赴調必驗文書或不具全多稱失墜將明本末須示規程其判成諸色選人黃甲下後將歷任文書告赤連粘宜令南曹逐縫使印都于後面粘紙其前後歷任文書都計多少紙數仍具年月曰判成授某官蓋懼其或分假于人故也其年十月中書奏吏部流內銓諸色選人先條流試判兩節並委本官優劣等第申奏文優者宜超一資注擬其次者宜依資更次者以同類官注擬所以勵援毫之作亦不掩歷任之勞其或于

理道全疎者以人戶少處州縣同類官中比擬仍準元勑業文者任徵引古今不業文者但據公理判斷可否不當罪在有司兼諸色選人或有元通家狀不實鄉里名號將來赴選者並令改正一一堅本貫屬鄉縣兼無出身一奏一除官等宜並不加選限從之　應順元年正月丁卯中書門下奏準天成二年十二月勑長定格應經學出身人一任三考許入下縣令下州錄事參軍亦入中下州錄事參軍兩任四考許入中下縣令中州錄事參軍兩任六考許入上縣令及緊州錄事參軍凡爲進取皆有因依或少年便受好官或暮齒不離卑任況孤貧舉士或年四十始得經學及第八年合選方受一官在任多不成三考第二選漸向蹉跎有一生終不至令錄者若無改革何以發揚自此經學出身請一任兩考許入中下縣令下州錄事參軍者詔曰參選之徒艱辛不一發身遲滯到老卑低宜優未達之人顯示惟新之澤其經學出身一任兩考元勑入下縣令下州錄事參軍起今後更許入中下縣令下州錄事參軍一任三考者于人戶多處州縣注擬如于近勑條內資敘無相當者卽準格循資考入官其

兩任四考者準二任五考例入官餘準格條處分

晉天福三年正月詔曰舉選之流苦辛備歷或則𦕈書歲久或則守事年深少有違礙格條例是不知式樣今則方求公器宜被皇恩所有選人等宜令所司除元駮放及落下事由外如無違礙並與施行仍令所司遍下諸道起今後文解差錯過在發解州府官吏

漢乾祐二年八月右拾遺高守瓊上言仕宦年未三十請不除授縣令因下詔曰起今後諸色選人年七十者宜注優散官年少未歷資考者不得注授令錄其年十二月中書門下奏應諸出選門官并歷任內曾升朝及兩使判官今任却授令錄者並依見任官選數赴集從之

周廣順元年二月詔曰自前朝廷除官銓司選授當其用闕皆稟舊規近聞所得官人或他事阻留或染疾淹駐始赴任者既過月限後之官者遂失期程以至相沿漸成非次是致新官參謝欲上舊官考秩未終待滿替移動逾時月凋殘一處新舊二官在迎送以爲勞必公私之失緒今後應諸道州府錄事參軍

判司縣令主簿等宜令本州府以到任月日旋具申奏及報吏部此後中書及銓司以到任月日用闕永爲定制其年十月詔曰選部公事比置三銓所有員闕選人分在三處每至注擬之際資敘難得相當況今年選人不多宜令三銓公事併爲一處委本司長官通判同商量可否施行今當開泰之期宜軫單平之衆自今後合格選人歷任無違礙者並仰吏部南曹判成如文解差錯不合式樣罪在發解官吏

舊五代史卷一百四十八

珍倣宋版印

舊五代史卷一百四十八考證

志十選舉志疎于帖經　帖經原本作帖括今據五代會要改正

不試汎義　案原本作不汎試口義今據冊府元龜改正

王松等所論　王松冊府元龜作王欓考文獻通考作王松是書韋說傳亦作松今仍其舊

舊五代史卷一百四十八考證

舊五代史卷一百四十九

宋門下侍郎參知政事監修國史薛居正等撰

志第十一

## 職官志

夫官非位無以分貴賤位非品無以定高卑是以歷代史官咸有所紀皆窮源而討本期與世以作程迨乎唐祚方隆明皇在宥採累朝之故事考衆職之遐源申命才臣著成六典其勳階之等級品秩之重輕則已備載于其中矣故今之所撰不敢相沿祖述五代之命官以踵百王之垂範或釐革升降則謹而志之俾後之爲天官卿者得以觀焉

梁開平三年三月詔升尚書令爲正一品按唐六典尚書正二品是時以將授趙州王鎔此官故升之　後唐天成四年八月詔曰朝廷每有將相恩命準往例諸道節度使帶平章事兼侍中中書令並列銜于勅牒後側書使字今兩浙節度使錢鏐是元帥尚父與使相名殊承前列銜久未改正湖南節度使馬殷

先兼中書令之時理宜齒于相位今守太師尚書令是南省官資不合列署勅尾今後每署將相勅牒宜落下錢鏐馬殷官位仍永爲常式

梁開平二年四月改左右丞爲左右司侍郎避廟諱也至後唐同光元年十月復舊爲左右丞　後唐長興元年九月詔曰臺轄之司官資並設左右貂素來相類左右揆不至相懸以此比方豈宜分別自此宜升尚書右丞官品與左丞並爲正四品

右都省

後唐長興四年九月勅馮贇有經邦之茂業宜進位于公台但緣平章事字犯其父名不欲斥其家諱可改同平章事爲同中書門下二品後至周顯德中樞密使吳廷祚亦加同中書門下二品避其諱也　晉天福五年二月勅以門下侍郎中書侍郎並爲清望正三品　九月詔曰六典云中書舍人掌侍奉進奏參議表章凡詔旨制勅璽書策命皆按故事起草進畫既下則署而行之其禁有四一曰漏洩二曰稽緩三曰違失四曰忘誤所以重王命也古昔已來典實

斯在爰從近代別創新名今運屬與王事從師古俾仍舊貫以耀前規其翰林學士院公事宜並歸中書舍人　七年五月中書門下上言有司檢尋長興四年八月二十一日勅準官品令侍中中書令正三品按會要大歷二年十一月升爲正二品左右常侍從三品按會要廣德二年五月升爲正三品門下中書侍郎正四品大歷二年十一月升爲正三品諫議大夫正五品按續會要會昌二年十二月升爲正四品以備中書門下四品之闕御史大夫從三品會昌二年十二月升爲正三品御史中丞正五品亦與大夫同時升爲正四品勅宜各準元勅處分仍添入令文永爲定制又詔門下侍郎班在常侍之下俸祿同常侍　周顯德五年六月勅諫議大夫宜依舊正五品上仍班位在給事中之下

按唐典諫議大夫四員正五品上皆隸門下省班在給事中之下至會昌二年十一月中書門下奏升爲正四品下仍分爲左右以備兩省四品之闕故其班亦升在給事中之上近朝自諫議大夫拜給事中者官雖序遷位則降等至是以其遷次不備故改正焉

右兩省

後唐淸泰二年十一月制以前同州節度使檢校太尉同平章事馮道爲守司空時議者曰自隋唐以來三公無職事自非親王不恆置于宰臣爲加官無單置者道在相位時帶司空及罷鎭未命官議者不練故事率意行之及制出言議紛然或云便可綜中書門下事或云須冊拜開府及就列無故事乃不就朝堂敘班臺官兩省官入就列方入宰臣退踵後先退劉昫又以罷相爲僕射出入就列一與馮道同議者非之及晉天福中以李鏻爲司徒周廣順初以竇貞固爲司徒蘇禹珪爲司空遂以爲例議者不復有云

右三公

後唐天成元年夏六月以李琪爲御史大夫自後不復除　其年冬十一月丙子諸道進奏官上言今月四日中丞上事臣等禮合至臺比期不越前規依舊傳語忽蒙處分通出尋則再取指揮要明審的又蒙問大夫相公上事日如何臣等訴云大夫曾爲宰相進奏官伏事中書事體之間實爲舊吏若以別官除

珍倣宋版印

授合云傳語勞來又堅令通出臣等出身藩府不會朝儀拒命則恐有奏聞遵稟則全隳則例伏恐此後到臺參賀儀則不定者詔曰御史臺是大朝執憲之司乃四海繩違之地凡居中外皆所整齊藩侯尚展于公參邸吏豈宜于抗禮遽覩論列可驗侮輕但以喪亂孔多紀綱隳紊霜威掃地風憲銷聲今則景運惟新皇圖重正稍加提舉漸止澆訛宜令御史臺凡關舊例並須舉行如不稟承當行朝典時盧文紀初拜中丞領事于御史府諸道進奏官來賀文紀曰事例如何臺吏喬德威等言朝廷在長安日進奏官見大夫中丞如胥吏見長官之禮及梁氏將革命本朝微弱諸藩強據人主大臣姑息邸吏時中丞上事邸吏雖至皆于客次傳語竟不相見自經兵亂便以爲常文紀令臺吏諭以舊儀相見據案端簡通名贊拜邸吏輩既出怒不自勝相率于閤門求見騰口喧訴明宗謂趙鳳曰進奏官比外何官鳳對曰府縣發遞祗候之流也明宗曰乃吏役耳安得慢吾法官乃下此詔　晉天福五年二月以御史中丞爲清望正四品按唐典御史中丞正五品上今升之　三年三月壬戌御史臺奏按六典侍

御史掌糾舉百寮推鞫獄訟居上者判臺知公廨雜事次知西推贓贖三司受事次知東推理匭勅宜依舊制遂以駕部員外郎兼侍御史知雜事劉皞爲河南尹自是無省郎知雜者　開運二年八月勅御史臺準前朝故事以郎中員外郎一人兼侍御史知雜事近年停罷獨委年深御史知雜振舉之間紀綱未峻宜遵舊事庶叶通規宜却于郎署中選清愼強幹者兼侍御史知雜事

右御史臺

昔唐朝擇中官一人爲樞密使以出納帝命職官分紀唐樞密使與兩軍中尉謂之四貴天祐元年廢項安世家說唐于政事堂後列五房有樞密房以主曹務則樞密之任宰相主之未始他付其後寵任宦人始以樞密歸之內侍　至梁開平元年五月改樞密院爲崇政院始命敬翔爲院使仍置判官一人自後改置副使一人　二年十一月置崇政院直學士二員選有政術文學者爲之其後又改爲直崇政院　後唐同光元年十月崇政院依舊爲樞密院命宰臣郭崇韜兼樞密使亦置直院一人　晉天福四年四月以樞密副使張從恩爲宣徽使權廢樞密院故也先是晉祖以宰臣桑維翰兼樞密使懇求免職只在中書遂以宣徽

珍倣宋版印

使劉處讓代之每有奏議多不稱旨其後處讓丁憂乃以樞密印付中書門下故有是釐改也　開運元年六月勅依舊置樞密院以宰臣桑維翰兼樞密使從中書門下奏請也　周顯德六年六月命司徒平章事范質禮部尚書平章事王溥並參知樞密院事

梁開平元年四月始置建昌院以博王友文判院事以太祖在藩時四鎮所管兵車賦稅諸色課利按舊簿籍而主之其年五月中書門下奏請以判建昌院事爲建昌宮使仍以東京太祖潛龍舊宅爲宮也二年二月以侍中（案原本有闕文據五代會要以侍中韓建判建昌宮事）判建昌宮事至十月以尚書兵部侍郎李皎爲建昌宮副使三年九月以門下侍郎平章事薛貽矩兼延資庫使判建昌宮事至四年十二月以李振爲建昌宮副使乾化二年五月以門下侍郎平章事于兢兼延資庫使判建昌宮事其年六月廢建昌宮以河南尹魏王張宗奭爲國計使凡天下金穀兵戎舊隸建昌宮者悉主之至後唐同光四年二月以吏部尚書李琪爲國計使自後廢其名額不置

後唐同光元年十一月以左監門衛將軍判内侍省李紹宏兼内勾凡天下錢穀簿書悉委裁遣自是州縣供帳繁費議者非之又内勾之名人以爲不祥之言二年正月勅鹽鐵度支戸部三司凡關錢物並委租庸使管轄踵梁之舊制也天成元年四月詔廢租庸院依舊爲鹽鐵戸部度支三司委宰臣一人專判至長興元年八月以許州節度使張延朗行工部尚書充三司使班在宣徽使之下三司置使自延朗始也唐朝已來戸部度支掌泉貨鹽鐵時置使名戸部度支則尚書省本司郎中侍郎判其事天寶中楊慎矜王鉷楊國忠繼以聚貨之術媚上受寵然皆守戸部度支本官別帶使額亦無所改作下及劉晏第五琦亦如舊制自後亦以宰臣各判一司不置使額乾符後天下兵興隨處置租庸使以主調發兵罷則停梁時乃置租庸使專天下泉貨莊宗中興秉政者不嫻典如踵梁朝故事復置租庸使以魏博故吏孔謙專使務斂怨于下斲喪王室者實租庸之弊故也洎明宗嗣位思革其弊未及下車乃詔削除使名但命重臣一人判其事曰判三司至是延朗自許州入再掌國計白于樞密使請置

三司名宣下中書議其事宰臣以舊制覆奏授延朗特進行工部尚書充諸道鹽鐵轉運等使兼判戶部度支事從舊制也明宗不從竟以三司使爲名焉

梁開平三年正月改思政殿爲金鑾殿至乾化元年五月置大學士一員始命崇政院使敬翔爲之前朝因金鑾坡以爲門名與翰林院相接故爲學士者稱金鑾焉梁氏因之以爲殿名仍改巒爲鑾從美名也大學士與三館大學士同青箱雜記梁祖都汴庶事草創貞明中始于今右長慶門東北創小屋數十間爲三館湫隘尤甚又周廬徼道咸出其間衛士騶卒朝夕喧雜每受詔撰述皆移他所

後唐天成元年五月勅翰林學士尚書戶部侍郎知制誥馮道翰林學士中書舍人趙鳳俱以本官充端明殿學士非舊號也時明宗登位每四方書奏多令樞密使安重誨讀之不曉文義于是孔循獻議始置端明殿學士之名命道等爲之　二年正月勅端明殿學士宜命班在翰林學士上今後如有轉改仍只于翰林學士內選任初置端明殿學士名目如三館之例職在官下趙鳳轉侍郎遣人諷任圜移職在官上至今爲例職官分紀晉天福五年廢端明殿學士開運元年桑維翰爲樞密使復奏置學

士

同光元年四月置護鑾書制學士以尚書倉部員外郎趙鳳爲之時莊宗初建號故特立此名非故事也八月賜翰林學士承旨戶部尚書盧質論思匡佐功臣亦非常例也

天成三年八月勅掌綸之任擢才以居或自初命而升或自顯秩而授蓋重厥職靡繫其官雖事分皆同而行綴或異誠由往日未有定規議官位則上下不恆論職次則後先未當宜行顯命以正近班今後翰林學士入院並以先後爲定惟承旨一員出自朕意不計官資先後在學士之上仍編入翰林志其年十一月勅新除翰林學士張昭遠早踐綸闈久司史筆曾居憲府累陟貳卿今既擢在禁林所宜別宣班序其立位宜次崔梲（宋史張昭傳晉天福二年宰相桑維翰薦昭爲翰林學士內署故事以先後入爲次不繫官序特詔昭立位次承旨崔梲據宋史則此勅常在晉天福中是書繫于唐天成三年後疑原本有脫誤）

晉開運元年六月勅翰林學士與中書舍人分爲兩制各置六員偶自近年權停內署況司詔命必在深嚴將使從宜却仍舊貫宜復置翰林學士院　周顯德五年十一

珍倣宋版印

月詔曰翰林學士職係禁庭地居親近與班行而既異在朝請以宜殊起今後當直下直學士並宜令逐日起居其常直學士仍赴晚朝舊制翰林院學士與常參官五日一度起居時世宗欲令朝夕謁見訪以時事故有是詔

右內職

後唐天成三年五月詔曰開府儀同三司階之極太師官之極封王爵之極上柱國勳之極近代已來文臣官階稍高便授柱國歲月未深便轉上柱國武資不計何人初官便授上柱國官爵非無次第階勳備有等差宜自此時重修舊制今後凡是加勳先自武騎尉經十二轉方授上柱國永作成規不令踰越雖有是命竟不革前例

右勳格

後唐清泰二年秋九月庚申尚書考功上言今年五月翰林學士程遜所上封事內請自宰相百執事外鎮節度使刺史應係公事官逐年書考較其優劣遂檢尋唐書六典會要考課令書考第從之時議者曰考績之法唐堯三代舊制

西漢以刺史六條察郡守五曹尚書綜庶績法尤精察吏有檢繩漢末亂離舊章弛廢魏武于軍中權制品第議吏清濁用人按吏頗爽前規隋唐已來始著于令漢代郡守入爲三公魏晉之後政在中書左右僕射知政事午前視禁中午後視省中三臺百職無不統攝以是論之宰輔憑何較考自天寶末權置使務已後庶事因循尚書諸司漸致有名無實廢墜已久未知憑何督責程遞所上亦未詳本源其時所司雖有舉明大都諸官亦無考較之事

右較考

梁開平元年四月詔開封府司錄參軍及六曹掾屬宜各置一員兩畿赤縣置令簿尉各一員　二年十月省諸道州府六曹掾屬只留戶曹一員通判六曹

後唐同光元年十一月中書門下奏諸寺監各請只置大卿監祭酒司業各一員博士兩員其餘官屬並請權停惟太常寺事關大禮大理寺事關刑法除太常博士外許更置丞一員其王府及東宮屬司天五官正奉御之類凡不急司存並請未議除授其諸司郎中員外郎應有雙曹處且署一員左右散騎常

侍諫議大夫給事中起居郎起居舍人補闕拾遺各置一半三院侍御史仍委御史中丞條理申奏即日停罷朝官仍各錄名氏具罷任月日留在中書候見任官滿二十五箇月並據資品却與除官從之　周顯德五年十二月詔兩京五府少尹司錄參軍先各置兩員起今後只置一員六曹判司內只置戶曹法曹各一員其餘及諸州支使兩蕃判官並省

右增減

梁開平元年五月改御食使爲司膳使小馬坊使爲天驥使文思院使爲乾文院使同和院使爲儀鑾院使其年又改城門郎爲門局郎避廟諱也唐同光元年十一月依舊爲城門郎　後唐天成元年十一月詔曰雄武軍節度使官銜內宜兼押蕃落使（職官分紀長興元年分飛龍院爲左右院以小馬坊爲右飛龍院）　二年七月詔曰頃因本朝親王遙鎮其在鎮者遂云副大使知節度事但年代已深相沿未改今天下侯伯並正節旄惟東西兩川未落副大使字宜令今後只言節度使　晉天福五年四月丙午詔曰承旨者承時君之旨非近侍重臣無以稟朕命宣予言是

以大朝會宰臣承旨草制詔學士承旨若無區別何表等威除翰林承旨外殿前承旨宜改爲殿直密院承旨宜改爲承宣御史臺三司閤門客省所有承旨並令別定其名　周廣順二年十二月詔改左右威衛復爲屯衛避御名也

右改制

後唐同光二年三月中書門下奏糾轄之任時謂外臺宰字之官古稱列爵如非朝命是廢國章近日諸道多是各列官銜便指州縣請朝廷之正授樹藩鎮之私恩頗亂規程宜加條制自今後大鎮節度使管三州已上者每年許奏管內官三人如管三州以下者許奏管內官二人仍須有課績尤異方得上聞若止于檢慎無瑕科徵及限是守常道只得書考旌嘉不得特有薦奏其防禦使每年只許奏一人若無尤異不得奏薦刺史無奏薦之例不得輒亂規程其年八月中書奏僞庭之時諸藩參佐皆從除授自今後諸道除節度副使兩使判官除授外其餘職員并諸州軍事判官各任本處奏辟其軍事判官仍不在奏官之限所冀招延之禮皆合于前規觴辟之間無聞于濫舉從之　長興二年

珍倣宋版印

十一月詔曰闕員有限人數常多須以高低定其等級起今後兩使判官罷任後宜一年外與比擬書記支使防禦團練判官等二年外推巡防禦團練推官軍事判官等並三年後與比擬仍每遇除授量與改轉官資或階勳或職資其有殊常勤績者別議優陞若有文學智術超邁羣倫或爲衆所稱或良知迥舉察驗的實者不拘年月之限　清泰二年八月中書門下上言前大御監五品升朝官西班將軍皆在任許滿二十五月如衝替已經二十月卽別任用少卿監舊例三任四任方入大卿監五品三任四任方入少卿監今後並祇三任逐任須月限滿無殿責者便入此官西班將軍罷任一年許求官舊例三任四任方入大將軍今祇無殿責或曾任金吾將街使藩鎮刺史特勅並不拘此例諸道除兩使判官外書記已下任自辟請應朝官除外任罷任後一年方許陳乞諸道賓席未曾升朝者若官兼三院御史卽除中下縣令兼大夫中丞祕書少監郎中員外郎與清資初任升朝官檢校官至尙書常侍祕書監庶子升朝便與少卿監諸州防禦團練判推官並請本州奏辟中書不更除授應出選門官

帶三院御史供奉裏行及省銜罷任後周年許陳乞諸州別駕不除令錄仍守本官月限得替後一年許陳乞長史司馬因攝奏正未有官者送名從之　三年五月乙未詔曰近以内外臣寮出入迭處稍均勞逸免滯轉遷應兩司判官畿赤令取郎中員外補闕拾遺三丞五博少列宮寮選擇擢任一則俾藩方侯伯別耀賓階次則致朝列人臣備諳時政今後或有滿闕便宜依此施行　周廣順元年夏五月辛巳詔朝廷設爵命官求賢取士或以資敘進或以科級升至有白首窮經方諧一第半生守選始遂一官是以國無幸民士不濫進近年州郡奏薦多無出身前官或因權勢書題或是吏私請託既難阻意便授真恩遂使躁求僥倖之徒爭遊捷徑辛苦孤寒之士盡泣窮途將期激濁揚清所宜循名責實今後州府不得奏薦無前官及無出身人如有奇才異行越衆超羣亦許具名以聞便可隨表赴闕當令有司考試朕亦親自披詳斷其否臧俾之升黜庶使人不謬舉野無遺才　顯德二年六月詔兩京諸道州府留守判官兩使判官少尹防禦團練軍事判官今後並不得奏薦其防禦團練刺史州各

置推官一員

右釐革

晉天福三年十一月起居郎殷鵬上言竊聞司封格式內外文武臣寮纔升朝籍者無父母便與追封贈父母在即未敘未封以臣所見誠爲不可此則輕生者而重死者棄今人而錄故人其榮有何其理安在又云父母在品秩及格者即以封其母不加其父便加邑號兼曰太君遂令妻則旁若無夫子則上若無父豈有父則賤而母則貴夫則卑而妻則尊若謂其父未合加恩安得其母受賜若謂以子便合貴曷得其父不先封伏以父尊母卑天地之道尊無二上國家同體今授封父無爵名教不順莫大于茲臣伏乞自今後文武臣寮父母在其父母已有官爵者即敘進資品以及格式或不任祿仕即可授以致仕或同正官所貴得以敘封妻室即父母俱榮孝子無不逮之感閨門交映聖君覃慶賞之恩噫荷陛下孝治之風受陛下榮親之祿者靜而屈指不過數人陛下得以特議舉行編爲令式勸天下之爲善令域中之望風自然見前代之闕文成

我朝之盛典況唐長興元年德音內一節應在朝中外臣寮父母在並與加恩
司封不行明制堅執前文儻布新恩兼合舊勑庶使事君事父恆遵一體之規
爲子爲臣不失兩全之義臣又聞司封令式內外臣寮官階及五品已上者即
與封妻廕子固不分于清濁但祇言其品秩且諫議大夫給事中中書舍人並
是五品贊善大夫洗馬中允奉御等亦是五品若論朝廷之委任宰臣之擬論
出入之階資中外之瞻望則天壤相懸矣及其敘封乃爲一貫相沿至此甚非
而況北省爲陛下侍從之臣南宮掌陛下經綸之務憲臺執陛下紀綱之司首
冠羣寮總爲三署當職尤重責望非輕此則清列十年不遂顯榮之願彼則雜
班兩任便承封廕之恩事不均平理宜改革伏乞自今後應諸官及五品已上
者即依舊制施行應三署清望官及六品已上便與封廕清濁既異品秩宜升
仍下所司議爲恆式從之　漢乾祐元年七月詔尚書省集議內外臣寮父在
母承子廕敘封追封合加太字否以聞尚書省奏議曰今詳前後勑條凡母皆
加太字存歿並同此即是父歿母存即敘封進封內加太字母歿追封亦加太

字故云存歿並同若是父在據勅格無載爲母加太字處若以近勅因子貴與父命官父自有官卽妻從夫品可以封妻父在不合以其子加母太字若雖有因子之官其品尙卑未得廕妻亦不合用子廕之限從之　周顯德六年冬十二月壬辰尙書兵部上言本司廕補千牛進馬在漢乾祐中散失勅文自來只準晉編勅及堂帖施行伏緣前後不同請別降勅命詔曰今後應廕補子孫宜令逐品許補一人直候轉品方得更補不得于本品內重疊收補如是所補人有身故除名落藩廢疾及應舉及第內只許于本品內再補一人太子進馬太子千牛不用收補贍事依祭酒例施行兵部尙書侍郎舊例不許收補宜許收補致仕官歷任中曾任在朝文班三品武班二品及丞郎給舍已上金吾大將軍節度防禦團練留後者方得補廕皇廕人其祖父曾授著皇朝官秩方得收補應合收補人須是本官親子孫年貌合格別無淪濫方許施行餘從舊例處分

右封廕

梁開平四年四月勅諸州鎭使官秩無高卑並在縣令之下其年九月詔曰魏博管內刺史比來州務並委督郵遂使曹官擅其威權州牧同于閑冗俾循通制宜塞異端並宜依河南諸州例刺史得以專達時議者曰唐朝憲宗時烏重允爲滄州節度使嘗以河朔十六州能抗拒朝命者以奪刺史權與縣令職而自作威福耳若二千石各得其柄又有鎭兵雖安史挾奸豈能據一墉而叛哉遂奏以所管德棣景三州各還刺史職分州兵並隸收管是後雖幽鎭魏三道以河北舊風自相傳襲惟滄州一道獨稟命受代自重允制置使然也則梁氏之更張正合其事矣　後唐長興二年正月詔曰要道纔行則千歧共貫宏綱一舉則萬目畢張前王之法制罔殊百代之科條悉在無煩改作各有定規守程式者心逸日休率胸臆者心勞日拙天垂萬象星辰之分野靡差地載羣倫岳瀆之方隅不易儻各司其局則皆盡其心且律令格式六典凡關庶政互有區分久不舉行遂至隳紊宜準舊制令百司各于其間錄出本局公事巨細一一抄寫不得漏落纖毫集成卷軸仍粉壁書在公廳若未有廨署者文書委官

司主掌仍每有新授官到令自寫錄一本披尋或因顧問之時應對須知次第無容曠闕每在執行使庶寮則守法奉公宰臣則提綱振領必當彝倫攸敘所謂至道不繁何必期年然後報政宜令御史臺遍加告諭催促限兩月內抄錄及粉壁書寫須畢其間或有未可便行及曾釐革事件委逐司旋申中書門下當更參酌奏覆施行　其年八月勅今後大理寺官員宜同臺省官例升進其法直官比禮直官任使　應順元年春三月戊午宗正上言故事諸陵有令丞各一員近令丞不俱置便委本縣令兼之緣河南洛陽是京邑恐兼令丞不便詔特置陵臺令丞各一員

右雜錄

舊五代史卷一百四十九

舊五代史卷一百四十九考證

志十一職官志四曰忘誤　忘誤册府元龜作失誤考五代會要職官分紀俱作忘今仍其舊

又改爲直崇政院　直崇政院原本作直崇文院今從五代會要改正

亦置直院一人　案五代會要作亦置院使一人石林燕語作改爲樞密院直學士

臉補千牛進馬　進馬原本訛進貝考職官分紀有太子進馬貝字係傳寫之訛今改正

舊五代史卷一百四十九考證

珍倣宋版印

# 舊五代史卷一百五十

宋門下侍郎參知政事監修國史薛居正等撰

## 志第十二

### 郡縣志

案郡縣志序原本闕佚

河南道 西京河南府 滑州 許州 陝州 青州 兗州 宋州 陳州 曹州 亳州 鄭州 汝州 單州 濟州 濱州 密州 潁州 濮州 蔡州

關西道 雍州 京兆府 同州 華州 耀州 乾州 隴州 涇州 原州 鄜州 威州 衍州 武州 夏州 府州 雄州 警州

河東道 幷州 太原府 潞州 澤州 晉州 新州 武州 雲州 應州 絳州 慈州 隰州 遼州 沁州 解州 勝州 河中府

河北道 魏州 大名府 鎮州 真定府 滄州 景州 德州 邢州 磁州 澶州 州 貝州 相州 泰州 雄州 幽州 新城縣 定州 博州 莫州 深州 瑞 州 靜安軍

劍南道 蜀州 漢州 州 彭州

江南道 黔州 處州 溫州 婺州 湖州 秀州 全州 杭州 福州 台州 州 明州 虔州 蘇州 邵州 郴州 建州 道州 鄂州 潭州

淮南道 安州 廬州 楚州 壽州 天長縣

山南道 襄州 鄧州 唐州 復州 金州 忠州 萬州 夔州 利州 閬州 州 朗州 集州 鳳州 唐州 商州 隨州 合州 雄勝軍 果

隴右道 秦州 成州 兆州

嶺南道 邕州 恩州 溥州 思唐州 潘州 桂州

案以上所載十道州府軍縣當是以開元十道圖爲本而於五代之改制及仍唐舊制者則闕焉疑原本有所刪節今仍錄于卷首以存其舊

梁開平元年梁祖初開國升汴州爲開封府建名東京元管開封浚儀陳留雍邱封邱尉氏六縣至是割滑州之酸棗長垣鄭州之中牟陽武宋州之襄邑曹州之戴邑許州之扶溝鄢陵陳州之太康九縣隸焉後唐復降爲汴州以宣武軍爲額其陽武長垣扶溝考城等四縣仍且隸汴州其餘五縣卻還本部晉天福中復升爲東京復以前五縣隸之漢周並因之　單州本單父縣梁爲輝州後唐同光二年復舊隸宋州周廣順中割隸曹州　案以上二條見太平御覽其餘郡縣闕略不全今考是書諸志多本五代會要謹採五代會要附載于後

後唐長興三年四月中書門下奏據十道圖舊制以王者所都之地爲上本朝都長安遂以關內道爲上今宗廟宮闕皆在洛陽請以河南道爲上關內道爲二河東道第三河北道第四劍南道第五江南道第六淮南道第七山南道第八隴右道第九嶺南道第十從之

河南道

滑州酸棗縣長垣縣　梁開平三年二月割隸汴州後唐同光二年酸棗縣卻隸滑州長垣縣卻改爲匡城縣晉天福三年十月酸棗縣卻

割隸開封府鄭州

中牟縣陽武縣梁開平三年二月割隸汴州後唐同光二年二月勅中牟縣郤隸鄭州晉天福三年十月中牟縣郤割屬開封府

宋州襄邑縣梁開平三年二月割隸汴州後唐同光二年郤隸宋州晉天福三年十月復割隸開封府

曹州戴邑縣梁開平三年二月割隸汴州後唐同光二年二月復爲考城縣

許州扶溝縣鄢陵縣梁開平三年二月割隸汴州後唐同光二年二月鄢陵縣郤隸許州天成元年九月扶溝縣郤隸許州晉天福三年十月並割屬開封府

陳州太康縣梁開平三年二月割隸汴州後唐同光二年二月復隸陳州晉天福三年十月郤屬開封府

單州楚邱縣梁開平四年四月割隸宋州

碭山縣後唐同光二年二月勅碭山縣僞梁創爲煇州併單州後理所于煇州今宜郤屬單州其煇州依舊爲碭山縣

汝州葉縣襄城縣後唐同光二年十二月租庸使奏二縣原屬汝州今隸許州伏緣最鄰京畿戶口全少伏乞郤割隸汝州從之

臨汝縣周顯德三年三月廢

密州輔唐縣梁開平三年八月改爲安邱縣後唐同光元年十月復爲輔唐縣晉天福七年七月改爲膠西縣避國諱也

濟州周廣順二年九月以鄆州鉅野升爲州其地望爲上割兗州任城中都單州金鄉等縣隸之至其年十二月又割鄆州鄆城縣隸之中都縣郤隸鄆州

濱州周顯德三年六月勅以贍國軍升爲州其地望爲上直屬京割棣州渤海蒲臺兩縣隸之

## 關內道

京兆府奉先縣梁開平三年二月割隸同州後唐同光三年二月郤隸京兆府

武功縣好畤縣後唐長興元年五月勅併臨等四鄉隸京兆府

渭南縣周顯德三年四月割屬華州

同官縣梁開平三年三月割隸同州後唐同光三年七月割隸耀州

美原縣

後唐同光三年七月割隸耀州

華州洛南縣 後唐同光三年六月河中府奏韓城郃陽澄城縣偽梁割屬當府其澄城縣今請郃屬同州韓城郃陽縣且屬當府從之天成元年七月勑韓城郃陽二縣郤割隸同州

隴州汧陽縣汧源縣吳山縣 後唐長興元年五月依舊割隸隴州

涇州平涼縣 後唐清泰三年正月涇州奏平涼縣自吐蕃陷渭州權于平涼縣為渭州理所遂罷平涼縣又有安國耀武兩鎮兼屬平涼其賦租節目並無縣管今郤置平涼縣管安國耀武兩鎮人戶從之

臨涇縣 後唐清泰三年二月原州刺史翟建奏本州自陷吐蕃權于臨涇縣為理所臨涇元屬涇州刺史只管捕盜其人戶卽涇州管縣既無屬縣刺舉何施伏乞割臨涇屬當州從之

鄜州鄜城縣 梁開平三年四月改為昭化縣後唐同光元年十月復為鄜城縣

咸寧縣 周顯德三年三月十日廢

威州 晉天福四年五月勑靈州方渠鎮宜升為威州隸靈武仍割寧州木波馬嶺二鎮隸之周廣順二年三月改為環州顯德四年九月降為通遠軍

衍州 周顯德五年六月廢為定平鎮隸邠州

武州 周顯德五年六月廢為潘源縣隸渭州

## 河東道

絳州 梁開平四年四月割屬晉州後唐同光二年六月郤割屬河中府

慈州隰州 後唐同光二年六月割隸晉州

儀州 梁開平三年閏八月勑兗州管內已有沂州其儀州改為遼州晉天福五年三月并沁州割隸潞州六年七月并沁州郤隸太原

解州 漢乾祐元年九月升解縣為州割河中府聞喜安邑解三縣為屬邑

河中府稷山縣 後唐同光二年正月割隸絳州

慈州仵城縣呂香縣 周顯德三年三月降

河北道

鎮州後唐同光元年四月改爲北京至十一月復改爲成德縣幽州北平縣後唐長興三年八月改爲燕平縣滄州長蘆縣

乾符縣周顯德三年十月併入清池縣無棣縣周顯德五年改爲保順軍弓高縣周顯德六年二月併入東光縣博州武水

縣周顯德三年十月併入聊城深州博野縣周顯德四年五月割隸定州澤州梁開平元年六月割隸河陽四年二月郤隸潞州

德州晉天福五年十一月移就長河縣爲理所泰州後唐天成二年三月升奉化軍爲泰州以清苑縣爲理所至晉開運二年九月移就滿城縣至

周廣順二年二月廢州其滿城割隸易州雄州霸州周顯德六年五月以瓦橋關爲雄州割容城歸義二縣隸之益津關爲霸州割文安大城二縣

隸之地望並爲中州時初平關南故也

劍南道

蜀州唐興縣梁開平二年八月改爲陶胡縣後唐同光元年十月復爲唐興縣彭州唐昌縣梁開平二年八月改爲歸化縣後唐

同光元年十月復爲唐昌縣

江南道

杭州臨安縣梁開平二年正月改爲安國縣福州閩清縣梁開平元年十月移就梅溪場置蘇州吳江縣梁開平三

年閏八月兩浙奏於吳松江置縣明州望海縣梁開平三年八月兩浙奏置處州松陽縣梁開平四年五月改爲長松縣秀

州晉天福三年十月兩浙錢元瓘奏以杭州嘉興縣置湘州晉天福四年四月湖南馬希範奏以湘川縣置州仍置清湘縣並割灌陽縣隸之

淮南道

壽州周顯德四年移于潁州下蔡縣仍以下蔡縣爲倚郭以舊壽州爲壽春縣盛唐縣梁開平二年八月改爲灊山縣後唐同光元年十月復爲盛唐

山南道

復州梁乾化二年十月割隸荆南後唐天成二年五月郤隸襄州晉天福五年七月直屬京升爲防禦果州後唐天成二年五月隸利州唐州慈邱縣周顯德三年三月廢鄧州臨湍縣漢乾祐元年正月改爲臨瀨縣避廟諱也菊潭縣向城縣周顯德三年三月廢商州乾化縣漢乾祐二年六月改爲乾祐縣割隸京兆襄州樂鄉縣周顯德六年二月併入宜城

隴右道

秦州天水縣隴城縣後唐長興三年二月秦州奏見管長道成紀天水三縣外有十鎮徵科並係鎮將今請以歸化怨水五龍黃土四鎮就歸化鎮復置舊龍城赤砂染坊夕陽南冶鐵務五鎮就赤砂鎮復置舊天水縣其白石大澤艮恭三鎮割屬長道縣從之成州同谷縣栗亭縣後唐清泰三年六月秦州奏階州元管將利福津兩縣並無遷鎮成州元管同谷縣餘並是鎮便係徵科今欲取成州西南近便鎮分併入同谷縣其東界四鎮別創一縣者州西南有府城長豐魏平三鎮其地東至泥陽鎮界二十五里北至黃竹路金砂鎮界五十里南至興州界三十里西至白石鎮界

一百一十里西南至舊階州界砂地嶺四十五里其三鎮管界併入同谷縣廢其鎮額州東界有勝仙泥陽金砂栗亭四鎮東至鳳州姜蟾鎮界十五里南至果州界二十里北至高橋三十五里西至同谷界三十五里北至秦州界六十七里欲併其四鎮地于栗亭縣其徵科委縣司捕盜委鎮司從之

嶺南道

潘州茂明縣梁開平元年五月改爲越常縣至後唐同光元年十月復爲茂明縣桂州純化縣梁開平元年五月改爲歸化縣後唐同光元年十月復爲純化縣邕州晉天福七年七月改爲誠州避廟諱溥州晉開運三年三月升桂州全義縣爲州仍改全義縣爲德昌縣幷割桂州臨川廣明義寧等三縣隸之從湖南馬希範奏也

舊五代史卷一百五十

舊五代史卷一百五十考證

志十二郡縣志曹州之戴邑　案歐陽史職方考開平元年割曹州之考城更曰戴邑隸開封此秖云曹州之戴邑未見分晰

其陽武長垣扶溝考城等　陽武原本訛武陽今據唐書地理志改正

華州洛南縣　案此下注文所載韓城郃陽澄城等縣似不相屬據歐陽史職方考洛南故屬商州周割屬華州此本當是脫去洛南沿革小注又脫去同州郃陽縣澄城縣韓城縣等大字今無別本可校姑仍其舊附識于此

湘州　案湘州二字原本誤作小字連注文一段與秀州下注接寫文不相屬考唐開元十道圖潭鄂等州原隸江南道應以湘州另爲一條作大字其天福四年四月馬希範奏云云作小注今改正

舊五代史卷一百五十考證

珍倣宋版印

西元二〇二〇年十一月一日重製一版

# 舊五代史（附考證）冊四（宋 薛居正 撰）

平裝四冊基本定價參仟元正
（郵運匯費另加）

發行人　張　敏　君
發行處　中　華　書　局
臺北市內湖區舊宗路二段一八一巷八號五樓(5FL., No. 8, Lane 181, JIOU-TZUNG Rd., Sec 2, NEI HU, TAIPEI, 11494, TAIWAN)
客服電話：886-2-8797-8396
公司傳真：886-2-8797-8909
匯款帳戶：華南商業銀行西湖分行 179100026931
印　　刷：維中科技有限公司
海瑞印刷品有限公司

No. N1055-4

國家圖書館出版品預行編目(CIP)資料

舊五代史/(宋)薛居正撰. -- 重製一版. -- 臺北
市 : 中華書局, 2020.11
冊 ;　公分
ISBN 978-986-5512-35-4(全套 : 平裝)

1.五代史

624.201　　109016934